职业经理人素质培育丛书

职业经理人教程

ZHIYE JINGLIREN JIAOCHENG

冷志明　丁建军　龙海军　胡锦湘　主编

张琰飞　袁明达　副主编

经济管理出版社
ECONOMY & MANAGEMENT PUBLISHING HOUSE

图书在版编目（CIP）数据

职业经理人教程/冷志明等主编；张琰飞，袁明达副主编.—北京：经济管理出版社，2022.8

ISBN 978-7-5096-8654-6

Ⅰ.①职… Ⅱ.①冷… ②张… ③袁… Ⅲ.①企业领导学—教材 Ⅳ.①F272.91

中国版本图书馆 CIP 数据核字（2022）第 138795 号

组稿编辑：郭丽娟
责任编辑：郭丽娟 白 毅
责任印制：黄章平
责任校对：董杉珊

出版发行：经济管理出版社
　　　　　（北京市海淀区北蜂窝 8 号中雅大厦 A 座 11 层 100038）
网　　址：www.E-mp.com.cn
电　　话：（010）51915602
印　　刷：唐山玺诚印务有限公司
经　　销：新华书店
开　　本：720mm×1000mm/16
印　　张：15.25
字　　数：291 千字
版　　次：2022 年 9 月第 1 版 2022 年 9 月第 1 次印刷
书　　号：ISBN 978-7-5096-8654-6
定　　价：65.00 元

前　言

当前，我国经济社会发展面临百年未有之大变局。从全球范围来看，近些年世界乱象丛生，尤其在经历 2020 年的新冠肺炎疫情之后，全球不确定性大大提高。在深刻反思的基础上，人们逐步认识到作为原本应"培养学生重要的观念、价值、责任、道德等，让他们愿意为人民的福祉而学习"的大学负有难以推卸的责任，学术界提出要对大学教育进行深层次改革，应在培养学生专业素质的同时，强化学生的职业素养。而从我国的现状来看，当前我国正处于实现中华民族伟大复兴的关键时期，正在经历人类历史上最为宏大而独特的实践创新，但发展进程中面临不少风险与挑战，需要包括大学生在内的全体中华民族儿女以理想信念引领历史使命，以创新精神诠释责任担当。对此，2019 年 4 月，教育部启动"六卓越一拔尖"计划 2.0，明确通过发展新工科、新医科、新农科、新文科，打赢全面振兴本科教育攻坚战。新文科的"新"突出表现在培养目标上，要努力实现培养"人"与培养"某种人"的统一，即不仅要使受教育者学习专业知识、掌握专门技能，以成为能够适应环境从事某种工作的"某种人"，而且要使受教育者掌握自己时代的价值观念、道德规范和行为准则，丰富自己的情感、陶冶自己的情操、开发自己的潜能，树立正确的人生信念和理想，使自己成为健全的"人"。

作为人文社会科学的重要组成部分，商科教育教学改革在新文科建设中占据重要地位。近代以来，伴随着工业化的不断深入，专业化分工日益细化、深化，反映到高等教育中就是各个学科专业划分越来越细，使得商科类专业教育也越来越倾向于培养各种"工具人"，即熟练掌握某种商业技能的专业人才，如会计师、营销员等。这一"工具人"培养的教育理念与当下产业结构日渐融合、科学技术飞速革新、社会变革加剧的社会背景不相适应。习近平总书记强调，立德树人是教育的根本任务。而德性的养成需要人们超越工具性的专业知识，在融会贯通各种专业知识的基础上来思考与修习自身。因此，在新文科建设背景下，商科教育的理念应从培养"工具人"转为培养"全人"，在培养目标上实现从培养"某种人"到培养"人"的转变。

商科大学生在校期间接受的是商科专业教育，而毕业后又必定要从事某一职业。不管从事何种职业，除需要特定的专业素质外，还需要具有相应的职业素质。这就有一个问题，这些职业素质从哪里可以获得？在西方发达国家，大学本科生毕业后经过专门机构的职业培训后再上岗就业是一种较为普遍的做法。在我国，由于教育理念、教育资源等方面的局限，通过上述途径培训学生就业前必需的职业素质的学校为数不多。我们认为，现代商科高等教育应该加强学生的职业素质培养，并应将学生职业素质培养从就业阶段前移到大学阶段，将职业素质教育贯穿商科类专业人才培养的全过程。

但商科大学生的职业素质内涵是什么？如何培养？对于这些商科大学生职业素质培养实践中亟待解决的问题，目前国内成体系的研究还很少，这也正是笔者撰写本教材的初衷。吉首大学以立德树人为思想统领，全面统筹教育教学各环节、人才培养各方面的育人资源和育人力量，推动知识传授、能力培养与理想信念、价值理念、道德观念的树立的有机结合，建立健全系统化育人长效机制，于2003 年开始开展以"职业精神、职业观念、职业能力、职业知识"等为核心内容的商科大学生"职业经理人素质教育"，为商科大学生职业素质教育积累了大量实践素材和智慧经验，这些素材和智慧经验也在本教材中得以体现。本教材的总体逻辑框架为：首先，从企业理论和现代公司治理理论的视角阐释职业经理人产生的过程，当前职业经理人发展的现状、特征，以及未来发展趋势，让读者对职业经理人这一群体有全面的了解，增强对这一群体的认同感。其次，基于德才兼备、以德为先、立德树人以及商科教育强调的经世济民、诚信服务、德法兼修的人才培养导向，全面介绍和阐释职业经理人的职业理想，帮助读者积极主动地树立自身的职业理想。最后，构建起职业经理人素质和能力 AKA 体系，并分章节从职业经理人的专业知识、思维能力、领导能力、组织能力、协调能力等方面详细探讨了职业经理人应具备和掌握的职业素质及其训练方法。

本教材的写作得到了吉首大学工商管理国家级一流本科专业建设点、经济学国家级一流本科专业建设点、工商管理湖南省一流本科专业建设点、经济学湖南省一流本科专业建设点、会计学湖南省一流本科专业建设点等项目的资助。教材从大纲制定到具体内容安排，由冷志明和丁建军统一负责，龙海军、张琰飞、胡锦湘、袁明达等人参加了讨论。最后成稿写作任务安排如下：第一章和第二章由丁建军执笔；第三章和第四章由龙海军执笔；第五章由张琰飞执笔；第六章和第八章由胡锦湘执笔；第七章由袁明达执笔；最后由龙海军统一汇总。

在本教材写作过程中，笔者参考和引用了大量国内外学者的相关书籍和文献，在此一并致谢。尽管笔者已经对本教材的写作付出了大量心血，但其中肯定还存在很多不完善的地方，请各位同仁、读者批评指正。

编者

2022 年 6 月于风雨湖畔

目　录

第一章　职业经理人的起源

"深圳国贸大厦上面掉下一块砖，砸到三个人，里面有两位是经理，另一位是经理助理。"这句调侃之语流行于改革开放之后的深圳，虽然有些夸张，但在一定程度上反映了深圳"经理"头衔满天飞的情况。职业经理人作为市场经济发展到一定程度的必然产物，它的出现是现代企业制度走向成熟的一个标志。而了解职业经理人的起源可以帮助我们更加深刻地理解职业经理人的特点，并帮助我们成为一名合格的职业经理人。

第一节　职业经理人的产生

一、专业运货计划人员

第一批职业经理人诞生于美国，当时被称为专业运货计划人员。19 世纪中期，美国铁路建设总长度达到 9021 英里，超过英国位居世界第一。但由于铁路运输还处于试运营阶段，在不同的州县，轨道、机车以及其他车辆归属于不同所有者，各铁路公司之间缺少联系，导致各公司修建铁路的铁轨标准不一，没有形成完整通畅的路网。所以在这段时间内，利用铁路运输时，需要频繁地更换车辆与押载人员来进行区间内价格核算，这也就造成了大量的货物缺损和运期延长，尤其是易碎品、易腐品等的中途损耗带来了巨大损失。1841 年 10 月，在马萨诸塞州的铁路上一起两辆客车迎头相撞的事故使得当时的社会民众再也无法相信铁路业主能够管理好这种现代企业。为改变这种情况，职业经理人的前身——专业货运计划人员应运而生。这些专业货运计划人员严格按照行业规则对铁路运输进行调配、取价、利润分配，接受政府的统一薪酬支付，严禁收受贿赂。相应地，这项工作的薪资约为当时美国一个熟练工人的两倍，因此大部分专业货运计划人员都非常珍惜自己的工作，且在社会上拥有较高地位。

"专业货运计划人员"的诞生是铁路资产所有权和货运经营权分离的结果，

而企业的所有权和经营权的分离进一步加快了职业经理人的诞生。

二、现代企业发展与职业经理人

从经济学角度出发①，企业具有所有权和经营权。企业管理（Corporate Management）是建构在企业"经营权"层次上的科学，探究企业所有权人向经营权人授权，经营权人在获得授权的情形下，以实现经营目标而采取一切经营手段的行为。与此相对应，公司治理（Corporate Governance）则是建构在企业"所有权"层次上的科学，讲究科学地向职业经理人授权并进行监管。职业经理人作为企业规模扩大和社会分工不断细化的产物，伴随着市场经济的发展和企业治理结构及治理模式的不断升级而得到发展，是企业所有权与控制权（资产控制权）分离的必然结果。因此，理解现代企业制度和公司治理结构的演进有助于我们更加深刻地理解职业经理人的诞生。

（一）企业制度的演进

从企业制度演进的角度看，人类历史上出现了三种企业形态：独资业主制企业、合伙企业与公司制企业，前两种企业形态也被称为古典企业，后一种就是我们常见的现代公司企业。在资本主义发展的早期阶段，包括工场手工业时期和机器大工业初期，占据主导地位的是规模较小的独资业主制企业。这种企业由私人资本家自行出资经营，资本家将占有权、经营权、处置权和收益权集于一身，统一行使。随着社会生产力的进步，机器生产逐步取代手工生产，扩大生产规模需要更多的流动资本，仅靠私人资本单独出资不足以兴办更大规模和竞争力更强的企业，从而产生了合伙制企业。合伙制企业的资本通常是若干私人资本的联合，财产是合伙人的共同财产，合伙人共同拥有企业财产的占有权、经营权、处置权和收益权，各自从事一定的管理工作。但无论是独资业主制企业还是合伙制企业都存在稳定性差、企业所有者需要承担无限经济责任的弊端。改变发生在 12 世纪，意大利沿地中海商业城市中的一些从事贸易特别是从事海外贸易的贵族，为了分散经营风险和适应大规模商业经营对营运资本的需要，开始在家族内部实行资本联合，组成公司形式的企业。随后大航海时代到来，欧洲国家的海外贸易迎来了大发展时期，更加速了公司制企业的诞生。这类企业拥有相对完善的企业法人制度和完整的财产组织形式，它们以生产经营为主要职能，以实现经济利益最大化为目标，具有明确的组织结构，生产、购销、运营、销售都有刚性预算限制和财务约束，并且企业中的中高层决策者的身份转变为专门的"支薪经理"，企业资本所有权与经营管理权逐渐分离。19 世纪中期以后，随着现代企业制度的

---

① 朱长春．公司治理标准（第一集）［M］．北京：清华大学出版社，2014.

形成，资本所有者的职能和权力发生了变化：一是资本所有者逐渐丧失了企业的经营管理权，成为追逐市场资本的"逐利者"；二是技术革新与市场扩大催生了更细化的分工，经理阶层开始出现，且不断取得企业经营管理的主导权。

在西方古典企业制度时期，企业的所有权和控制权合二为一，企业主及其合伙人既是企业的所有者，也是企业的经营者，由于企业不具有独立于企业主或合伙人的法律人格，所以在当时并不存在企业主和管理者分离的问题。伴随着市场规模的扩大和技术的进步以及公司立法的发展，为获取高额利润，企业开始了大规模扩张，企业扩张亟须建立相应的管理组织架构，以加强各部门的经营管理和协调并监督其经营活动，由此中层管理者走向了职业化。中层管理的职业化，不仅为优化公司组织结构打下了坚实基础，也为职业化高层管理储备了人才。随着企业规模的扩大，组织、协调、监督等过程愈加复杂，对高层管理提出了更高的要求，但老一代企业家具有的管理能力和专业素质已无法满足企业的发展需要，加上股权的稀释使他们的影响力下降。因此，职业经理人逐渐掌握企业管理职权，企业经理人员基本实现职业化。可以说，现代职业经理人制度的出现是现代企业制度衍生和发展的必然结果。

（二）现代公司治理结构

经济学家沃特克（Steven Warrick）和美国数理统计学家科克伦（Phlip L. Cochran）认为，公司治理要研究的问题实际上是指公司高级管理层、股东、董事会和公司其他利益相关者在互动中产生的现实问题[1]。我国著名经济学家吴敬琏认为，完善公司治理的核心问题是清晰划分股东、董事会和高级经理各自的权力、责任和利益三者之间的关系[2]，即实行由股东大会、董事会以及监事会构成的现代公司治理结构，具体如图1-1所示。

现代企业制度下的企业往往规模较大、雇佣人数多，企业老板无法同时胜任作为决策层的战略投资决策工作和作为经营者的经营管理工作，再加上企业规模的不断扩张和经营市场的内外部环境变化对决策层和经理人的要求越来越高，企业主希望将部分"经营权"进行转让，空出更多精力投入到更重要的投资决策工作当中去，故"经理层"应运而生。而作为现代企业制度的重要内容之一，法人治理结构是职业经理人快速发展的重要推手。法人治理结构包括股东大会、董事会、监事会和经理层四个主要部分。其中股东大会由拥有公司所有权的全体股东构成，属于公司最高权力机构。董事会由股东大会选举产生，负责公司的决策和管理，是公司治理结构的核心构成。监事会为公司的监督机构，对股东大会负责，行使股东大会赋予的监督权力。经理层具体执行公司各项事务，负责运

① 吕景胜，赵玉梅. 公司转型与治理［M］. 北京：中国商业出版社，2019.
② 柴美群. 公司治理研究：长效监督和信息公开［M］. 成都：电子科技大学出版社，2017.

营、调节、管理等工作。可见，现代企业实现了决策权、监督权、执行权的三权分立。

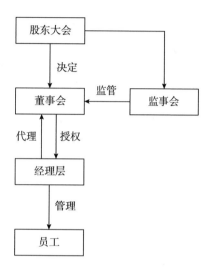

图 1-1　现代公司治理结构示意图

在现代公司治理结构中，企业家与职业经理人之间是委托—代理关系，他们在公司中承担的职能不同，职业经理人由公司决策层聘请，从事公司的管理工作，向上直接向董事层负责，向下直接与底层员工接触，是公司管理制度中的关键。

（三）"两权"分离的产物

随着公司制的发展，公司股东数量增多、股权逐渐分散，公司资产的所有权与经营管理过程的分离势在必行，企业所有者无法参与公司的日常运营管理，聘请专业的职业经理人成了最优选择，让具有高知识素养和专业技能的职业经理人帮助企业所有者行使企业运营权。于是，所有权和经营权分离。

1. 所有权和经营权

所有权是所有人依法对自己财产所享有的占有、使用、收益和处分的权利。而经营权是指企业对国家授予其经营管理的财产享有占有、使用和依法处分的权利。以股份制公司为例，企业的大小股东和中小股民拥有企业的所有权，无论其持有的股票是 100 股还是 10000 股。经营权集中在管理层手中，他们负责决定企业资金怎么花、花在哪。诺贝尔经济学奖获得者尤金·法玛（Eugene F. Fama）将企业的参与者划分成了两类：管理者（Management）和风险承担者（Riskbearers），管理者面向劳动力市场，风险承担者面向资本市场①。风险承担者就是所有者，他们在资本市场选择自己想要投资的股票，为企业提供资本，也承担企业经营失败、资本化为乌有的风险。而管理者自然是经营者，他们经营公司，获得报酬。在现代企业管理中，企业所有者较少参与到企业的日常经营中去，由此也就产生了所有权与经营权的分离。二者在企业中的角色定位差异很容易导致经营者往往用股东的资金来使得自身利益最大化而不是所有者的利益最大化，从而损害所有者的利益，也就是所谓的代理人问题（Agency Problem）。

2. 所有权和经营权分离的原因

所有权与经营权分离的原因用投资学解释就是"不要把鸡蛋放在一个篮子里"，也就是分散风险。对于风险承担者而言，因为投资企业有风险，他们最科学的选择是不要仅仅投资一个公司或者买一只股票，而要投资一个资产组合（类似于基金），分散个体风险，而如果分散化做得足够好，他们几乎可以做到让自己的投资组合不存在个体风险而只存在系统风险。而 Fama 认为，正是因为这些风险承担者具有投资分散化的要求，所以所有权和经营权需要分离：你可以成为 100 个公司的股东，但你无法同时参与 100 个公司的日常管理，只能将管理权委托于人。这就是所有权和经营权应当分离的原因。

3. 所有权和经营权分离的可行性

所有权和经营权可以分离吗？答案是肯定的。原因在于这样可以以一个较低的成本从两方面对企业的经营者进行约束，以避免经营者用股东的资金来使得自身利益最大化而不是所有者的利益最大化：其一，经理们（管理层）需要面对的劳动力市场的竞争压力。活跃的劳动力市场使得经理们面对被其他劳动力替换的压力，如果他们仅仅最大化个人利益而损害所有者（股东）的利益，股东可以随时撤掉他们，并很快从劳动力市场找到新人填补空缺。其二，公司内部的监督。在公司内部，中下层经理们由上级进行监督（由于公司的经营状况与经理们个人的利益相关，所以上级有动力监督下级），高层经理彼此存在竞争（比如晋升），而公司还面临着其他公司的竞争（如果公司经营差，会被别的公司接管，管理层会集体失业）。同时，还有一个专门由股东（所有者）指派的群体对经理（经营者）进行监督，就是董事会。虽然董事会中有一部分董事来自公司内部，可能会削弱监督作用，但那些来自公司以外的独立董事们有足够的动力监督经理（2002 年美国颁布 SOX 法案，在上市公司董事会中，独立董事必须超过半数）。

综合当前的研究共识，联系现代企业制度与公司治理发展历程，可以认为：职业经理人是指受聘于企业，在一个所有权、法人财产权和经营权分离的企业中

---

① Eugene F. Fama. Agency Problems and the Theory of the Firm［J］. Journal of Political Economy，1980，88（2）：288-307.

承担法人财产的保值增值责任，全面负责企业经营管理，对法人财产拥有绝对经营权和管理权的职业化人才。

案例1-1

世界第一 CEO——杰克·韦尔奇①

杰克·韦尔奇（Jack Welch，1935~2020 年），出生于美国马萨诸塞州塞勒姆市，1960 年毕业于伊利诺伊大学，毕业后加入通用电气塑胶事业部。

韦尔奇在 1980 年 10 月当选为公司的董事长和首席执行官时，因为股票市场低迷，通用电气已经损失了近一半的市值。因为通用电气的业务太过广泛，在很多领域并没有绝对优势。很多领域的业务亏损需要用其他部门的盈利去弥补。因此当时通用公司虽然在规模和市值上都是美国排名第十的大公司，但实际上，它面临着来自全球，特别是日本和亚洲主要国家的竞争，利润空间已经开始萎缩，一些业务处于疲弱不堪的状态。

针对这一情况，杰克·韦尔奇提出了著名的"数一数二"企业战略理念。

杰克·韦尔奇相信，如果不能在自己的领域里获得最强大的实力，还不如放弃。他说，如果在市场的第四位或者第五位，前面第一、第二、第三位打个喷嚏，后面的就要感冒；如果是第一位，那么就能掌握自己的命运，第三位和第四位不得不进行兼并，不断地扩张自己的实力。这样形势就很严峻，对于那些业务排在第五位的公司来说，就得找出其他强大自己的方法，但通用不一样，通用在很多地方已经是第一了。

在韦尔奇提出这个战略之后，无论是华尔街还是通用公司内部，都并不看好这个理念。尤其是那些业务处于第三、第四位的事业部领导人，他们非常不理解为什么他们的事业要被生生砍掉？但杰克·韦尔奇丝毫没有退缩，也没有改变自己的念头，而是将全部精力放在改变游戏规则上。他知道，只有强大并且独一无二的业务才能支撑起通用电气的未来。正是因为韦尔奇的非凡承受能力和坚定决心，才可以在一片反对和嘲讽之中成功贯彻"数一数二"计划。这一阶段，通用电气共收购了价值 110 亿美元的企业，出售了 71 项业务，解雇了 17 万名员工，以至于人们用"中子弹"来形容韦尔奇的破坏力。

韦尔奇初掌通用时，通用旗下仅有照明、发动机和电力 3 个事业部在市场上保持领先地位。2013 年，通用已有 12 个事业部在各自的市场中数一数二，如果

---

① ［美］杰克·韦尔奇. 杰克·韦尔奇自传［M］. 北京：中信出版社，2013.

单看事业部排名，通用电气有 9 个事业部能入选《财富》500 强。

第二节　职业经理人的发展

一、美国的职业经理人发展现状

作为职业经理人的诞生地，美国有着众多世界级的大企业和大企业家。《财富》杂志每年评出的世界 500 强企业前 20 名中，美国企业往往占据一半多。同样，在《福布斯》评出的世界富人中占大多数的还是美国人。良好的企业发展环境给美国的职业经理人的发展提供了良好的物质基础。

职业经理人在美国大体上经过了三个发展阶段：

第一阶段：自第一批职业经理人诞生到成立美国管理协会（1841~1925 年）。这个阶段标志着美国企业基本完成了从业主式（世袭式）经营企业向聘用经理人来经营企业方式的转换，也可以看作是职业经理人的成长期。由此，美国的企业也基本形成了近代公司制占主导地位的格局。

第二阶段：1925 年到 20 世纪 60 年代。随着美国哈佛大学企业管理研究院的成立，到 20 世纪 60 年代末，80% 以上的企业都聘请了职业经理人，这标志着美国职业经理人阶层的成熟，其企业制度完成了近代公司制向现代企业制度的过渡。

第三阶段：20 世纪 70 年代至今。美国现代企业制度不断走向成熟，职业经理人阶层也随之不断扩大，成为在美国社会发挥越来越重要作用的阶层。与此同时，职业经理人的培养和培训、认证机制逐渐成形，职业经理人理论方面的研究也已成熟并系统化。

美国职业经理人的发展呈现出以下两个特征：

（1）从职业经理人的产生背景来看，美国的职业经理人是公司制的产物。公司制以法人财产制为核心。现代公司治理结构中存在三个利益主体：股东、董事、职业经理人。股东作为企业的所有者委托由董事组成的董事会管理企业资产，董事会选聘专业管理人才担任职业经理人负责公司的日常生产经营活动。公司制企业治理结构的本质就是企业财产的所有权与经营权分离，企业管理模式由传统业主管理型向职业经理人控制型转变，专门以经营管理企业为职业赚取佣金的职业经理人群体出现。

（2）从市场环境来看，在美国，随着"经理革命"[①] 的发生，职业经理人逐渐从劳动力人才市场中分离出来而形成一个相对独立的市场。概括地说，美国职业经理人市场的特点主要体现在：①市场组织逐渐完备，支持系统如人才咨询公司、独立的审计机构等服务配套组织日益健全。②供求机制和竞争机制健全，有自由竞争的市场环境，职业经理人在公开、平等、自愿和相互选择的基础上竞争就业。③行政色彩较弱，职业经理人市场主要由民间企业组织，政府宏观调控。④经理人市场交易方式多样化，有竞价招聘、集体公开招聘等。

二、我国的职业经理人发展现状

在 20 世纪 90 年代中后期，随着国有企业产权改革、所有权和经营权的分离以及民营企业的不断发展壮大，我国的企业借鉴了西方的职业经理人制度，出现了现代意义上的职业经理人。我国职业经理人阶层产生于三个显著不同的企业板块：一是国有和集体企业。随着现代企业制度的发展，国有和集体企业干部逐渐从行政干部系统脱离出来，成为职业经理人[②]。二是较大规模的私营企业或高新技术产业领域中的民营企业。在 20 世纪 90 年代后期，这些企业开始出现所有权与管理权分离的趋势。一些企业主聘用职业经理人经营管理企业，另一些企业主则通过企业股份化而使自己从业主型的创业者转变为职业经理人。三是"三资"企业，包括中外合资经营企业、中外合作经营企业、外商独资经营企业的中高层管理人员，主要是海外的和在本土招聘及培养的职业经理人。

21 世纪初，我国加入世界贸易组织成为其正式成员，由此我国企业正式进入全球化竞争的发展阶段。全球贸易市场要求职业经理人不仅擅长销售，更善于与资本市场对接。在这样的发展环境下，我国大型企业集团充分利用发达国家经济体的职业经理人，也就是国际人才。例如我国的联想集团在参与国际化竞争中，组建了国际职业经理人团队，2005 年并购了 IBM 的 PC 事业部后，联想集团的 13 名高管中，原联想与原 IBM 分别占 7 人和 6 人[③]。值得注意的是，联想将中国业务和国际业务进行了分区管理，并首次设立了首席市场官和首席采购官。参

---

① 随着股份公司的发展、股权的分散以及企业所有权和经营权的分离，主导企业甚至经济社会的权力将逐步由股东转移至经理阶层，这一现象被称为"经理革命"。波恩汉姆（Burnham）在《经理革命：世界上正在发生的事情》（1941）一书中正式提出了"经理革命"的概念。制度学派经济学家加尔布雷思对这一思想进行了深入的论证。他提出了"权力始终归最重要的生产要素所有者占有"的观点，认为在当代社会中，技术知识成为比资本更为重要的生产要素，故企业的权力亦从所有者手中转移至以经理人员为首的"专家组合"那里，从而导致深刻的社会经济变革。

② 时杰．职业经理人发展趋势研究［J］．现代国企研究，2020（6）：26-33．

③ 周常宝，林润辉，李康宏，冯志红．跨国企业董事会资本与国际化战略的演化机制——基于联想集团的纵向案例研究［J］．管理案例研究与评论，2018，11（1）：54-73．

与全球竞争，离不开熟悉当地市场环境和规则的职业经理人团队，建立国际化的职业经理人团队为联想集团从一个本土化竞争的企业集团向国际化的企业集团的转变奠定了坚实的基础。

2008 年国际金融危机之后，一直到 2020 年，第四次科技革命带来的工业革命和技术革新中蕴含着巨大的技术红利和发展契机，数字化基础设施和数字化产业生态所构成的"新基建"成为社会生产方式变革的重要条件，人工智能、区块链、云计算、5G 和大数据等新一代信息技术的快速发展与融合，使得当今社会正在发展成为一个物理与数字、线上与线下高度融合的世界[①]。在国际市场日益波诡云谲的背景下，国际资本开始更加青睐我国巨大的消费市场，与我国本土职业经理人的结合更为紧密，推动了国内众多新产业和新业态的出现。随后，互联网产业崛起和资本市场"用脚投票"[②] 的力量壮大了我国的职业经理人团队。职业经理人作为生产与消费的中介人群，不仅要在新技术发展的过程中创新管理方式，还要在新型的消费模式下创新服务能力。要做好这两方面的工作，职业经理人既需要有对新技术发展的认知能力（尤其自身所处行业的新技术发展），也需要有识别客户需求复杂性的认知能力，而这种能力将会转变为对庞大数据流的综合分析能力。十余年间，受益于全球金融资本的青睐和第四次科技革命的影响，我国新兴产业的职业经理人虽然推动一些产业得到了前所未有的跨越式发展，但也要认识到其中也蕴含着一定的风险，例如，与国际逐利资本的无缝对接，导致这些职业经理人会更加注重销售模式的创新。金融工具的使用更加重视融资、资本投入，而对于可持续的商业模式的关注不够。对于市场运作的精耕细作以及商业模式的深度开发创新不够，在模仿与创新之间、商业模式与销售模式之间徘徊，这使职业经理人面临着很大的市场质疑[③]。

总体而言，相较于美国等发达国家，我国职业经理人产生的背景较为复杂，不仅来源迥异，而且生存环境多样，具有国际化素养和专业水准的经理人队伍尚在形成之中。

三、二者之间的差异

目前，中国职业经理人成长的市场环境与国外相比存在很大的差异。主要表现在：第一，企业"经营者才能"还没有完全成为真正意义上的商品进入流通领域。市场经济是以市场调节为主实现社会资源合理配置的一种方式，这里讲的

---

① 樊鹏.第四次工业革命带给世界的深刻变革 [J].人民论坛，2021（Z1）：41-45.

② "用脚投票"一词来源于股市，最早由美国经济学家查尔斯·蒂伯特（Charles Tiebout）提出，是指资本、人才、技术流能够提供更加优越的公共服务的行政区域。

③ 薛颖.我国职业经理人市场发展问题与机制创新路径 [J].现代经济信息，2019（3）：126.

"社会资源"包括"经营者才能"。国企改革多年，"经营者才能"这种"资源"的配置方式没有明显变化，反倒成了市场经济资源配置的一个"死角"，即经理人在被选拔的过程中，论资排辈现象依旧盛行不衰。而民营企业的创办者和"三资企业"的老板却成了职业经理人的伯乐。据中国企业联合会职业经理人认证办公室组织的中国职业经理人制度状况调查，现代信息的发展使得职业经理人的选聘渠道更加多样化，采用较多的选聘方式为：内部培养提拔（57.0%）、上级指派（44.3%）、人才市场招聘（27.3%）、业主兼任（23.9%），其中民营企业中内部培养提拔比例最高（55.8%）[①]。"经营者才能"很难像商品一样自由合理地流动。第二，对部分在职领导的考核方式缺乏规范性和科学性。不仅考核的过程缺乏透明度，还时常带有神秘色彩，考核结果也常常出人意料。事实上，这种考核方式也是对"经营者才能"的"商品和资本属性"的否定。而"经营者才能"要成为"商品"并转化成"资本"，先决条件是其价值要由市场评判和社会认定，而不是由上级主管说了算。国外职业经理人在自己的职权范围内，除了承担守法经营的义务外，只对出资者承担资产保值和增值的责任。职业经理人应属于真正无主管上级的独立法人代表。他们通过自己取得的客观经营业绩，证明自己的价值并得到社会的认可，而不是由上级的"考核"认定。第三，人才自由进入和退出市场还受到很多限制。目前，我国各地出台了不少包括新的户籍管理制度在内的人才引进办法，为实现人才市场全国一体化做了很好的基础性工作。但人才自由进入和退出市场还面临诸多障碍，比如对引进来的人才层层设卡、限制跳槽、强制签订中长期合同，甚至扣留档案等。第四，我国的中介组织运作不规范。如会计师事务所、审计师事务所、资产评估中心等中介机构尚未发展成熟，未能有效运行针对职业经理人的社会制约机制，这也是职业经理人发展遇到的一大瓶颈。

案例 1-2

雷履泰：我国最早的职业经理人[②]

明清时期，伴随社会生产力的提高和商品经济的发展，一些地方的手工业部门开始出现资本主义性质的生产关系，资本主义萌芽出现。与此同时，城镇经济空前繁荣，涌现了许多以地域为中心、以血缘乡谊为纽带的商人群体，称作商

---

① 中国企业联合会课题组. 2014 中国职业经理人现状调查［J］. 企业管理，2015（2）：6-14.

② 黄鉴晖. 山西票号第一人——雷履泰［J］. 中国国情国力，2004（7）：43-45；王千马. 盘活：中国民间金融百年风云［M］. 北京：现代出版社，2015.

帮。其中最著名而且实力最强的是徽商和晋商，有的商帮在当时的社会条件下就聘用了经理人。

清朝晋商当中的雷履泰就是一个典型的工商业管理者。雷履泰家境贫寒，清朝嘉庆年间，他从赌馆伙计跳槽到颜料行。雷履泰由于善于经营，被东家李大全赏识，一路提拔，最终被聘为掌柜，负责颜料行的管理工作。当上掌柜的雷履泰具有非常高的商业敏感触觉。他发现中国商业的发展使得各商号对银款的汇兑业务有极大的需求，并且这项业务有极高的利润空间。于是，雷履泰向东家李大全建议将颜料行改行，做票号生意。最后，雷履泰的建议得到东家李大全的支持，成立日升昌记票号。雷履泰被聘任为日升昌记票号总经理（俗称大掌柜），被赋予日升昌记票号经营方面的权力。日升昌记票号创建了一套非常现代化的组织机构和管理模式。日升昌记票号的东家李大全负责出资，并选聘总经理和协理（俗称二掌柜），参与四年一度的分红。

日升昌记票号的全部经营活动由总经理负责，东家不参与经营，所有权与经营权完全独立。双方用条约的方式规定东家不"举荐人位"，不向票号随意借贷。协理负责所有员工的工作考核与管理。账房先生一人负责主管账务及与各分号间的信息沟通。入职人员必须经历三年的学徒期，考核合格才能成为伙计。伙计按工作业绩及工作年限实行差别工资制，在升到最高一级工资水平后，可以取得票号"顶身股"形式的收益股份，参与分红。日升昌记票号的管理制度已经比较接近于现代企业管理制度。雷履泰作为较早使用"总经理"这个称呼的管理者，堪称中国工商业早期职业经理人的代表性人物。

第三节 职业经理人的职业特点

职业经理人是社会大生产的产物，是公司制发展的必然选择，该职位具有综合性、社会性等特点。

一、职位工作的职业性

职业经理人拥有专业的经营知识和较强的管理能力，以为创造公司利润为己任，以业绩作为获得报酬的基础，职业性是其首要特征。职业经理人就个人层面而言是以经营管理公司为职业，就社会层面而言是一个新兴的职业群体。因此职业经理人需要像其他职业一样，重视自己的职业规划和职业声誉，具备良好的职业道德和职业素质，在面对利益抉择时能够牺牲个人利益以公司的利益为重，一名出色的职业经理人应该将自己的价值发挥到极致。

二、职业发展的契约性

公司治理的核心是契约精神，契约合同的核心就是股东与职业经理人的契约，尤其在业务经营的范围和规模越来越大的时候，职业经理人对于经营效率的提升作用就凸显出来了。无论名称是总经理还是 CEO，现代职业经理人虽然头衔多有变化，所从事的产业和过去也大不相同，但基本的契约精神一脉相承。以公司法为母法的契约体系是现代职业经理人诞生的最基础条件。"契约"是职业经理人与企业之间关系的纽带，也是职业经理人进入企业后开展工作的依据。企业内部交往关系的"契约"使职业经理人从上司那里获取权力，并使权力对下属有效力。这里的契约不仅仅指传统的契约，更重要的是"心理契约"，即二者之间相互信任、相互促进的决心。

三、职位工作的综合性

职业经理人的工作具有高度的综合性和复合性，涉及企业资源配置、经营管理决策、组织构造、内外信息交流、疏通企业上下层工作等方面，要求其对工作进行统筹。作为公司的管理层，他们需要对公司资源进行组织、计划、调配，发挥领导作用，管理员工，增强团队凝聚力。作为前辈，他们需要提高下属的工作能力，增强对新职工的培训指导，提升队伍工作效率。作为公司规章制度的制定者和维护者，他们需要维护公司形象，规范职工行为，促进内部信息交流机制运行顺畅。作为公司利益相关者，他们对上需要有效落实决策层的战略部署，并反馈运营进度；对下与普通职工平等交流，帮助下属克服面临的困难。从管理层到利益相关者，工作复合性要求职业经理人具备专业技术才能，需要熟悉各种企业运营模式，具有对企业股东决策的强大执行力。

四、职位工作的风险性

企业的核心竞争力是人才，特别是高级管理人才，为了实现企业利益最大化，不少企业都会花费血本高薪聘请职业经理人来管理自己的公司。但是企业所有者与职业经理人之间却经常因为职业规则的缺失使得二者之间的关系变得"莫测"起来。例如，号称国内第一职业经理人的姚吉庆出走华帝、吴士宏与 TCL 离心等，这也使得职业经理人面临巨大的职业风险。制度方面，在大环境下，职业经理人缺乏完善的企业制度和法律制度对其进行规范，私企老板经常"任人唯亲"，职业经理人很难找到价值实现的机会。道德方面，所有者与职业经理人在利益分配地位上的不平等让职业经理人有了消极对待的理由，在实际管理中，职业经理人经常面临着职业道德风险。法律方面，对职业经理人形成法律约束是未来发展的必由之路，不规范的法律体系不仅影响职业经理人的价值发挥，还会影响整个职业经理人队伍的成长壮大。

五、职业目标的多元性

职业经理人所经营管理企业的组织特性，决定了其职业目标的多元性。他必须实现企业利益相关者的目标，包括企业所有者、投资者、职工、客户、供应商、竞争者等群体的目标，才能保障企业的正常运行。同时，职业经理人也有自己的职业目标。因而，职业经理人必须兼顾自身目标和企业利益相关者目标，才能够保证企业健康运营和可持续发展。

第四节 职业经理人面临新的时代要求

一、职业经理人的自我认知

一名合格的职业经理人对自己的身份和价值要有清晰的定位，这是他们建立职业荣誉感和责任感的基础。从身份定位上来说，职业经理人的身份由企业的功能和属性决定，彼得·德鲁克指出，企业的功能是组织多方力量满足市场需求，因此盈利并不是企业管理的目的。而企业的这种属性决定了职业经理人必须要对自己有清晰的身份认知，不能仅仅以获得高收益为职业目标，还要从社会身份、社会承诺等多维角度理解自己的职业属性。

二、职业经理人的谋划力

虽然在现代企业制度条件下，负责制定企业战略的往往是决策层，但职业经理人也往往会参与细化规划并提出补充建议，经批准后，由职业经理人负责具体的执行。由此看出，为了实现企业的长足发展，实现企业与自身的共赢，职业经理人应努力提升自己的战略谋划能力。尤其在这个信息爆炸的时代，伴随着5G的高速发展、数字经济和人工智能的冲击，职业经理人更需要培养卓越的市场眼光和敏捷的系统性思维，提升自身的战略能力。

三、职业经理人的执行力

作为企业决策层与基层之间的过渡层——管理层，职业经理人需要准确地将决策层的思想理念转化为具体工作任务进行分派执行，同时也要将基层员工接触到的关键信息及时反馈到高层以进行战略决策调整。在当前瞬息万变的市场条件下，国家间、地区间的经济联系不断强化，他们需要时刻关注市场变化，随时调整工作计划，这对职业经理人的执行力提出了新要求。具体包括对信息的领悟能力、对员工的协调能力、对工作的调度能力以及对过程的纠错能力。显然，这些能力并非天生具备，需要后天培养。因此，职业经理人需要强化学习能力、沟通能力、信息获取能力的训练，以提升其执行力和职业威信。

四、职业经理人的利益观

虽然职业经理人是"两权分离"的产物，但发展到今天，职业经理人的自身利益早已与企业利益密切相关。现代企业制度中的职业经理人只有在企业实现长足发展的基础上才能提高自身收益，这就要求职业经理人与企业"荣辱与共"，以企业利益为核心，不断提升自身的经营管理能力，不断创新企业运营模式，强化企业竞争优势，为企业的利益相关者创造更大的收益。最终，创造职业经理人与企业互相成就的共赢局面。

第五节　小结

本章从职业经理人的由来、中西方发展轨迹、职业特点三个方面概述了职业经理人的起源。职业经理人队伍最早产生于美国，其前身是"专业运货技术人员"，并伴随着企业所有权与经营权的分离而不断发展壮大。作为西方"经理革命"的策源地，美国的职业经理人队伍发展迅速，不仅成就了众多世界 500 强企业和全球第一大经济体，还推动了全球商业模式的变革。随着全球化和新技术的发展，职业经理人制度不断从西方延伸至东方，20 世纪 80 年代，现代职业经理人制度在我国起步，从国有企业、民营企业到外资企业，职业经理人队伍不断壮大。不过，相较于美国等发达国家，我国职业经理人产生的背景较为复杂，具有国际化素养和专业水准的职业经理人队伍尚在形成之中。职业经理人作为企业的专门经营人才和管理专家，其职位工作具有职业性、契约性、综合性、风险性和多元性等特征，对于发展中国家而言，它依然是一种成长迅速和富有挑战的职业。站在世界百年未有之大变局的当下，面对数字经济、人工智能以及第四次科技革命所带来的机遇和挑战，职业经理人要有更加多维的自我认知、更卓越的战略谋划力、更强大的执行力和多赢的利益观。

思考题

1. 如何认识职业经理人？职业经理人在当代社会扮演怎样的角色？
2. 是时代呼唤职业经理人，还是职业经理人推动了时代？
3. 职业经理人的特性将如何影响当代的企业发展？
4. 中美两国职业经理人发展有何异同？
5. 未来职业经理人的发展会有哪些新特点和新要求？

第二章　职业经理人的职业理想

一个企业竞争力的强弱，很大程度上取决于职业经理人的职业理想与企业愿景的一致性和互促性。哈佛商学院强调职业经理人的理想应当现实而明确，认为"每个经理必须致力于实现企业的目标。经理们必须以高度的自觉性，经常以企业所确立的目标检验自己的工作，不断自我监督。其职业理想就是将自己的所有能量最大限度地汇入企业的发展之中，在实现企业目标的同时实现自我目标"①。

第一节　什么是职业理想

古人云"修身、齐家、治国、平天下"，职业理想是职业经理人成长过程中"修身"的起点，也是未来职业生涯的指路明灯。那么职业经理人的职业理想是什么？具备哪些特点？在数字经济快速发展、企业制度与治理结构持续演变以及中国特色社会主义市场经济的特殊要求的背景下，新商科人才的职业理想又有什么新的内涵呢？

一、职业理想的内涵及特征

职业理想是人们在职业上依据社会要求和个人条件，借想象而确立的奋斗目标，即个人渴望达到的职业境界，体现了职业价值观并直接指导着择业行为。马克思认为："在选择职业时，我们应当遵循的主要方针是追求人类的幸福和我们自身的完善。"职业理想在一定程度上体现着人们的价值取向，对于选择未来职业发展方向具有决定性作用。同时，为了实现职业理想，人们首先得根据自身条件以及所处的社会环境做出实际可行的职业选择，然后朝着职业理想不断努力，在职业岗位上不断达成"小目标"，持续逼近职业理想和人生发展目标。因此，只有树立明确的职业理想，才能正确引导并不断坚定人生发展的方向，实现人生

---

① 圣丁. 哈佛商学院 MBA 教程［M］. 北京：经济日报出版社，1997.

发展的目标。一般而言，人生目标包含社会理想、职业理想、道德理想、生活理想等。职业理想与社会理想的关系如表2-1所示。

表2-1 职业理想与社会理想的关系

关系		含义	地位
区别	职业理想	是个人对未来所从事的职业的向往和追求，是职业发展的重要内容。如成为首席财务官、部门经理等	是人生理想的重要内容
	社会理想	是人们对未来政治经济社会制度的追求、向往和想象，是对社会现实及其发展的希望和憧憬。如实现伟大复兴"中国梦"	是人生理想的核心，影响和制约着职业理想
联系		二者相辅相成、相互影响。对社会理想的追求引导着人们在职业活动中付出更多的努力，正确的社会理想是人在职业活动中的精神支柱。同时，职业理想是实现社会理想的基础，社会理想则通过具体的职业理想和职业活动实现	

注：徐斌，张继延．职业生涯规划：大学生社会主义核心价值观教育的现实路径［J］．学校党建与思想教育，2016（3）：79-81.

职业理想直接指导着人们的择业行为，也体现着个人的价值取向，职业理想具有以下四个方面的特征：第一，职业理想存在差异性。由于每个人自身条件和所处环境的差异以及职业类型的多样化，职业理想表现各不相同。第二，职业理想具有动态性。职业理想的动态性是指职业理想不可能是一成不变的，如同不同个体拥有差异性的职业理想一般，职业理想本身在同一个体不同的时段也会有所改变。第三，职业理想存在前瞻性。在职业理想初步确定阶段，人们往往根据自身的发展趋势，制定未来职业理想以及人生发展的目标，与空想不同，职业理想是有依据的，是基于客观现实情况以及自身条件做出的合理判断与规划。因此，理想信念具有前瞻性，是对未来一定程度上的合理展望。第四，职业理想具有时代性。职业理想随着时代不断发展而进步，随着互联网信息技术的迅猛发展，信息不对称逐渐减少，更多新兴行业可供选择，职业理想也将变得更加多元和富有时代特点。

二、成为一名职业经理人

明确职业经理人的职业理想往往需要对职业经理人有清晰的了解，并在充分了解自己的前提下，立志成为职业经理人且为之奋斗终身。职业经理人包含了经理人职业化的要求，这就意味着职业经理人的职业理想必须将其工作视为职业生命，体现职业文化和职业精神，遵循相关职业体系和行为规范。同时，职业经理人最重要的使命就是经营管理企业，使其获得最大的经济效益，这就意味着职业经理人个人价值最大化的前提是公司效益最大化，公司效益也是个人品牌的体现。在确定自己想要成为职业经理人之后，其职业理想便逐渐明晰，即想成为一个怎样的职业经理人。

第一，成为一名能够实现自我价值，不断追求卓越、勇于突破的职业经理人。作为一名在市场经济条件下竞争的职业经理人，其生存的关键在于自身的"智本"运作能力。追求卓越、勇于突破是一个人价值取向的体现，如果一个人胸无大志，整天"脚踏西瓜皮，滑到哪算哪"，其结果必然是一事无成的。反之，有理想、有行动的人才有可能到达理想的彼岸。职业经理人工作的特殊性要求职业经理人既要有高度的责任感，又要有高水准的专业能力，成为德才兼备的职业化人才。"有德有才是精品，无德有才是毒品，有德无才是次品，无德无才是废品"，一个具有市场竞争力的职业经理人不应该仅仅满足于现有"智本"和已经获得的成绩，而要不断提升自己"德、智、体"各方面的修养，"德"包括社会公德和行业规范准则；"智"代表职业经理人的专业水平；"体"对个人而言是身心的健康，对企业来说就是体制先进。立志成为一名德才兼备的职业经理人，要以德为首，重视"德、智、体"三方面的综合修养，以确保职业生涯永葆青春。

第二，成为一名能够为企业经营谋效益、为员工或为团队谋利益的职业经理人。在企业运营中，职业经理人肩负着股东和员工的希望，其依靠"智本"和"资本"创造经济效益和社会效益。职业理想的确定首先要遵循职业道德要求与行为准则，职业经理人个人价值的实现孕育在企业价值的实现之中。职业经理人要与董事会进行协调，要与其他领导成员协调，要与下级沟通协调，还要与企业外部的有关单位和个人建立良好的关系。如果没有有效的协调和沟通，职业经理人就无法取得方方面面的支持，进而使工作难以开展。公司和职业经理人是共生体，公司的成长需要依靠职业经理人的成长来实现，优秀的职业经理人往往有着强烈的主人翁意识，全心全意为企业谋发展，主动帮助公司创造更多的财富。职业经理人的职业理想需要基于企业发展，职业理想可以是简单明确的想成为哪个层级的职业经理人，也可以是成为某个领域"术业有专攻"的经理人，如财务会计类总监、项目经理人、公关经理人等。职业理想还可以根据职业生涯的发展做出动态调整。

第三，成为一名能够为社会谋发展的职业经理人。从整个社会的角度来看，职业经理人的工作肩负着特定的社会责任，必须遵守相应的法律法规和行业准则，树立职业理想应该自觉参照法律法规和行业准则。每个企业都有自己的社会责任，企业的社会责任要求企业必须超越把利润作为唯一目标的传统理念，强调要在生产过程中对人的价值的关注，强调对环境、消费者和社会的贡献。职业经理人作为企业经营活动的主要执行人，在创造利润、对股东和员工承担义务和责任的同时，还要承担对消费者、社区和环境的义务和责任。在金钱与名利面前、在处理"小我"与"大我"的关系上，要摆正国家、集体与个人三者之间的利益关系，摆正眼前利益与长远利益的关系，自觉倡导并践行奉献精神，追求符合时代进步潮流的健康文明的生活方式。个人自我价值的实现不可能脱离社会环境，职业经理人更是如此，其职业生涯的延续离不开企业效益最大化，更离不开经济社会平稳运行。另外，职业经理人的职业理想特点也具有差异性、动态性、前瞻性、时代性等特点，且其职业理想没有大小、高低和贵贱之分。

三、职业理想的新内涵

随着"互联网+"时代的到来，大数据、人工智能、数字经济快速发展，企业制度、治理结构不断更新，赋予了职业经理人新的职业理想内涵，如数字经济中的社会责任等。与此同时，中国特色社会主义市场经济也对职业经理人的职业理想提出了新的要求：

第一，个人理想与社会理想信念相统一。从商先要做人，爱财更要爱国。作为新时代中国特色社会主义市场经济体系中的职业经理人，要将爱国、爱党和爱社会主义高度统一起来，把个人命运融入民族复兴的伟大事业和中国特色社会主义建设之中，要发挥好关键主体和中坚力量的作用。而作为未来职业经理人的商科学生要把学好商科专业知识和技能与"为国家谋富强、为民族图复兴、为社会增福祉"的理想信念结合起来。

第二，从商之道与为人之道相融合。"商道即人道"，这一朴素的从商智慧有着深刻的内涵，也是中华文化价值意蕴在经营活动中的体现。新时代的职业经理人既要学习世界先进知识，也要传承优秀传统文化，要做到"商道和人道"的融会贯通、知行合一。商科学生要自觉成长为"德、智、体、美、劳"全面发展的"学有专长、习有专技、研有专攻、德有专修"的应用型高级专门人才。

第三，强化道德品行与自觉抵制诱惑。自古以来，商业道德都备受推崇。随着新零售、新金融等新业态和新模式的发展，职业经理人比以往任何时代都更贴近新兴市场，被赋予了更多的责任与担当，同时也面临更多、更复杂的职场内外的诱惑，因此，职业经理人的道德品行修养和抵制诱惑的自觉就显得更为重要。"才者，德之资也；德者，才之帅也"，古往今来，但凡成功的商界人士，无一不是把"品质首位""诚信经营"当作人生追求和经营宗旨，崇尚诚信立身、以德从商。新时代的职业经理人需要树立崇高的职业理想和社会责任感，明确"可为"与"不可为"的清晰界限。

总之，作为一名合格的职业经理人，需要具备"热爱祖国、品行端正、积极热情、负责守法、保守业务秘密、不从事与公司利益相违背的工作、能与他人合作、愿意栽培下属"等品质，要以恭敬严肃的态度对待自己的岗位和职业，"选一行爱一行"，立志成为名副其实的职业经理人。

第二节　为什么要树立职业理想

《中国职业经理人事业发展"十四五"规划和 2035 年远景目标纲要》[①] 提出：到 2035 年，中国职业经理人队伍和制度建设将达到三个基本实现，即基本实现职业经理人的职业化、市场化、专业化和国际化；基本实现职业经理人队伍规模、结构、素质能力适应形势和满足经济高质量发展需要；基本实现以市场和出资人认可为核心的职业经理人评价体系的全程、全员、全面覆盖。这也意味着市场对职业经理人的需求越来越迫切。你想成为一名职业经理人吗？是因为你觉得作为一名管理者你能做出更多贡献吗？是因为你愿意承担更多的责任吗？如果是这些原因，那么你就走对了，你不仅朝着正确的方向迈出了一步，而且你还具有公司期望的作为一名职业经理人应有的态度。动机很重要，在你继续向前走之前应该好好地反省一下自己的动机，如果你的动机是正确的，那么无论是对你自己还是对公司，你都有责任进一步激发自己的理想和抱负，用它来推动自己和公司的发展。

一、职业理想是职业选择的向导

"目标之所以有用，仅仅是因为它能帮助我们从现在走向未来。"只有有了明确的目标，人们才有动力去奋斗，并积极创造条件去实现目标，以免漫无目标，随波逐流。为了实现自己的职业理想，必须选择一个与之相适应的职业，个人的职业选择可以是所从之业，也可以是所创之业。对于职业经理人来说，其职业选择较为明确，即成为职业化的经营人才，其职业选择更多的是选择哪个行业、哪一类企业、哪个职位等。如部分商科学生想要成为外资企业管理人才，那么进入外资企业无疑是他的不二选择。职业理想是职业经理人对未来职业的向往，引导并规划着他们的职业活动，一旦确立了科学的职业理想，就应当朝着实现这一理想的方向持续努力，否则，职业理想就无法或者很难实现。例如，成为

① 中国职业经理人事业发展"十四五"规划和 2035 年远景目标纲要［EB/OL］. https：//www. so-hu. com/a/440996046_ 564210.

外资企业职业经理人的前提条件是必须进入外资企业，否则，职业理想就会成为空想。职业理想不是应变之策，而是经营未来，科学且符合实际的职业理想有利于明确人生未来的奋斗目标。职业经理人的奋斗目标要在漫长且复杂的职业生涯中实现，需要经历长期的努力，从实习生、基础员工到部门经理、企业高管，实现过程中有成就也会有迷茫，此时，职业理想就会发挥关键作用，确保职业生涯不迷失方向。职业理想是我们每个人根据自己的实际工作能力和专业知识，大致设想自己未来所期望达到的高度，即明确自己以后要走的路。在前进的道路上，先给自己定下一个合适的高度，然后再通过一步一步的努力朝着那个方向前进，直至达到既定高度后再设新的高度，而那个前方的高度就是我们的未来。

二、职业理想是职业生涯取得成功的重要推动力

尽早明确自己的职业理想对自我职业生涯的发展大有裨益，俗话说"机会是留给有准备的人的"，只有一直朝着目标前进，中途才不至于迷失方向。职业理想是人们对未来职业的追求，它不仅涉及工作的部门、种类，还隐含工作的成就。每个人都有自己的职业理想，为了实现自己的职业理想，从学生时代起，就必须积极进行相关知识的积累和相关能力的培养，为选择自己理想的职业做准备。走上职业岗位后，还要运用自己所掌握的知识和所具备的能力，努力地、创造性地做好岗位工作，争取得到优异的工作成绩并最终取得职业成功。职业理想有助于职业经理人激发自己的职业兴趣，分析判断不同行业特点和企业文化差异，结合自身兴趣选择自己将持久效力的方向，为取得职业成功奠定基础。职业经理人的职业理想应该包括自己想要成为哪个层级的职业经理人，为了成为优秀的职业经理人，除了日常相关知识的积累和能力培养外，还要时刻关注行业需求、从业要求等的变化，前瞻性地考取相关资格证，为实现职业理想做好基础准备。在工作中，职业理想会激励我们不断自我学习，一步一步实现职业生涯规划中各阶段的"小目标"。另外，对于商科学生来说，应早日明确自己是否立志成为一名职业经理人，或者说早日确立职业理想是"精准就业"的重要前提。只有方向明确，才会在职业道路的前进过程中少走弯路。

三、职业理想是追求事业成功的精神支柱

职业理想是成就事业、推动社会进步的精神力量，有了这样的精神力量，无论是在职业准备、职业选择，还是在就业或创业的过程中，不管遇到什么样的困难、曲折，都会朝着既定的职业目标前进，直到取得事业上的成功。事实上，大多数职业经理人的自我实现都是一个自我肯定、自我否定的不断循环的过程，充满了困难、曲折和艰辛。这时候，职业理想就像航行中的"灯塔"，指导并调整

着我们的职业活动。当一个人的工作偏离了理想目标时，职业理想就会发挥纠偏作用；当在工作中遇到困难和阻力时，职业理想就像接种的"疫苗"，自觉免疫"心灰意冷，丧失斗志"等消极情绪。因而，一个人只要树立了正确的职业理想，无论身处顺境还是逆境，都会奋发进取、勇往直前。此外，职业理想基于个人能力、兴趣爱好，因为热爱和对期望职业的尊敬，人们能够高度认同职业经理人的职业价值，能够把自己的积极性、主动性、创造性源源不断地发挥出来，即职业理想推动职业精神的进一步发挥，它是人们追求事业成功的精神支柱。

第三节　如何树立职业理想

在当今经济全球化的大背景下，书本知识的更新速度远远跟不上现实世界变化的速度。一位刚刚迈出校门的大学毕业生，所学的知识可能一部分已经过时，不再适应现实的职业需求，而如果想要在这个激烈竞争的时代崭露头角，成为一名出色的工商业精英人才，尤其是对于想成为一名出色的职业经理人的学生来说，就必须及早树立职业理想，做好职业生涯规划。那么，如何树立正确的职业理想呢？

一、树立正确的职业价值观

职业价值观是指人生目标和人生态度在职业选择方面的具体表现，即一个人对职业的认识和态度以及他对职业目标的追求和向往。具体来说，职业价值观是人们对职业和劳动岗位总的看法。

每一种正当的职业都会为社会发展做出贡献，但不同的职业岗位确实存在着社会地位、经济报酬、福利待遇、劳动条件、发展机会等种种差异。由于出生环境、生活条件、思想认识、兴趣爱好、性格能力等诸多方面的不同，人们在择业时往往表现出不同的职业价值观念。不过，正确的择业观应该包括自身能力、个人追求和社会价值三个维度的权衡，即从自身能力出发看能不能做，从个人追求出发看值不值得，从社会价值出发看有没有益。

作为大学生，需要树立"职业无高低贵贱之分""三百六十行，行行出状元"的职业价值观，在平凡的岗位上做出不平凡的业绩。美国心理学家洛特克提出了13种职业价值观[1]，分别是：利他主义、审美主义、智力刺激、成就动机、

---

[1]　https：//zhidao.baidu.com/question/2083024290030952828.html.

自主独立、社会地位、权力控制、经理报酬、社会交往、社会稳定、轻松舒适、人际关系、追求新意。正确的职业价值观需要建立在清醒的自我认知基础上，处理好三组关系，即职业价值观与金钱的关系、职业价值观与个人兴趣和特长的关系、淡泊名利与追逐名利的关系。需要强调的是，个人兴趣是职业价值观中不可忽视的要素，从事自己喜欢的职业可以充分调动人的潜能，获得职业发展的原动力。

二、塑造经世济民的情怀

职业经理人应该"志存高远、孜孜以求"，具备经世济民的情怀。经世济民，意为使社会繁荣、百姓安居。经世济民是中国人的经济观，从字面上可以看出，经济分为"经世"和"济民"两个部分。"经世"就是经营世道，对于职业经理人来说，主要就是会用人，要"选贤与能""壮有所用"。"济民"主要指财富分配、济财于民。没有"济民"的思想，管理者就不能有效管理，国家的基业就会逐渐腐朽、溃烂。自古以来，中华商道的内涵就包含人本精神、尚义精神、家国天下精神、诚信精神、合作精神和实干创新精神[①]。

职业经理人是社会财富的创造主体——企业的实际经营管理专门人才，企业经营管理成效直接影响企业财富的创造能力。因而，职业经理人要自觉地将自身的职业追求与社会财富创造融合起来，要以追求自我价值、企业价值、社会价值三者的最大公约数为己任，在"经世"上主动担当。同时，作为社会财富分配的重要参与者以及企业层面的具体执行者，职业经理人要给股东创造利润、给消费者让渡价值、为员工谋求福利，要让利益相关者分享社会财富、共享经济增长成果，在"济民"上做出表率。

作为商科大学生来说，要塑造"经世济民"的情怀，要将成为出色的职业经理人作为自己的职业理想。一般来说，一个人的成就与其理想的高低成正比，理想越高，成功的希望越大。职业理想受人生理想、生活理想、社会理想的影响，崇高的职业理想也意味着更高的人生追求。在职业生活中，只有树立崇高的职业理想，才能正确对待自己从事的职业，做到敬业、乐业、勤业，在职业工作中表现出良好的道德情操，对社会做出应有的贡献。

与此同时，大学生在树立职业理想时既要仰望星空，又要脚踏实地，要着眼于社会需求、自身实际及未来发展科学地确立职业理想。职业理想需要在实践中进行检验并不断调整。一方面，在从事职业活动前由于缺乏职业实践体验，难免会有理想化的色彩、情绪化冲动和对自身才能的过高估计，使自己的职业理想发

① 王建均. 中华商道的内涵［J］. 山东省社会主义学院学报，2020（5）：59-62.

生偏差；另一方面，在实现职业理想的实践中难免出现难以预料的阻碍原职业理想实现的影响因素，因此需要根据实践不断加以调整和完善。在职业实践中通过自身体验，不断加深对社会的认知与理解，不断过滤掉理想中的幻想成分，正确处理理想与现实、个人与社会、个人与国家、个人与个人的关系，最终通过自己的职业实践，为社会、为国家、为人类谋求福利，在实践中践行"经世济民"的情怀。

三、做好职业生涯规划

职业理想深刻影响着职业经理人职业生涯的实现，与幻想不同，职业理想具有实践性，而职业生涯规划是职业理想实现的关键起点。职业生涯规划可以帮助职业经理人在客观认识自我的基础上，进一步明确自我职业追求。

职业生涯规划是一个动态过程，首先是要了解自己，即要客观全面认清自我，这是最基础的工作。充分了解自己的职业兴趣、能力结构、职业价值观、行为风格、优势与劣势等，只有正确认识自己，才能进行准确的职业定位并对自己的职业发展目标做出正确的选择。除了要正确客观地认识自我，还必须与时俱进，主动地了解各种职业，熟悉一些热门职位对人才素质与能力的要求。其次要重点关注自己感兴趣的职业，尽可能地全面深入地了解什么是自己梦寐以求的事业，什么是自己愿意为之付出更多的精力和贡献自己才华的事业，这个领域是否有让自己成就一番作为的环境，同时，准确评估自己获得这份事业的机会、自身还存在哪些不足、是否可以以及如何弥补这些短板。

然而，计划赶不上变化，职业生涯也需要动态调整。一般来说，职业经理人在职业生涯中应当锻炼四大能力①：一是懂得基础管理知识；二是具备通用的管理技能；三是具备专业的工作技能；四是具备职业发展能力。这是一个循序渐进的过程，从初入职场到最后掌握广泛而精专的职业发展能力，都是在实践中不断积累相关理论与经验，内化为职业经理个人涵养的过程，这种涵养也是实现职业生涯规划动态调整的基础。

四、科学地确立职业理想

科学确立职业理想需要着眼于社会需求、自身特点及未来发展。由于企业和职业经理人之间的关系是现代管理中典型的契约关系，其实质是以利益为机制，企业往往要求职业经理人在任期内进行改革和调整，并产生一定的效果，达到预期的效益指标。职业经理人为了在短时间内让企业看到自己任职后工作的成

---

① 张诗信. 培训经理的五项修炼［J］. 现代企业教育，2011（11）：14-16.

效，并得到企业的认可，很多措施都可能会从短期效益出发，从而导致急功近利，虽然在短期内改善了企业的状况，但不利于企业的长远发展，所以从社会需求、企业未来发展出发树立职业理想，是一名优秀职业经理人必备的条件之一。实践是检验真理的标准，衡量一个人的职业理想正确与否，不是凭主观上的感觉，而是要坚持客观标准，以社会实践的反检验来看人与职业的适应性。

案例 2-1

传承"张謇精神"，常怀赤子之心

张謇（1853~1926 年），中国近代实业家、政治家、教育家、书法家，"江苏五才子"之一。1894 年张謇考中状元，授翰林院修撰；1895 年奉张之洞之命创办大生纱厂；1912 年南京政府成立后，任实业总长，同年，改任北洋政府农商总长兼全国水利总长；1915 年，因袁世凯接受日本提出的"二十一条"部分要求，张謇愤然辞职。

图 2-1　张謇像①

张謇主张"实业救国"，是中国棉纺织领域早期的开拓者，一生创办了 20 多家企业、370 多所学校，为中国近代民族工业的兴起、教育事业的发展做出了宝贵贡献。毛泽东同志在谈到中国民族工业时曾说："轻工业不能忘记张謇。"习近平总书记在南通博物苑参观张謇生平展陈时指出②，张謇在兴办实业的同时，

---

①　图片来自百度百科。

②　陈永辉. 传承"张謇精神"常怀赤子之心［EB/OL］. https：//www. china. com. cn/opinion2020/
2020-11/18/content_ 76921868. shtml.

积极兴办教育和社会公益事业，造福乡梓，帮助群众，影响深远，是中国民营企业家的先贤和楷模。鉴往事，知来者。传承"张謇精神"，不仅要借鉴他的成功哲学，更应常怀赤子之心，时刻将国家装在心中，将社会责任扛在肩上。世事变迁，精神不灭。为国担当为民造福、切实履行社会责任的企业家，才能真正得到社会认可，才是符合新时代要求的企业家。张謇精神主要体现在以下3个方面：

1. 满腔热忱的爱国情怀

爱国、救国、报国，是张謇一生的追求，兴办实业，以商养学，一生所获财富，皆为社会服务。新时代中国民营企业家当以张謇为典范，把个人梦融入中国梦中，把企业发展融入国家建设中，把社会责任转化为长久之功。"利于国者爱之，害于国者恶之"，主动为国担当，为国分忧。根据张謇之孙张绪武讲述，张謇刚开始因成绩不佳而受到批评："1000个人参加考试，就算录取999个，他也一定是唯一不被录取的那个。"故张謇下决心发愤苦读、勤学善思、狠下苦功。为了寻找救亡图存之道，他一生都在不断学习新知、开拓实践。潜心研究资本主义的金融、工业，还东渡日本访问考察。他慢慢意识到，学习西方技术并不足以救中国，更要从制度、思想上全方位提升。张謇创办的大生纱厂，厂名选自《易经》中的一句话："天地之大德曰生。"他深信"为大众利益事，去一切嗔恨心"。张謇曾说："天之生人也，与草木无异。若遗留一二有用事业，与草木同生，即不与草木同腐朽。"

2. 奋发自强的实干精神

张謇一生以实业为事业主体，不仅将南通建成"中国近代第一城"，也推动了中国民族工业的发展进程。"企业家爱国有多种实现形式，但首先是办好一流企业。"企业家精神不是坐而论道，而是使命引领、负重前行，以恒心办恒业，努力为积累社会财富、创造就业岗位、促进经济社会发展、增强综合国力做出贡献。1895年《马关条约》签订，中国进一步陷入半殖民地的痛苦深渊中，张謇认定"中国须振兴实业，其责任须在士大夫"，于是投身于创办实业的实践中。初创之路充满艰辛。为了筹建大生纱厂，张謇利用状元身份，倡导股份制，向社会招股集资。此后，他又运用这种方式兴建了二厂、三厂和八厂。张謇那时便具有了现代化管理理念，他为纱厂专门设计了现代化管理制度——《厂约》，兴办实业的巨大成功，为他实现实业报国梦打下了坚实基础。

3. 敢为人先的创新胆识

中国第一家民营纱厂、第一所民营师范学校……张謇一生共创办了20多个"中国第一"。"富有之谓大业，日新之谓盛德"，创新是引领发展的第一动力。新时代的民营企业家要做创新发展的探索者、组织者、引领者，努力把企业打造成为强大的创新主体。20世纪初，为实现"民智今国牢"的救国主张，张謇在南通大力倡导并兴办新式教育机构，逐渐形成了"实业教育迭相为用""父教育而母实业"的教育思想体系。1902 年，张謇创办我国第一所独立设置、学制完备的中等师范学校——通州师范学校，并题写校训"坚苦自立，忠实不欺"。张謇曾言："一个人办一县事，要有一省的眼光；办一省事，要有一国之眼光；办一国事，要有世界的眼光。"

案例 2-2

天行健，君子以自强不息

1987 年，华为技术有限公司在中国深圳正式注册成立，直接推动中国 5G 技术全球领先。华为，是中国民族企业的一面旗帜，是中国民族企业的脊梁，是中国民营企业的佼佼者。但中国自古就有树大招风之说，2019 年 5 月 15 日，美国商务部表示，把华为及 70 家关联企业列入"实体清单"，华为遭受美国围剿。

华为公司总裁任正非是众所周知的人物。人民日报微评写道：大气而有底气，大格局又善布局，任正非实力圈粉，不仅在于妙语连珠，更在于对自我有清醒认知，对大势有准确判断，对狭隘爱国主义有足够警惕。"该干什么干什么，多为国家产生一个土豆就是贡献"，得其大、兼其小，乱云飞渡，不忘赶路，坚定从容地走向未来。

1944 年任正非出生于贵州省安顺市镇宁县一个贫困山区的小村庄，中、小学就读于贵州边远山区的少数民族县城。知识分子的家庭背景是任正非一生第一个决定性因素。因为父母对知识的重视和追求使得即使是在三年困难时期，任正非的父母仍然坚持让孩子读书。1963 年，任正非就读于重庆建筑工程学院（已并入重庆大学），将电子计算机、数字技术、自动控制等专业技术自学完，他还把樊映川的高等数学习题集从头到尾做了两遍，接着学习了逻辑学、哲学，自学了三门外语，他的外语水平当时已到可以阅读大学课本的程度。1987 年，因工作不顺利，任正非转而集资 21000 元人民币创立华为公司。创立初期，华为靠代理香港某公司的程控交换机获得了第一桶金。2019 年 1 月 20 日，任正非在接受央视《面对面》栏目访问时表示，主动放弃 100 名改革开放杰出贡献对象称号，称开会时坐不住两个小时。任正非的一生充满了传奇色彩，即使在骨肉至亲被强盗绑架、承受巨大心理压力的情形下，仍初心不改，把国家、民族大义放在首位，是真正的民族英雄。其采访谈话和华为公开的内部信均体现了他对公司治理、职业生涯以及职业经理人的独到见解。

1. 任正非谈职业管理者的责任与使命①

一个职业管理者的社会责任（狭义）与历史使命，就是为了完成组织目标而奋斗。以组织目标的完成为责任，缩短实现组织目标的时间，节约实现组织目标的资源，就是一个管理者的职业素养与成就。权力不是要别人服从您，而是要您告诉他如何干。因此，围绕组织目标的有效实现，个人所处的位置、承担的使命，应如何理解……一个职业管理者他的职业就是实现组织目标，因此，实现组织目标不是他的个人成就欲所驱使，而是他的社会责任（狭义）无时不在地给他压力，这就是无为而治的动机。为了实现组织目标，要有好的素养与行为。

2. 任正非谈高层职业管理者应有心态和行为特征②

华为曾经是一个"英雄"创造历史的小公司，正逐渐演变为一个职业化管理的具有一定规模的公司。淡化英雄色彩，特别是淡化领导人、创业者的色彩，是实现职业化的必然之路。只有职业化、流程化才能提高一个大公司的运作效率，降低管理内耗。第二次创业的一大特点就是职业化管理，职业化管理就使英雄难以在高层生成。公司将在两三年后，初步实现IT管理、端对端的流程化管理，每个职业管理者都在一段流程上规范化地运作。就如一列火车从广州开到北京，有数百人搬了道岔，有数十个司机接力。不能说最后一个驾车到了北京的就是英雄。即使需要一个人去接受鲜花，他也仅是一个代表，并不是真正的英雄。我们需要组织创新，组织创新的最大特点在于不是一个个人英雄行为，而是要经过组织试验、评议、审查之后的规范化创新。任何一个希望自己在流程中贡献最大、青史留名的人，他一定就会形成黄河的壶口瀑布、长江的三峡，成为流程的阻力。这就是无为而治的必需……上面说的是仅对高级管理者的，我没有说基层不要英雄，炸碉堡还是需要英雄的。基层干部不能无为而治。不当英雄，你也无法通向中高级管理者，谁会选拔你呢？对基层干部我们的原则是呕心沥血、身体力行、事必躬亲、坚决执行、严格管理、有效监控、诚信服从。与高级干部标准反过来，形成一个对立统一的悖论。

3. 任正非谈职业经理人待遇："英雄"不应作为额外索取的名义③

在职业化的公司中，按任职资格与绩效评价，付了报酬，已经偿还了管理者对职业化管理的贡献，个人应不再索要额外的"英雄"名义的报酬。为此，职业化管理者是该奉献时就奉献，而不是等待什么机会。我们的价值评价体系也要学会平平静静。如果我们的价值评价体系只习惯热闹，那我们就会导致高层管理者的"行为英雄化"。实现无为而治，不仅是管理者实现"从心所欲不逾矩"的长期修炼，更重要的是我们的价值评价体系的正确导向，如果我们的价值评价体

①②③ 资料来源于 https://www.sohu.com/a/427794414_715091，只对部分标点符号进行了修改。

系的导向是不正确的，就会引发"行为英雄化"。"行为英雄化"不仅仅是破坏了公司的流程，严重的还会导致公司最终分裂……我认为高级干部的价值评价体系导向比个人修炼更重要。个人修炼当然也重要，但小草再怎么浇水也长不成大树，如果价值评价体系不正确的话，那我们的导向体系就错了，我们公司就永远发展不起来。我们将逐步引入西方公司职业化的待遇体系，如工资、奖金、期权、期股……都是回到让职业管理者默默无闻、踏踏实实地工作上去。我们实现了这些，高层更不应成为英雄。这就是无为而治的基础。

4. 任正非谈华为企业文化①

任正非曾有过以下论述"以客户为中心，以奋斗者为本！""我们奋斗的目的，主观上是为自己，客观上是为国家、为人民，但主客观的统一确实是通过为客户服务来实现的。"任正非是军人出身，他所打造的企业也带有一些军事色彩，具有"战狼"一样的企业文化，对于竞争有更多的认识，对于生存有更清醒的认识。在他看来，企业的生存要适应弱肉强食的法则，适者生存，强者上、弱者下，这样才可以促进企业的长足发展。他的企业，具有强烈的开疆拓土的欲望，其员工也具有一贯遵从的军人风格，公司的整体面貌是具有高超的战斗力，上到企业的管理团队，下到企业的研发团队、质检团队和销售团队，通过了解，我们就会发现华为公司在内部管理以及市场部署、客户策略、竞争策略等方面都带有浓厚的战斗色彩，带有强烈的危机意识和战斗意识，也带有很多的思想性。

思考题

1. 谈谈读完张謇和任正非的故事之后你的思考（不限定方向）。
2. 总结张謇和任正非的职业理想。
3. 任选一句话进行解释："精诚锤炼、诠释商道"或者"经邦济世、经世济民"。
4. 你的职业理想是什么？你觉得职业理想和个人理想、社会理想之间的关系是什么？
5. 根据你的职业理想完善自己的职业发展规划，并写在 A4 纸上。

---

① 资料来源于 https：//www.360doc.com/content/19/0818/04/22221674_ 855585198.shtml.

第三章 职业经理人的素质与能力

第一节 从商人到职业经理人

一、中国古代商人的源起

我国古代商业产生于殷商时代，"殷人重贾"是史学界的共识①。西周以前与商人有关的记载大致如下：《尚书·酒诰》中有"肇牵车牛，远服贾用，孝养厥父母"之语，可知商末周初就有人外出从事贸易活动，但主要还是为了满足自己的消费，与单纯经商牟利的商人有别。《易经·系辞下》有神农氏之时"日中为市，致天下之民，聚天下之货，交易而退，各得其所"的记载，这类似后世的农村集市，交易者多是为买而卖的农村居民，间有少数摇着货郎鼓的货郎走村串寨，那就是商人。《诗经·氓》中也说"氓之蚩蚩，抱布贸丝"，也就是赶集。

进入东周，商人逐渐脱颖而出。《左传》有两则关于商人的记述：一则是弦高贩牛退秦军的故事；一则是韩宣子欲买郑商的环，郑商告子产，子产向韩宣子追述郑桓公东迁与商人盟誓共同开发新郑的故事。这两则故事虽都是因政事而述及商人，非专为商人而书，但商人于此也初露头角了。《左传》中有关商人的记述，仅有以上两则，还不是专为商人而书。这反映出春秋时期商人数量相较于殷商、周时期已有增长，但还不足以形成一个大的集团。

真正第一部记载中国古代商人的著作是西汉史学家司马迁著作的《史记·货殖列传》。《史记·货殖列传》列叙的人物始于范蠡、子贡，止于汉武帝元鼎年间的富商巨贾，即大约始于公元前5世纪初止于公元前2世纪末，为时近400年。对这近400年间的货殖家，《史记·货殖列传》分作两部分进行叙述。上部分述秦以前，下部分述汉兴以后。两部分都是先概述各地区的经济特产状况和风

---

① 安云凤．中国传统商德及现代社会价值［J］．江苏社会科学，2002（5）：184-188．

土人情，然后列叙人物。上部分较简，人物也较少，才六七人。下部分较详，人物有名姓者达 20 余人。《史记·货殖列传》所述的二十余名商人中，包括以下几种人：一是专事商品交换的人。如范蠡、子贡、白圭、刀间、宣曲任氏……他们在市场上，依积著之理，以物相贸，买贱卖贵。二是既从事商品生产，也从事商品交换的人。如曹邴氏"以铁冶起……贳贷行贾遍郡国"；程郑"冶铸，贾椎髻之民"；孔氏"大鼓铸……因通商贾之利"，其他冶铁、煮盐等的人，虽未明言从事商品交换，但都是为市场而进行生产，是不能不交换的。三是从事服务性行业致富的人。如洒削的郅氏、胃脯的浊氏、马医的张里。《史记·货殖列传》中但举其姓名，未为之立传。四是经营借贷的子钱家。如富埒关中的长安无盐氏。①

战国秦汉间，商人为数众多，但为何《史记·货殖列传》中记载的有名有姓的商人不过 30 人。其原因在于司马迁对杰出商人的选取标准很高。《史记·自序》说："布衣匹夫之人，不害于政，不妨百姓，取与以时而息财富，智者有采焉。作《货殖列传》第六十九。"这就明确地告知读者：被选入传的人必须是一不害于政，二不妨百姓，三能取与以时而息财富的布衣匹夫之人。贵族、官僚以及武断乡曲、欺压百姓的人是不能入选的。司马迁列叙汉代货殖家之前又写道："请略道当世千里之中，贤人所以富者，令后世得以观择焉。"这又说明，入传的人物须是既富且贤的人。在列叙汉代货殖家之后又写道："此其章章尤异者也，皆非有爵邑奉禄、弄法犯奸而富。"这又说明，入选者不仅要富而且贤，还须是"章章尤异"的。这从另一方面反映出，司马迁认为优秀的商人既应具有"取与以时而息财富"的致富本领，还应具备"不害于政，不妨百姓，不弄法犯奸"的优良品德。

二、明清时期商人阶层的兴起

伴随明朝中后期资产主义经济萌芽的产生，商人阶层开始兴起，产生了各种基于商人籍贯的商人群体：商帮。其中典型代表为明清五大商帮：徽商、晋商、浙商、鲁商、粤商。这五大商业集团尽管形成的时间并不相同，但它们支配着我国近代民间贸易，并在一定程度上影响了全国的经济，构成中国民族商业轰轰烈烈的宏大景观②。

（一）晋商

晋商，指的是明清 500 年间的山西商人，他们以经营盐业、茶叶、票号为

---

① 李埏．论中国古代商人阶级的兴起——读《史记·货殖列传》札记［J］．中国经济史研究，2000（2）：19-25.

② 佚名．盘点明清时期的五大商帮，分别有什么特点？［EB/OL］．http：//www.qulishi.com/article/202010/450523.html.

主，其中票号最为出名。晋商的兴起，是与我国商品经济的发展同步的。随着商业竞争的日趋激烈，为了壮大自己的力量，维护自身的利益，山西商人开始以商业组织的形式出现。

晋商起初是由资本雄厚的商人出资雇用当地土商，共同经营合作成为较为松散的商人群体，后来发展为东伙制，类似于股份制，这是晋商的一大创举，也是晋商能够历久不衰的一个重要原因。在晋商称雄的过程中，一共树立了三座丰碑，分别是驼帮、船帮和票号。驼帮主要从事对外茶叶贸易，他们通过驼队北上西行，把茶叶运往俄罗斯等地。船帮出现在清代中叶，由于商品经济的发展，货币流通量猛增，而当时国内的产铜量很低，仅仅依靠云南产的滇铜远远满足不了铸币的需求。在这种情况下，晋商组织船帮对外贸易采办洋铜。晋商最大的创举是"票号"，票号又叫"票庄"或"汇兑庄"，是一种专门经营汇兑业务的金融机构。票号最著名的便是我们熟悉的"日升昌"票号，其创始人雷履泰更是我国最早使用"总经理"这一职业经理人职位头衔的工商管理者。晋商的票号商人，在近代历史上显赫一时。直到如今，我国民间还流传着"山西人善经商、善于理财"的佳话。

晋商发展到清代，已经成为国内势力最为雄厚的商帮。世界经济史学界还把晋商和意大利商人相提并论，给予了很高的评价。晋商的发展不仅给山西商人带来了巨大的财富，而且也改变了当时人们"学而优则仕"的观念。

（二）徽商

徽商即徽州商人，又称为"新安商人"，俗称"徽帮"，是旧时徽州府籍的商人或商人集团的总称。徽州古称歙州、新安，一府辖六县，即歙县、黟县、休宁、祁门、绩溪、婺源，府治在现歙县徽城，前四个县今属安徽省黄山市，绩溪县今属安徽省宣城市，婺源县今属江西省上饶市。徽商最兴盛的时期在明代。徽商经营业务以盐、典当、茶、木材最为著名，其次是米、谷、丝绸、纸、墨、瓷器等。

徽商除了从事多种商业和贩运行业外，还直接办产业。比如休宁商人朱云沾在福建开采铁矿，歙县商人阮弼在芜湖开设染纸厂，他们一边生产一边贩卖，合工商于一身。而休宁商人汪福光则是在江淮之间从事贩盐，拥有船只千余艘，规模可想而知有多大。徽商遍布全国，与晋商齐名，到处都有徽商的足迹。徽商老字号有我们熟悉的张小泉剪刀、胡雪岩创办的"胡庆余堂"中药店、一代酱王胡兆祥创办的"胡玉美"蚕豆辣酱、王致和臭豆腐、张一元茶庄等。

"徽商精神"一直是人们崇尚的商业精神，如爱国、进取、竞争、勤俭、奉献以及团队精神等。

（三）浙商

浙商一般指的是浙江籍的商人、实业家的集合。浙江先后产生过湖州商帮、绍兴商帮、温州商帮、台州商帮、义乌商帮等著名的浙商群体。

明代时，江浙一带是我国经济较为发达的地区之一，商品经济发达，也产生了我国早期的资本主义萌芽。清朝末年，浙商成为我国民族工商业的中坚力量之一，为我国工商业的近代化发挥了很大的推动作用。

浙商的特点是和气、共赢、低调、敢闯。一般来说，其中最为活跃的商人是温商，最吃苦的商人是萧绍人，最为活跃的城市是义乌，最有代表性的商人是宁波商人，而最为低调的商人是越商。①

（四）鲁商

鲁商是明清时期山东的商业群体，他们以"德为本，义为先、义致利"的商业思想著称，具有深厚的历史渊源和强大的生命力。

鲁商将春秋战国时期齐国的工商思想与儒家学说中的"仁义礼智信"和"温良恭俭让"等为社会所普遍推崇的道德观、价值观相糅合，承袭了城市商品经济和山东地区的特色经济，繁盛于明清时期。明清以来的鲁商有许多是亦工亦商，其经营方式是"前店后坊"，如周村生产经营烧饼、布匹的生意。周村曾是我国北方最大的商贸中心，它一个月的税收额曾与陕西省一年的税收相当。

鲁商在发达的市场经济思想影响下，形成了独具特色的鲁商文化：以义致利，诚信为本，乐善好施，以酒会友。

（五）粤商

粤商崛起于明清时期，当时，我国的资本主义尚处于萌芽阶段，广东商人依靠广东的人文地理环境、发达的手工业以及与海外的密切联系，形成了我国的又一大商帮。究其起源，学者黄启臣认为粤商起源于明朝中叶以后，伴随商业经济的发展，广东沿海一带一些商人组织私人武装船队，冲破海禁，从事对外贸易，逐步形成以武力取得海外贸易权的海商贸易集团，即海商商帮。明朝隆庆皇帝开放海禁以后，广东商人集资结帮出海贸易者更是层出不穷，并形成与之适应的牙商和从事国内长途贩运的长途贩运批发商。一般认为，粤商内部由广州帮、潮州帮和嘉应帮等组成②。

粤商主要从事贸易和运输。粤商随着广东商品流通范围的扩大、商品经济的发展、海外移民的高潮而崛起，其发迹于东南亚、我国香港和潮汕地区。明清时期，粤商足迹遍布全国，广东会馆在全国的地域分布相当广泛。粤商更是漂洋过海，广东会馆也逐渐遍及世界各地。清代，广州十三行成为我国唯一的对外贸易窗口，粤商在外贸买办行业中显赫一时，他们在通商口岸开埠后逐渐向近代商人转变，粤商也成为我国近代最大的商帮之一。

① 资料来源于 http：//www.qulishi.com/article/202010/450523.html.
② 黄启臣.明清时期两广的商业贸易［J］.中国社会经济史研究，1989，（4）：31-38.

相较于其他商帮而言，粤商最大的特点是具有敢为人先、务实创新、争雄争冠的精神气质。

三、新中国职业经理人的产生与发展

我国古代商人真正意义上扮演的是企业家的角色，而明清时期的商帮经营者则有了职业经理人的雏形，如为"东家"打理生意的"掌柜"、为"洋东家"开展业务的"买办"等。但我国职业经理人的真正产生，始于社会主义市场经济体制的实行，发展历史相对较短，大致经历了三个时期①。

（一）职业经理人的恢复期

1953 年以后，中国建立起以公有制为基础的计划经济体制。随着辛亥革命之后股份制企业和上市公司制度的引入而出现的职业经理人不再存在。1978 年改革开放以后，我国经济体制由计划经济向商品经济转轨。党的十一届三中全会提出：让企业有更多的经营管理自主权。这一阶段，党中央和国务院连续下发了一系列针对国企改革的文件：1982 年，国务院制定了《国营工厂厂长工作暂行条例》；1984 年，国务院印发《关于进一步扩大国营工业企业经营管理自主权的暂行规定》；1987 年，国有企业全面推行承包责任制；1988 年，第七届全国人民代表大会第一次会议通过《中华人民共和国全民所有制工业企业法》，规定实施厂长负责制；1993 年，党的十四届三中全会明确提出，国有企业改革的方向是建立产权明晰、责权明确、政企分开、管理科学的现代企业制度。依托这些国有企业改革的文件，国有企业的管理者具有了一定的经营自主权。建立现代企业制度的国有企业改革方向为国有企业引进职业经理人提供了政策依据。这一时期，在一些中外合资企业和中外合作企业中出现了一批职业经理人。

（二）职业经理人的成长期

1993 年之后，《中华人民共和国公司法》规定企业建立股东会、董事会、监事会和经理层，各负其责、协调运转、有效制衡的公司治理结构为职业经理人的成长释放了空间。1997 年，党的第十五次全国代表大会提出，要初步建立现代企业制度。企业职业经理人开始有意识地主动参加企业管理方面的学习或培训，以提高自身管理能力和素质。1998 年，国务院印发《全民所有制工业企业承包经营责任制暂行条例》，国有企业开启了承包经营责任制的管理模式，核心是解决激励问题。

（三）职业经理人的成熟期

2001 年中国加入 WTO，面对全球更加激烈的竞争环境，党和政府先后出台

---

① 职业经理人制度的起源与发展［EB/OL］. https：//www.sohu.com/a/454208170_ 121048373.

了一系列政策推进中国的职业经理人队伍建设和各项制度建设。2003 年 3 月，全国人大通过机构改革方案，成立了国务院国有资产监督管理委员会。新的国有资产管理体制实现了政企分开、政资分开。国有企业推行职业经理人以《2002—2005 年全国人才队伍建设规划纲要》为标志，初步提出探索与制定职业经理人资质评价体系。2013 年，党的十八届三中全会针对国有企业存在的问题，提出全面深化国有企业改革，明确了新时期改革的方向和目标。2015 年，《关于深化国有企业改革的指导意见》中明确提到"推行职业经理人制度"。2016 年，国企改革"十项试点"任务中提出了推行职业经理人制度试点。2018 年，国务院国企改革领导小组办公室启动国企改革"双百行动"，在完善市场化经营机制的要求中再次明确探索职业经理人制度。2020 年印发《"双百企业"推行经理层成员任期制和契约化管理操作指引》和《"双百企业"推行职业经理人制度操作指引》，提出进行国有企业经理层成员任期制和契约化管理、建立职业经理人制度的决策部署，指导"双百企业"率先全面推进相关工作。

第二节　职业经理人素质要求：从古代到新时代

一、中国古代商人的素质要求

中国古代对于商人素质的要求蕴含于中国传统商德中。中国传统商德是指在中国古代长期的商业经济活动中产生的调整买卖双方利益关系、评价商人是非善恶、指导规约商人思想行为的道德原则和行为规范。具体而言，中国传统商德的主要内容主要包括四点①。

（一）义以制利、义中取利的交换原则

商人经商总是要盈利赚钱的，但在怎样赚钱上不同的文化观念又导致不同的方法。中国社会并不反对商人赚钱，但赚钱要符合要求，提倡"以义为利，不以利为利"②，要求商人见利思义、见得思义、取予有度、生财有道，并在商品交换过程中遵守义以制利、诚信无欺的伦理原则，反对唯利是图、见利忘义的不道德行为。儒家主张见利思义、利以义取，认为"德义，利之本也"（《左传·僖公二十七年》）。孔子说："不义而富且贵，于我如浮云"，但若合乎义，"虽执鞭之士，吾亦为之"。

---

① 安云凤. 中国传统商德及现代社会价值［J］. 江苏社会科学，2002（5）：184-188.
② 张松山. 中国古代商人伦理精神刍议［J］. 北京商学院学报，1993（3）：59-63.

明代徽商许宪以诚经商，深得民心，他在总结自己的经验时说："惟诚待人，人自怀服，任术御物，物终不亲。"明清时期的晋商则对赖以治生的计量工具——秤，赋予了强烈的道德含义：十六进制的准星、刻度镀以金色，代表心中有准，光明磊落。十六颗星分别代表北斗七星、南斗六星和福、禄、寿三星，北斗、南斗之星表明在商业买卖中要品行端正，志向坚定；福、禄、寿三星则提醒商人买卖公平，不可缺斤短两，如缺一两就会"损福"，缺二两就会"伤禄"，缺三两就会"折寿"。晋商对秤杆所赋予的道德含义，使商人一拿起秤就想起职业道德戒律。

（二）尊重规律、取之有道的经营技巧

中国传统商德主张义以利制的交换原则，但并不否定商品流通中的价值规律和经济原则。它把儒家道德中的三达德、五常德与兵家、法家治兵治世之道结合起来用于治生，认为凡遵循价值规律、善于预测市场供求关系、审时度势及时取予而发财致富者，皆可为"利从义生"者列，道德评价是肯定的。我国古代素有"良商"之称谓。所谓"良商"是指善于抓住时机做买卖的商人。《战国策·赵策》指出："夫良商不与人争买卖之贾，而谨司时。时贱而买，虽贵已贱矣；时贵而卖，虽贱已贵矣。"这里说明"贱买贵卖"是商人在流通领域取利的基本经济规律，本身无可非议，如果把取利的着眼点放在谨守贱买贵卖的最佳时机上，而不是只图个人私利"与人锱铢必较"，甚至损人利己者，即可称之为良商。春秋时期的范蠡居陶地经商，人称"陶朱公"，因善观时变，掌握"贵上极则反贱，贱下极则反贵"的价值规律，采取"待乏"原则而成为大贾。孔子的弟子子贡（端木赐）因对市场供求变化"臆则屡中"，掌握贱取贵卖原则，最后"结驷连骑"成为巨富。这些尊重经济规律、善于把握时机及时取予而发财致富者，受到了传统商德的肯定和提倡。

（三）敬业勤业、艰苦奋斗的创业精神

敬业勤业、艰苦奋斗的创业精神是中国传统商德的一个重要内容。这种艰苦创业精神一方面得益于"敬业乐群"传统职业道德的熏陶，另一方面缘于商业的特殊社会职责和生存发展的压力。中国古代职业道德传统对古代商人有至深的影响，他们深知"凡百事之成也，必在敬之，其败必在慢之"的道理，深知"功崇惟志，业广惟勤""敬其业而后其食"的原则。因此，敬业勤业、艰苦奋斗成为中国古代商人坚定不移的职业道德信念。吃苦耐劳、不畏艰险的商德作风尤以晋商为典型。晋商为了达到自己的经商目的，常常万里行商深入到甘肃、宁夏、青海、新疆、内蒙古等地区。晋商不畏艰难险阻，长年跋涉于这些商路上，并于艰苦卓绝中成就了自己的事业，其吃苦耐劳、勇敢顽强的创业精神着实令人叹服。勤俭节约、不事奢华也是敬业勤业的内容之一。许多商人通过辛勤劳动积千金而成巨富后，仍保持勤俭节约、艰苦奋斗的美德，决不奢靡铺张浪费。崇俭黜奢的商德作风，不仅以"养德"的作用促进了商人个体道德的完善，而且通过广大商人的身体力行外化于社会，促进了社会艰苦朴素、勤俭节约良好风气的形成。

（四）乐善好施、爱国济民的道德情怀

在传统义利观、公私观和群己观的熏陶下，在理想道德人格的指引下，中国古代商人形成了重义轻利、重公轻私、重群轻己的优良道德传统。他们重视自己的人格形象，关注自己的道德名节，追求高尚的道德人格，希望达到理想的道德境界；他们乐善好施，爱国济民，造福乡里，恩泽一方，为家乡、百姓、社会、国家做出了诸多义举善行。这种为天下兴利、以民生为怀的道德情怀，把传统商德推到了更高的道德境界。在传统商德的哺育下，中国古代乐善好施、扶困济危、仗义疏财的商人不胜枚举。《史记·货殖列传》写道：范蠡曾"十九年之中三致千金，再分散与贫交疏昆弟"。明代徽商黄应宣也常常帮贫助困救人于急难之中。还有一些商人通过辛勤劳动而致富后，热心公益，财为义用，如修桥、铺路、放赈、施药、救孤、助寡、办学堂、修水利、建会馆、惠商旅、济灾贫、助丧葬等。更有一些商人关心国家社稷，忧国忧民，当外敌入侵时积极捐金捐物，支持国家抗击侵略者，表现了强烈的爱国热情。如春秋时期的商人弦高"犒师救国"，汉代商人卜式屡次捐金抗击匈奴，明清时期的晋商、徽商在国家抗击外敌中也多有义举。这种深明大义、尽其所能、抗击外侮的爱国主义精神，是传统商德的最高表现形式，它使传统商德在国家利益和民族利益中得到了升华，并对后世商人产生了重要和积极的影响。

二、新时代职业经理人素质新要求——企业家精神的提出

（一）新时代我国企业家精神的提出

企业家是当今时代各国经济活动的重要主体，是企业创建和发展的灵魂人物，也是企业做强做优的首要推动力量。企业家精神则是经济增长与发展的特殊因素和引擎动力。中国改革开放40多年之所以取得举世瞩目的巨大成就的原因之一就在于以建立和完善社会主义市场经济体制为核心的制度变革释放和激发了全国各族人民的创新和创造热情，特别是激发了广大创业者、各类企业经营管理者的企业家精神，涌现出一批又一批的优秀企业家。

2017年4月，中央全面深化改革领导小组第三十四次会议通过了《关于进一步激发和保护企业家精神的意见》，对激发和保护企业家精神作出了专门规定。2017年9月，中共中央、国务院发布了《关于营造企业家健康成长环境弘扬优秀企业家精神更好发挥企业家作用的意见》，首次以专门文件明确企业家精神的地位和价值，并对企业家的环境、贡献、精神和作用进行了系统概括，引起较大社会反响。党的十九大报告进一步明确提出："激发和保护企业家精神，鼓励更

多社会主体投身创新创业。"①

(二)企业家精神的多维认识

关于企业家精神的内涵，国外方面主要有三类代表性观点：一是以熊彼特和鲍莫尔为代表的德国学派，主要强调的是创新精神；二是以奈特和舒尔茨为代表的芝加哥学派，注重风险承担能力和冒险精神以及应付市场失衡的能力；三是以米塞斯和科兹纳为代表的奥地利学派，重点关注对市场机会的识别能力。②

国内方面，张维迎认为，企业家精神就是冒险精神、创新精神、不满足精神和英雄主义精神③。林左鸣认为，企业家精神包括进取精神、创新精神、契约精神、诚信精神、敬业精神、奉献精神和民族精神7种精神特质④。叶勤认为，创业是形成企业家精神的基础，而创新则是企业家精神的核心⑤。鲁兴启等指出，企业家精神的实质是一种变革和创新精神，对个人利益的追求是激发企业家精神的内在动力，市场竞争压力是激发企业家精神的外在压力。⑥ 对于企业家精神只存在于民营企业，国有企业没有企业家，也不存在企业家精神这种观点，钱颖一明确指出，企业家精神并不局限于创业企业和民营企业，也可以包括已有企业，甚至国有企业。但是由于国有企业更容易受到束缚，所以要激发企业家精神和企业活力需要作出更大的努力。⑦

由上可知，国内外学者对企业家精神内涵的理解和认识具有较大差异，但大多认同企业家精神中应包含创新精神，创新精神是企业家精神的本质和核心。⑧根据国内外文献并结合实际，企业家精神的另外一个基本内核或本质是创业精神。创业精神包含实干精神、拼搏精神、艰苦奋斗精神、风险承担（冒险）精神、开拓进取精神等。事实上，创业精神和创新精神是分不开的，创新是创业的方式和手段，没有创新的创业是低层次的创业；创业则是创新的起点、目标和归宿，没有创业的创新难以长久，有创业支持的创新才可持续，因此创业也是创新的载体。其他各种精神素质和意识，如超前行动、识别并把握机会、敬

① 习近平. 决胜全面建成小康社会　夺取新时代中国特色社会主义伟大胜利——在中国共产党第十九次全国代表大会上的报告［M］. 北京：人民出版社，2017.

② Hébert R. F. , Link A. N. . In Search of the Meaning of Entrepreneurship ［J］. Small Business Economics, 1989 (1)：39-49.

③ 张维迎. 论企业家：经济增长的国王［M］. 北京：生活·读书·新知三联书店，2004.

④ 林左鸣. 弘扬企业家精神　实现民族复兴［N］. 中国企业报，2008-03-11 (5).

⑤ 叶勤. 企业家精神的兴起对美国经济增长的促进作用及其启示［J］. 外国经济与管理，2000 (10)：16-20.

⑥ 鲁兴启，王琴. 企业家精神与当代经济增长［J］. 商业研究，2006 (2)：22-25.

⑦ 钱颖一. 国企不缺企业家精神［J］. 资本市场，2016 (7)：16.

⑧ 欧雪银. 企业家精神理论研究新进展［J］. 经济学动态，2009 (8)：100-104.

业、英雄主义、不满足现状、合作、执着等则是创新创业精神的外延。企业家精神广泛存在于各行各类企业中，包括制造业企业、服务业企业，民营企业、国有企业，大企业、中小企业，上市企业、非上市企业等。企业家精神存在与否，不仅与企业所有制性质无关，甚至与是否为营利性组织无关，政府部门和非政府组织中同样可以存在企业家精神。但不同类型组织中的企业家精神也存在一定差别。①

三、新时代职业经理人素质新要求——企业家精神的内容

企业家精神是一个动态的、具有鲜明时代性的概念。社会主义的企业家精神应该与资本主义企业家精神有所区别，中国的企业家精神与其他国家的企业家精神也有所不同，新时代企业家精神与中国古代传统商人道德也理应有差异。总结起来，新时代企业家精神具有这样几个关键内容：

一是舍我其谁的使命感和责任担当精神。优秀企业家无不具有强烈的使命感，他们坚信自己的事业对国家、社会甚至全人类有着重要意义，并为此不懈努力。所谓使命感就是为人类、国家、社会解决某一问题的强烈意愿。如华为公司的使命和追求是"实现客户的梦想""持续为客户创造最大价值"。使命感也是一种家国情怀，是一种责任担当。优秀企业家都勇于担当、敢于负责，他们不仅担负起企业自身的发展责任，还努力承担好社会责任、国家责任。如注重生态环境保护、解决贫困问题、攻克社会痛点和难题、和国家战略保持一致。事实上，只有具备使命感和责任担当精神的企业家才可能取得持续成功，成就伟大事业，反之则只是昙花一现，庸碌无为。并非所有企业和企业家都具有强烈的使命感和责任担当精神，但优秀的企业和企业家一定具有这种精神，越是大企业越应该具有这种精神。总之，当今时代，使命感和社会责任担当精神越来越成为优秀企业家精神的重要组成部分和优秀企业家必须具备的品质。

二是以价值创造为导向的利他之心和奉献精神。优秀企业家并非单纯以利润为导向，更不唯利是图、以自身财富增长为中心。相反，他们都以为社会、员工、股东、顾客创造价值为出发点和落脚点，热爱顾客、产品、员工，在实现自身价值、创造社会价值的同时也兼顾各方利益。企业不创造价值是一种犯罪，是对资源的浪费。因此优秀企业家自然会追求效率、效益和质量，追求以较低的成本创造较大的价值。企业家不仅要为自己和家庭创造价值，也要为员工创造价值，为他们谋福利，保障他们的合法权益，满足其合理诉求，而不是对其进行剥削和压榨。利他之心和奉献精神也是优秀企业家精神不可或缺的重

① 李政. 新时代企业家精神：内涵、作用与激发保护策略［J］. 社会科学辑刊，2019，240（1）：79-85.

要组成部分。

三是精益求精的工匠精神。一般认为，企业家和工匠是两种类型的人才，企业家精神与工匠精神是彼此独立甚至无关的两种精神，以至于相关文献在关于企业家精神的界定中，往往不会提及工匠精神。这实际上是一种误解。世界各国优秀企业家都执着于自己的产品与服务，力求比别人做得更好、更快，更能满足顾客需求，更有吸引力和竞争力。无论是在外观方面，还是在功能方面，抑或服务方面都是如此。可以说，优秀企业家都是精益求精、追求完美的典范。他们视自己的产品为艺术品，决不允许粗制滥造、马马虎虎、蒙混过关。随着短缺经济时代的结束与过剩经济时代的到来，工匠精神越来越成为企业成功创业和发展的关键。相比较而言，德国企业家总体上更重视工匠精神，工匠精神已经成为该国企业家精神不可或缺的重要组成部分。随着消费升级和经济转型，我国企业家也越来越需要工匠精神。

四是遵守契约的诚信精神。诚信是市场经济得以良性健康发展的根和魂。优秀企业和企业家不仅遵纪守法，更是诚实守信、遵守契约的典范。因而，诚信和契约精神也就成为优秀企业家精神不可或缺的重要组成部分。不讲诚信的企业和企业家可能取得一时的快速发展，但不可能取得持续成功，相反会面临巨大风险，如三鹿集团经过近半个世纪的发展成为国内乳品行业的巨头，却因将三聚氰胺加入奶粉中这一严重失信行为而在一年内迅速破产；长春长生生物科技有限公司作为一家从事人用疫苗研发、生产、销售的国家高新技术企业，是国内少数能够同时生产病毒疫苗和细菌疫苗的企业之一，曾经有着良好的经济效益和发展前景，因为出现疫苗造假问题而迅速濒临倒闭。这两家企业都给所在行业造成巨大损失和极为恶劣的社会影响，并危害到消费者的生命健康和人身安全。在中国当前发展阶段，我国企业家诚信缺失问题比较严重。据统计，我国企业每年因诚信缺失造成的经济损失超过 6000 亿元。没有诚信的企业家精神是危险的、不健全的。诚信是中华民族的优良传统，理应在优秀企业家中得到继承和发扬，理应成为优秀企业家精神的重要组成部分。

以上四种精神中，使命感与责任担当精神是新时代职业经理人的价值观和新时代创新创业行为的驱动力；奉献精神是新时代创新创业行为的目标导向；工匠精神是时代赋予的要求，也是创新创业精神的必要组成部分；诚信精神则是社会主义市场经济的行为准则。此外，新时代职业经理人还应该具有爱国敬业精神，以遵纪守法为底线。这些精神虽然在过去 40 年及其他国家优秀企业家与职业经理人当中也有所体现，但在新时代中国有着更集中的体现和更迫切的需求。

第三节　不同层次职业经理人的职业能力差异

一、职业经理人的分层及职责

对于外部而言，一个组织只有一个管理者，那就是组织的法人代表，其需要对组织承担一切法律责任。但对于组织内部而言，随着组织规模的逐步扩大，单个管理者越来越难以承担起所有的计划、组织、指挥、控制职能。因此，随着组织的发展，组织内部将出现越来越多的管理者。这些管理者要发挥其在组织中的作用，必须进行合理的分工，由此产生了管理者的分层。按照不同职业经理人在组织中所处的层次，一般将管理者分为高层职业经理人、中层职业经理人、基层职业经理人三个层次，如图 3-1 所示。

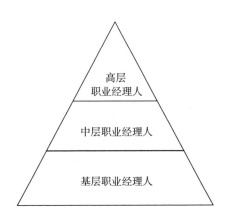

图3-1　职业经理人的分层

高层职业经理人是对组织的活动负全面责任的少数管理者，例如企业中的董事长、总经理、分管各部门的副总经理；政府中的市长、副市长；学校中的校长、副校长等。在组织外部，他们代表组织的声誉和形象；在组织内部，他们是重大事件的制定者和执行者，负责制定组织目标和战略发展方向，管理企业的运营，评价组织的绩效。他们必须高度重视战略问题，统观全局，长远考虑，从宏观的角度去掌握和控制整个组织活动的过程。

中层职业经理人是指处在组织中间层次的管理者，例如企业中的部门经理。中层职业经理人更加注重相关部门的管理实务，他们的职责是贯彻高层领导的决策，监督和协调基层组织活动，确保任务的完成。同时，在完成上级交办的相关任务时还需要收集和整理各种企业所需要的信息和方案为高层职业经理人做出决策提供依据。他们处在整个管理层的中间，在整个管理运行中起到承上启下的中介作用。没有这一中介"桥梁"，自上而下的管理运行必然受阻。随着现代企业的不断发展，相当一部分中层职业经理人需要相对独立地开展工作，这种中层职业经理人的权限相对较大，近似于一个组织的高层职业经理人。企业经营理念的转变和环境的快速变化要求企业减少管理层次，现代通信和控制技术发展为组织减少管理层次创造了条件，因此，现在组织结构出现扁平化趋势，中层职业经理人相对减少。

基层职业经理人是最靠近操作者层次的管理者，其主要任务是负责管理组织基层人员的日常活动，例如企业中的基层主管。基层职业经理人是管理者与非管理者之间的纽带，他们的主要职责是，按照组织的要求和需要，接受上级的指示并落实到基层，制订详细的工作计划，将具体的工作任务落实到每个操作者的身上，并对其操作流程进行监督、掌控和指导，从而保证各项工作任务的顺利完成。

以上三个层次的职业经理人统一领导、分级管理，共同保证组织正常运行，实现组织目标。比较而言，高层职业经理人在组织中的开拓和发展、计划和决策方面起着关键作用。中层职业经理人除了上传下达外，还需要组织协调所属基层单位的活动。基层职业经理人在落实作业计划、保证产品或服务质量、解决矛盾和冲突、提高作业效率等方面发挥重要作用。三个层级管理者的工作都内含计划、组织、领导和控制等基本职能，但侧重点不同。高层职业经理人重点搞好规划和控制；中层职业经理人主要负责组织和协调工作；基层职业经理人则重点搞好领导，即对操作者的指导、沟通和激励。

二、不同层次职业经理人职业能力要求的理论模型

能力是完成目标任务的素质，而职业经理人的职业能力不仅体现在完成任务上，更表现为效率的提升以及企业价值最大化的实现。职业经理人职业能力的概念最早是由管理学大师麦克利兰（McClelland）提出的"素质"概念发展而来的，进而形成能力素质冰山模型、素质洋葱理论模型、岗位能力素质模型三种经典的职业经理人职业能力理论模型。

（一）能力素质冰山模型
能力素质冰山模型的提出者麦克利兰认为，能力素质包括六个方面内容：
（1）知识：某一特定领域的有用信息。
（2）技能：从事某一活动的熟练程度。

（3）社会角色：希望在他人面前表现出来的形象（如以企业领导、主人的形象展现自己）。

（4）自我概念：对自己的身份、个性和价值的认识和看法（如将自己视为权威还是教练）。

（5）特质：个体行为方面相对持久、稳定的特征（如善于倾听他人、谨慎等）。

（6）动机：那些决定外显行为的自然而稳定的思想（如总想把自己的事情做好，总想控制影响别人，总想让别人理解、接纳、喜欢自己）。

以上六个方面的内容使能力素质形成了一个完整的层次体系。如图3-2所示，可以将能力素质描述为一座在水中漂浮的冰山，知识和技能是能力素质最表层的内容，如同冰山的水上部分；而社会角色、自我概念、特质和动机是能力素质中比较深层的内容，如同冰山隐藏在水下的部分，但它们是决定人们行为和表现的关键因素。

其中前两项内容与大部分工作所需要的能力素质有直接的关系，我们可以通过一定的方式在较短的时间内进行考察，比如通过简历筛选、面谈、专业资格证书等手段进行测量，同时前两项能力素质也可以通过相应的锻炼和参加培训进行提高。后四项内容很少与工作所需要的能力素质发生直接的联系，并且其自身也很难进行考察和表述，只有当被考察者主观发生变化并影响工作时才能得到体现。而且对此部分内容进行考察会存在一定的局限性，每个考察者都有自己独特的见解和思维方式，所以在学界内部一直存在一定的争议。

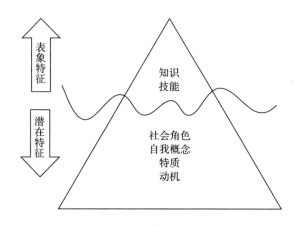

图3-2 能力素质冰山模型

（二）素质洋葱模型

美国学者博亚特兹（Richard Boyatizs）对麦克利兰的能力素质理论进行了深入的研究，提出了"素质洋葱模型"（见图3-3），该模型展示了素质构成的核心要素，并说明了各构成要素的可被观察和衡量的特点。

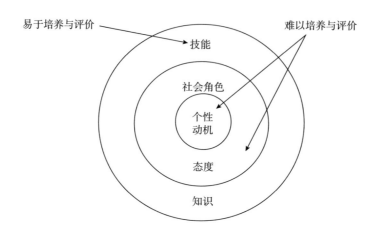

图3-3　素质洋葱模型

（1）知识：知识是指一个人在某个特定领域拥有的事实型和经验型信息的总和。

（2）技能：技能是指掌握和运用专门技术的能力。技能可以是非常具体的能力，如进行电脑操作和撰写可行性报告。同时，技能也可以是抽象的，比如运用谈判技巧说服合作伙伴。

（3）社会角色：社会角色是指一个人呈现给社会的形象。如用可亲、可敬、公平、公正、讲原则等形象展现自己。

（4）态度：态度是人们在自身道德观和价值观基础上对事物的评价和行为倾向。态度包括对外界事物的内在感受、情感和意向三个方面的构成要素。态度一旦形成，可以以两种形式存在：外显态度和内隐态度。外显态度是指我们意识到的并易于表现的；内隐态度是自然而然的、不受控制的，而且往往是无意识的评价。

（5）个性：个性是指一个区别于他人的在不同环境中显现出来的相对稳定的影响人的外显和内隐性行为模式的心理特征总和。日常生活中所提的"要强""固执""坦率"或"文雅""平和""柔弱"等，实际上就是个性心理特征之一的性格，但不是个性的全部内容。

（6）动机：动机是指对行为不断产生驱动作用的自然而持续的想法和偏好，

它们将驱动、引导和决定一个人的外在行动。

素质洋葱模型的本质内容与能力素质冰山模型是一样的，但是它对能力素质的表述更突出其层次性。在这个模型中最表层的是知识和技巧，由表层到里层，越来越深入，最里层、最核心的是个性和动机，是个体最深层次的能力素质，最不容易改变和发展。

（三）岗位能力素质模型

岗位能力素质模型是指为了达成组织整体绩效目标并针对特定的工作岗位所要求的与高绩效相关的一系列不同能力素质要素及其可测量的等级差异的组合。它对员工核心能力进行不同层次的定义以及相应层面的行为描述，确定关键能力和完成特定工作所需要的熟练程度。

不同的个体具有多种多样的关键能力素质表出特征，但是企业通常所需要的只是与具体工作岗位相关联的那部分关键能力素质特征。这就决定了企业必须根据组织和岗位的具体情况提出明确的要求，并以此作为遴选员工的标准，从而保证将合适的员工应用到合适的岗位上，发挥其主观能动性，激发其内在的潜能。岗位能力素质模型可以有效分析和预测出员工在工作岗位上的真实能力素质水平，即员工最佳关键能力素质表出特征。

个人能力指这个人能做什么和为什么这么做；岗位工作要求指个人在工作中被期望做什么；组织环境指个人在组织管理中可以做什么。交集部分是员工最有效的工作行为或潜能发挥的最佳领域。当员工的能力素质大于或等于交集圆圈时，才有可能从事该岗位的工作。企业人力资源管理所要发掘的能力素质模型就是个人能力素质与另外两个圆的交集部分，即能够保证员工有效完成工作的能力素质模型，具体如图3-4所示。

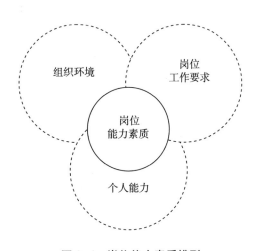

图3-4　岗位能力素质模型

三、不同层次职业经理人职业能力要求的差异

无论是能力素质冰山模型、素质洋葱理论模型还是岗位能力素质模型，均强调职业经理人职业能力跟工作、岗位直接相关。由于不同层次职业经理人岗位差异会导致职责差异，从而要求不同层次的职业经理人的职业能力也应当有所差异。对此，卡特兹（Robert L. Katz）提出了管理者应具有的三种管理技能：技术技能、人际技能与概念技能①。并明确指出，基层职业经理人最重要的技能是技术技能，高层管理者最重要的技能是概念技能，而人际技能对所有管理者都重要。借鉴卡特兹的观点，我们归纳总结出不同层次职业经理人职业能力要求的差异。

（一）基层职业经理人的职业能力要求

基层职业经理人所处环境中，不同主体对其的能力要求不同。此部分具体分析四个环境主体对基层职业经理人的能力要求②。

1. 企业及所属行业对基层职业经理人的能力要求

企业及所属行业对基层管理的要求主要集中于对行业的适应能力及对企业的理解能力，即能够尽快地适应行业及企业对基层职业经理人的要求，具备一定的行业和企业要求的素质和能力。企业及所属行业对基层职业经理人的要求如下：忠诚与责任感、对环境与企业的理解能力、学习与发展能力、全局观与战略理解能力。

忠诚与责任感强调基层职业经理人在工作中建立的对于企业的忠诚以及对工作的责任感。对环境与企业的理解能力指基层职业经理人理解行业运行的特点及对从业人员的要求，同时认同企业建立的企业文化与工作环境。学习与发展能力指基层职业经理人能够根据环境与企业的要求，不断学习相关知识与经验，谋求自身能力与素质的提高。全局观与战略理解能力指基层职业经理人具有全局观念，能从行业整体与企业整体高度理解企业发展战略。

2. 领导对基层职业经理人的能力要求

领导对基层职业经理人的能力要求主要集中于管理能力方面。领导往往希望能够找到具备一定管理能力与素质的管理者，帮助领导完成日常管理与突发事件的处理工作，成为领导可以倚重的基层职业经理人。领导对基层职业经理人的能力要求表现在七个方面：管理基本能力、创新与解决问题的能力、执行力、信息处理能力、遵守企业规章制度的能力、决策能力、危机管理能力。

管理基本能力指基层职业经理人需要具备计划、组织、领导、控制的基本管

---

① 邢以群. 管理学［M］. 杭州：浙江大学出版社，2016.

② 李强，张伟. 基层管理者胜任力模型实证研究［J］. 经济师，2012（10）：235-237.

理能力，并掌握相应的管理工具。创新与解决问题能力指基层职业经理人能够自主地解决工作中的突发事件、棘手问题，并不断创新工作方式与解决问题的方式。执行力指基层职业经理人对于上级领导交与的任务能够较好地执行并且取得较好的管理效果。信息处理能力指基层职业经理人具有信息上传下达的能力，以及信息收集与处理、反馈下属或员工意见的能力。遵守企业规章制度的能力指基层职业经理人能够自觉遵守企业相关规章制度。决策能力指基层职业经理人根据环境的变化能及时做出判断和决策，并努力取得周围环境对决策的信任和支持。危机管理能力指基层职业经理人针对可能发生的危机和正在发生的危机，进行事先预测防范、事后妥善解决的能力。

　　3. 同事及非管理雇员对基层职业经理人的要求

　　同事对基层职业经理人的要求更多地体现在协作与沟通层面，而非管理雇员对基层职业经理人的要求则体现在管理方式、管理技巧等方面。同事及非管理雇员对基层职业经理人的要求体现在七个方面：协作能力、人际交往能力、沟通能力、文字表达能力、关心下属的能力、敬业精神与激励他人的能力、团队管理能力。

　　协作能力指基层职业经理人具有与同级别管理者或下属相互协作完成任务的能力。人际交往能力指基层职业经理人具有人际关系处理与人际交往的能力。沟通能力指基层职业经理人能够简单而有说服力地沟通各种方案和观点，并能倾听和接受他人的意见。文字表达能力指基层职业经理人具备一定的公文写作能力。关心下属的能力指基层职业经理人能够尊重和体贴下属，并关注下属的发展。敬业精神与激励他人的能力指基层职业经理人具有对工作的热情，并能感染与适时地激励他人的工作热情。团队管理能力指基层职业经理人具有组建团队、为团队设置目标并进行有效的管理与控制的能力。

　　4. 基层职业经理人的自我能力要求

　　基层职业经理人的自我能力要求集中于处理各种心理活动、自身矛盾的能力。这些心理活动与矛盾处理得好，可以对管理绩效产生积极的影响。基层职业经理人的自我能力要求包括成就的欲望、工作与生活的平衡能力、情绪管理能力、抗压能力、人格修养、政治思维能力、自制力。

　　成就的欲望指基层职业经理人具有取得成就的欲望以及对于权力的追求。工作与生活的平衡能力指基层职业经理人能够合理安排工作时间，寻找工作与生活的平衡点。情绪管理能力指基层职业经理人能够具有较强的情绪自我调节与控制的能力。抗压能力指基层职业经理人能够正确地面对工作带来的心理压力，并有正确的疏导方式。人格修养指基层职业经理人培养自己冷静、果敢、自信的人格特征的能力。政治思维能力指基层职业经理人具有良好的作风，具备一定政治思维能力，能够在工作中把握原则，具有正确的政治理想。自制力指基层职业经理人在诱惑面前表现出来自我克制的能力。

5. 基层职业经理人职业能力的动态演进

深入分析基层职业经理人职业能力的各个因素，我们发现这些职业能力因素对基层职业经理人有效完成岗位职责的作用是存在明显差异的。具体来说，有些职业能力因素属于管理者门槛条件，有些则对基层职业经理人职业发展有重要影响。因此，我们可以对基层职业经理人职业能力要求各因素进行进一步的归并分类，并确定其职业能力的演进规律。

当基层职业经理人刚刚进入管理岗位时，往往感到工作千头万绪、不知所措。此时要求基层职业经理人明确"应该做什么""如何去完成工作"这两项问题。回答这两个问题的保障在于基层职业经理人对环境的分析和解读能力、学习能力和基本的管理素养，即拥有学习与发展能力、全局观与战略理解能力、管理基本能力、决策能力。因此，我们可以将这四种基层职业经理人应当拥有的职业能力归类为"生存力"，这是"基层职业经理人门槛"，只有符合生存力四个能力要素，才具备从事基层管理工作的基本能力，否则不能称之为一个合格的基层职业经理人。

当基层职业经理人逐渐开始明确自己的工作内容时，由于对工作环境的陌生和工作内容的生疏，往往进入一个矛盾冲突凸显期。这一时期基层职业经理人知道自己应该做什么，但总是在工作中遇到很多困难。这就要求基层职业经理人首先要明确企业的规章制度，依照制度来工作可以有效地避免工作中的冲突。当冲突不可避免地发生时，要求基层职业经理人有能力对这些冲突进行处理。同时基层职业经理人具备相应的文字处理能力以整理和汇报工作中的突发事件和情况。也就是说，要求基层职业经理人具备文字表达能力、遵守企业规章制度的能力、危机管理能力。这些能力，我们可以称之为"适应力"，适应力是基层职业经理人度过这一个矛盾凸显期的重要保障。

度过基层职业经理人矛盾凸显期后，基层职业经理人对工作内容和工作环境逐渐适应，在此基础上一个新的问题摆在基层职业经理人面前——如何将工作做好。将基层管理工作做好就要求管理者具备多方面的素质和能力。首先，要求基层职业经理人具备一定的"交往力"，包括信息处理能力、创新与解决问题能力、人际交往能力。基层职业经理人在工作中常常面对领导、同事、员工及顾客，不同的人群在传递着各种各样的信息；同时通过企业正式的和非正式的渠道也在传递各种各样的信息。如何处理这些信息并从纷繁的信息中把握重点考验着基层职业经理人的信息处理能力。其次，管理者的工作对其性格特征具有特定的要求。基层职业经理人应当具有抗压能力、自我控制力以及受人尊重的人格修养，同时能够有效地激励与关心他人，这就要求基层职业经理人具有抗压能力、自制力、人格修养、敬业精神与激励他人的能力、关心下属的能力，即"性格力"。最后，基层职业经理人还需要很好地平衡工作与生活的关系、环境影响与内心波动的关系等，即具有一定的"平衡力"，拥有对环境与企业的理解能力、工作和生活的平衡能力、情绪管理能力，从而让自己保持在一个良好的工作状态中。因而"交往力""性格力"与"平衡力"是一个基层职业经理人取得良好的管理绩效的重要因素，关系到基层职业经理人能否长期从事管理工作及基层职业经理人生存的问题。

对于优秀的基层职业经理人来讲，不断成长并在组织管理工作中承担更重要的角色是必然的。在组织中谋求发展，首先需要具备内在的上升动力及从主观上具备谋求更高职位的动机；其次需要基层职业经理人具备一定的政治思维，讲原则、善于把握机会、能从全局的角度思考问题；最后还需要良好的执行力，能够将思路转变为实实在在的行动和工作。因而对于优秀的基层职业经理人而言，必须拥有执行力、成就的欲望、政治思维能力，这些职业能力要素可统称为"发展力"。

（二）中层职业经理人的职业能力要求

中层职业经理人是企业战略的执行者，又是企业战术决策的制定者，还是高层管理者和基层管理者之间进行沟通的桥梁。因此，中层职业经理人应特别重视以下职业能力的培育：

1. 强势执行力

很多企业都面临着经营策略执行不到位的问题。好的经营策略需要好的策划执行，好的执行需要好的团队，好的团队要有好的中层职业经理人。执行力的强弱，是衡量一个团队战斗力强弱的重要依据，也是中层职业经理人胜出的一个要素。个人执行力是团队执行力的基础，而基础的关键是中层职业经理人的执行力。中层职业经理人作为地方区域的决策者、领导者，承上启下，非常重要。

2. 细节中渗透影响力

任何事情从量变到质变都不是一个短暂的过程，如果中层职业经理人没有持之以恒的"举轻若重"、做好每一个细节的务实精神，就达不到"举重若轻"的境界。如果说传统意义的领导主要依靠权力，那么现代观点下的领导则更多依靠其内在的影响力。一个成功的领导者不是指身居何等高位，而是指能够凭借自身的威望、才智，把其他成员吸引到自己的周围，取得别人的信任，引导和影响别人来完成组织目标。一个拥有充分影响力的中层领导者可以在领导岗位上指挥自如、得心应手，带领队伍取得良好的成绩；相反，一个影响力很弱的领导者，过多地依靠命令和权力是不可能在团队中树立真正的威信和取得满意的领导效能的。

3. 改善业务的意识

不能积极主动地前进，不敢为人先，集体的成绩就会受到限制。如果中层职业经理人不能对企业的总体绩效产生积极的推动作用，就是在为自己的事业自掘坟墓。衡量中层职业经理人工作成效的标准之一就是要看其个人主动发起的行动数量。在这一点上，中层职业经理人与冲浪运动员颇为相似。冲浪者只有赶在浪潮前面，才能够精彩地冲向岸边；而如果每次都慢半拍，就只能在海里起起落落，等待下一波浪涛的到来。走在行业的前列需要真正的努力与积极性。

4. 培养他人的能力

韦尔奇认为，企业的领导应当抽出一定的时间与精力去寻找合适的经理人员并激发他们的工作动机。他强调有想法的人就是英雄。他的主要工作就是去发掘出一些很棒的想法，然后完善它们。他坚信，自己的工作就是：一手拿着水罐，一手拿着化学肥料，让所有的事情都变得枝繁叶茂。沃尔玛中国区一位高管认为，如果指示太过详尽，就可能使下属养成不动脑筋的依赖心理。一个命令一个动作地机械工作，不仅谈不上提升效率，更谈不上培养人才。对于中层职业经理人而言，最重要的工作就是启发下属的自主能力，使每一个人都能独立作业，而不是成为唯命是从的机器①。

（三）高层职业经理人的职业能力要求

高层职业经理人是企业重大事件的制定者和执行者，负责制定组织目标和战略发展方向、管理企业的运营、评价组织的绩效。他们高度重视战略问题，统观全局，长远考虑，从宏观的角度去掌握和控制整个组织活动的过程。对应地，其在职业能力上也有其独特的重心要求②。

1. 领导能力

高层管理者作为企业的领导者，必须要有相当的影响力，使被领导者愿意顺从和承诺去有效完成交办的事项和任务，从而达成组织的目标与使命。好的领导者从来不是一个人在奋斗，而是引领下属共同前进。领导能力包含组织领导和职权应用两个因素。组织领导包括公平待人、号召力、努力工作、角色定位；职权应用包括有效分配、指示他人、监督绩效。

（1）公平待人。公平待人主要表现在高层管理者可以公平对待组织里的所有成员，对员工的工作评价不存在个人偏见，不用以往的眼光看待员工，不任人唯亲，做到能者上庸者下。

（2）号召力。号召力主要表现在高层管理者可以通过实际行动或具体事件来获得员工发自内心的拥戴，提升其在员工心中的地位，进而提出共同的组织愿景，从而激发员工对组织使命的热情和承诺，形成企业和员工之间良好的互动。

（3）努力工作。努力工作主要表现在高层管理者在工作中能够按照组织的要求明确自己的工作方向，态度积极，扎实肯干，不将工作视为单一的目标，而

---

① 殷娴. 关于企业中层管理人员的探讨 [J]. 现代经济信息，2013 (9)：94-95.
② 陆遥. 高层管理者关键能力素质表出特征研究 [D]. 大连：大连海事大学，2014.

是为了组织的发展和自己的进步。

（4）角色定位。角色定位主要表现在高层管理者能够了解自己在企业中所处的位置，清楚自己的工作角色、职权以及职权范围，正确处理隶属关系，为开展工作奠定良好的基础。

（5）有效分配。有效分配主要表现在高层管理者明确企业的组织目标，在充分了解企业运营和发展的条件下，将工作任务有效地分配给各部门并保证各部门可以在明确的时间内完成。

（6）指示他人。指示他人主要表现在高层管理者在充分了解企业运营和发展的条件下，对需要完成的任务和事项给予明确且详细的指示，或是对他人的某种行为进行限制。

（7）监督绩效。监督绩效主要表现为在绩效充分体现员工实际情况的基础上，高层管理者依据此标准对员工绩效进行评估和监督，并坦率地与员工进行绩效问题的讨论，分析可能存在的问题。

2. 分析解决能力

分析解决是一个过程，它表现在分析问题、系统分解、解决问题等环节的处理上。达尔文说："适者生存，不适者灭亡。"伴随着市场竞争的不断加剧，企业需要增强对问题的预判能力、发现能力以及解决能力，只有这样才能在市场中占有一席之地。作为一名管理者，特别是企业的高层管理者，在危急情况或未知情况下的分析解决能力会对组织产生重要的影响。分析解决能力包括组织理解、信息收集、分析思考三个因素。

（1）组织理解。即了解企业，主要表现在高层管理者了解企业的组织目标、企业文化以及价值内容，同时还需了解企业的非正式架构，如谁是决策的主导者、影响者以及未言明的规则；善于判断主要表现在高层管理者辨识企业可能面临的风险，提出影响企业的根本问题和关键因素，寻求企业发展壮大的机会，判断企业未来的发展方向。

（2）信息收集。信息收集主要表现在高层管理者利用各种途径搜集与工作相关的各种资料，获得有价值的信息，帮助企业发现存在的问题，同时制定相应的政策保证企业的竞争力。

（3）分析思考。包括分析问题、系统分解、解决问题三个部分。分析问题主要表现在高层管理者善于透过事物的表象，由表及里地分析问题，得到问题之间的因果关系，进而更加合理地按照事情的重要程度安排先后顺序。系统分解主要表现在高层管理者通过分析问题的联系，发现本质，进而把复杂的工作任务或事项分解成一个个系统的部分，方便下属更好地完成高层管理者交代的任务。解决问题主要表现在高层管理者透过工作任务或事项之间的因果关系，分析事件可能产生的原因或结果，进而提出相应的应对方案，并对方案的可行性进行评估。

3. 人际沟通能力

管理者大部分的时间都在从事沟通的工作，良好的沟通能力能使管理者良好地表达自己的思想和情感，从而获得别人的理解和支持，进而与上级、下级保持良好的关系。沟通能力较差的管理者常常会被他人误解，给他人留下不好的印象，甚至无意中对别人造成伤害，因此，提高沟通能力对于在组织中处于主导地位的高层管理者而言极其重要，人际沟通能力包括人际理解和人际反馈两个因素。

（1）人际理解。主要表现在高层管理者善于观察和发现，可以在很短的时间内洞察他人的情绪、看法和观点，并能采取与之相对应的措施，达到良好的人际沟通目的。

（2）人际反馈。主要表现在高层管理者对员工提出问题和观点时主动进行回应，实现双方信息交流的通畅，保证员工可以明确工作目的和任务分配，同时形成良好的隶属关系。

4. 组织协调能力

法约尔认为："权力是下达命令的力量和要求他人严格服从的权限。"[①] 作为出色的高层管理者，要充分了解企业的组织架构，明确权力的构成，充分发挥组织协调能力，运用科学合理的管理模式掌控企业的发展过程。组织协调能力包括协调控制和团队合作两个因素。

（1）协调控制。主要表现在高层管理者充分了解组织的企业文化和组织目标，能够针对组织中的各部门运用不同的手段和处理方式对其产生影响，更好地促进组织的协调发展。同时，高层管理者能够充分运用自己的个人力量或者人脉对所在行业、省市政府或专业性组织及国家施加影响，从而为组织赢得良好的发展环境。

（2）团队合作。即高层管理者能够尊重他人才智、意见和看法，在下属意见与自己意见不同时，不断然否定，而是寻找其中有利于完成自己计划的观点，完成相应的计划和决策。高层管理者通常公开表扬他人成就或给予各种奖励，从而激发员工的积极性和对企业的忠诚度，同时也可以为其他员工起到榜样的作用，激励他人不断前进。另外，高层管理者还积极采取具体行动，增强组织的士气，明确组织愿景，形成良好的工作氛围，激发员工的主动性和积极性，达到组织的绩效要求。

---

① 亨利·法约尔. 工业管理与一般管理［M］. 迟力耕，张璇，译. 北京：机械工业出版社，2021.

案例 3-1

让更多留守儿童不再留守①

他是一名普通返乡农民工，也是大伙心中的"凤凰村长"。他大胆选择返乡创业，尝试独辟蹊径，开发以养生保健饮品为主的土家擂茶，吸收多户精准扶贫建档立卡户就近就业。他就是湖南省周生堂生物科技有限公司董事长周祖辉。

是什么让他选择回到了家乡呢？"为了让更多儿童不再留守，更多老人不再空巢。"周祖辉表示。2008 年，他放弃了外地的高薪收入，回到家乡创业。

离家打工　仅 1 年半工资飙升至 8000 元

"离家学艺、打工那段经历是我最难忘，也是我收获最大的日子。"对于过往的经历，周祖辉逢人就这样说。

2000 年高中毕业，因家徒四壁，成绩一直名列前茅的他不得不外出学手艺。学修家电、做家具……三年下来，他虽然学会了一些技术，但因家里太穷，拿不出钱开店。2004 年，他南下到广东一家机械厂打工。凭着努力与善学，仅 1 年半，他就晋升为车间总组长，月薪由刚入职时的 350 元飙升至 8000 元。

外面的世界很精彩，但终究不是自己的归宿。2008 年，他目睹了凤凰旅游产业的发展，加之已经结婚生子，经过慎重考虑，他决定返乡创业。

"小孩在家里，老婆也在家里，我一个人在外打拼，我觉得这家是不完整的。"周祖辉说。

回乡创业　"双茶"开发带来"第一桶金"

回乡创业其间，周祖辉摆过地摊，卖过玩具，开过小旅馆，但都没有达到他的目标。

2010 年，周祖辉经过近半年的实地调研和充分论证，结合湘西地区实际情况，成立了公司，并以"公司+吉首大学"的合作方式，主营开发以养生保健饮品为主的土家擂茶，主要以"蜂蜜柚子茶""五谷香酥茶"两个品种为主打，原料均是湘西本土的苦柚青柚和五谷杂粮，生态环保。

经过几年的努力，他在凤凰古城开了 20 家直营店，15 家加盟店，占据了古城内几乎全部重要街巷的黄金位置。

"双茶"的开发为周祖辉带来了"第一桶金"，他说："市场是残酷的，必须

---

① 彭婷，曾小颖，唐金生 . 周祖辉：让更多留守儿童不再留守［EB/OL］. https：//zt. rednet. cn/c/2018/10/31/4763559. htm.

另辟蹊径，多管齐下。"

2013年，习近平总书记考察了菖蒲塘柚子基地，周祖辉又萌生了新的想法。他通过收购基地原来丢弃的仔柚、畸形柚，开发出具有湘西特色的蜂蜜柚子膏，带动了周边群众就近就业，增加了农民收入，带领部分农户走向深加工致富的道路。

公司发展壮大　积极造福家乡

目前，公司在凤凰县委县政府的关心和支持下，入驻凤凰之窗文化产业园，建有猕猴桃、柚子、五谷杂粮、蜂蜜、茶叶等农副产品深加工生产线8条，并建立了旅游团体观光线。

公司现有店面43家，直接解决就业160余人，其中建档立卡贫困户、下岗职工等就业困难人员60余人。2018年，收购果农猕猴桃200万斤以上，其中建档立卡贫困户的猕猴桃为100万斤以上，他带领上千人实现脱贫致富。

走进凤凰之窗文化产业园，员工在忙着加工蜂蜜柚子膏，一个个动作非常熟练。

前来的游客络绎不绝，纷纷询问和品尝具有湘西特色的猕猴桃干、蜂蜜柚子茶、擂茶等。

公司发展壮大了，他也以多种形式回馈社会，造福家乡。"能让周边的老百姓有机会就近就业，脱贫致富，我很欣慰。"周祖辉说。

2017年，周生堂被国务院扶贫办、人社部评定为"全国就业扶贫基地"，后又获批"全国'万企帮万村'精准扶贫行动先进民营企业"。周祖辉本人也相继获得全国农村青年致富带头人、2020年全国向上向善好青年、湖南省劳动模范、湖南省最美扶贫人物、湖南省学雷锋优秀志愿者、诚实守信·湖南好人、湖南省创新创业带动就业先进个人等荣誉，被授予"湖南青年五四奖章"，入选湖南省"湖湘青年英才"支持计划，确定为第八届湖南省道德模范拟入选对象（诚实守信类）。

思考题

1. 中国传统商德对商人的素质提出了哪些要求？

2. 企业家精神的内涵是什么？新时代企业家精神有哪些基本内容？

3. 职业经理人应具有哪些基本的职业能力？

4. 能力素质冰山模型、素质洋葱理论模型、岗位能力素质模型等经典的职业经理人职业能力理论模型分别有哪些基本观点？

5. 不同层次的职业经理人在职业能力方面有哪些侧重点？

第四章　职业经理人的专业知识

第一节　职业经理人应掌握的专业知识类型

能力与知识的关系一直是学术界关注的焦点。斯宾塞强调："一个学习了原理的青年，解决新问题同解决旧问题一样容易。"[①] 布鲁纳也提出："学到的概念越是基本，几乎归结为定义，则它对新问题的适用性就越宽广。"[②] 由此可知，知识是有层次的，有不同领域的知识。同理，能力也是有层次的，也有各种类型的能力。但后者以前者为基础，超知识的能力是不存在的。[③] 引申到职业经理人的能力与知识的关系上也可以推断出这样的结论：职业经理人掌握的专业知识是其能力的基础。进一步意味着职业经理人要具备高超的专业能力，就必须不断强化学习，掌握各种专业知识。但人类知识浩如烟海，到底职业经理人有效开展工作需要掌握哪些专业知识呢？回答好这个问题，首先需要思考清楚职业经理人的能力要求对其应掌握的专业知识又提出了什么要求。

一、不同视角的管理者能力概念

管理者是企业人力资源的重要组成部分，并日益成为企业管理中的核心模块。原来，大多数经济理论假设所有管理者是同质的，即在企业面对外部市场冲击时，管理者更多的是依靠企业、行业或市场优势而非自身能力。近年来的研究表明，有能力的职业经理人更能推动企业发展战略的实施，为提高运营效率创造潜在机会[④]；更能促进企业经济政策的制定，为提升经营成果创造可能。因此，

---

① 斯宾塞. 教育论［M］. 北京：人民教育出版社，1962.

② 杰罗姆·布鲁纳. 教育过程［M］. 邵瑞珍，译. 北京：文化教育出版社，1982.

③ 杨祖宏，谢景远. 知识是能力的基础［J］. 上海师范大学学报（哲学社会科学版），1981（4）：142-146.

④ Bonsall IV S. B., Holzman E., Miller B., Managerial Ability and Credit Risk Assessment［J］. Management Science，2017，63（5）：1425-1449.

越来越多的人开始认同管理者能力具有异质性这一观点。相对于能力较弱者，能力较强的管理者对企业价值会产生差异化优势。视角的差异会导致对管理者能力的概念有不同的界定。

（一）基于决策理论的管理者能力概念

管理就是决策，决策贯穿于管理活动的方方面面，时刻影响着企业的绩效与发展。决策理论认为，人们通过观察、检索，收集到信息后，运用特定的思维模式分析处理信息，最终形成决策。因此，管理者能力被看作一种决策能力，这种决策能力依赖于个人行为属性①。首先，个性是影响管理者能力的关键因素。其次，智力是另一项重要的影响因素。再次，动机也是一项基本特征。最后，记忆力被认为是能力的重要影响因素。因此，个性、智力、动机、记忆力都是评估不断变化的管理者能力所需要考虑的重要部分。在决策理论下，管理者能力内涵的界定经历了从静态向动态的发展过程，在此过程中能力的内涵得以深化和拓展。尼克尔森（Nickerson）发现管理者的决策能力应包括七个部分，分别是信息收集、数据评估、问题构建、假设生成、行为偏好、行动选择和决策评价。柏格尔（Bolger）认为在考察管理者的能力时，不仅要考虑管理者的认知技能、陈述技能，而且要将社会沟通、生产和应用技能等产出阶段的行为技能纳入考察范围，将能力问题拓展至问题的识别和解释上。

（二）基于投资组合选择理论的管理者能力概念

伴随企业规模的扩大，企业经营的业务范围越来越大，经营的业务种类也越来越多。这些不同种类的经营业务形成一个投资组合，不同业务与宏观环境的匹配性存在差异，从而产生不同的经营风险，最终影响企业经营效益。根据投资组合选择理论，管理者能力是在投资风险和收益不确定的情况下，管理者在多大程度上能够帮助企业分散风险、推动资产多元化以及提高效率。该理论认为，投资组合的选择是将财富在现有资产中进行分配，以达到分散风险、确保收益的目的。有能力的管理者基于高度的商业敏感性，不断地分析和检讨，考察出现的新机会，并利用企业现有机遇进行资源配置活动。因此，企业投资组合的决策水平体现了管理者能力的高低。

在投资组合选择理论下，管理者能力被嵌入投资决策过程中。首先是投资组合中的管理者效应。具体表现为管理者是否具有卓越的投资技巧，以及对其采取激励措施会引起企业投资风险波动的可能性。其次是投资组合动态选择中的管理者效用最大化。虽然管理者在投资能力、规避风险及对薪酬合同的敏感性上存在差异，但在动态投资模式下，能力较强的管理者会不断调整投资方式，以实现企

① Nuthall P. L. Managerial Ability—A Review of Its Basis and Potential Improvement Using Psychological Concepts［J］. Agricultural Economics, 2001, 24（3）: 247-262.

业投资组合的优化。①

（三）基于资源基础理论的管理者能力概念

根据资源基础理论，能力是管理者内在所具有的隐蔽资源，它难以模仿但又为其所用，通常表现为知识、技能和经验。该定义所提及的能力体现为一般意义上管理者的专业素质②，但不同企业对管理者能力具有特殊要求，关联企业对管理者能力的要求则具有行业特征。

在资源基础理论下，管理者能力包括两个部分：领域专长和资源专长。领域专长主要涉及管理者对行业背景、企业战略、产品、市场、任务以及环境的掌控。通常管理者依靠多年的企业经验能够做出恰当的决策和采取有序的行动，且随着专业知识的不断积累，其在调整公司策略和提高组织绩效上会更为娴熟。因此，他们懂得如何更好地把握时机和应对威胁。资源专长则体现为管理者在资源管理运用过程中获得的经验。多数企业无法同时获得所需资源，但又不能因此降低效率，因此，如何高效使用资源就更具挑战性。此时，能力不仅体现在资源的配置上，还体现在资源的重组以及资源的有效利用上。管理者能力正是由于被嵌入到管理中，才让竞争对手难以模仿，并最终成为企业优越性的来源。

（四）基于生产效率理论的管理者能力概念

根据生产效率理论，管理者能力是指管理者有效控制企业资源的能力③。理论上，具有相似特征和机会的企业其产出率应该相同，但许多企业并不如其他企业成功，具体表现为企业产出率远低于最优产出率。而产生差异的原因在于，作为特殊"智力资本"的管理者在确保企业有效运营和赢得优势地位的能力上存在差异。因此，管理者能力水平是影响企业生产效率的重要因素。

在生产效率理论下，企业最优产出率的衡量主要涉及两部分：成本效率和收入效率。成本效率是在给定的产出水平下，实际成本与最低成本的比率。收入效率是在具有相同投入向量和产出价格的情况下，任意给定的企业与完全有效企业的收入比。管理者能力是影响企业效率高低的直接因素，即在企业成本最小化、收益最大化以及边际生产率投入等问题上，管理者能力起着决定性作用。

---

① 陈雪芹，郑宝红. 国外管理者能力研究述评与展望 [J]. 外国经济与管理，2018，40（7）：155-166.

② Bailey E. E., Helfat C. E. External Management Succession, Human Capital, and Firm Performance: An Integrative Analysis [J]. Managerial and Decision Economics, 2003, 24 (4): 347-369.

③ Leverty J. T., Grace M. F. Dupes or Incompetents? An Examination of Managements Impact on Firm Distress [J]. Journal of Risk and Insurance, 2012, 79 (3): 751-783.

二、管理者能力对职业经理人专业知识的要求

基于决策理论的管理者能力概念强调职业经理人的决策能力，具体表现为信息收集、数据评估、问题构建、假设生成、行为偏好、行动选择和决策评价等方面的能力。而要培育以上这些管理者能力，职业经理人需要掌握的知识涉及国家法律法规、行业知识、数学知识、行为科学知识、管理决策知识。依托掌握的国家法律法规与行业知识，职业经理人能够有效开展决策信息收集与数据评估工作；依据数学知识与行为科学知识，职业经理人完成问题构建与假设生成，判断决策各方的行为偏好与行动决策；基于自身掌握的管理决策知识，职业经理人可以进行决策评价及完成科学决策。

而基于投资组合选择理论的管理者能力概念则突出职业经理人的商业敏感性及高超的业务投资能力。高度的商业敏感性有赖于职业经理人的三项基础能力：财务敏锐、市场导向和全局观。财务敏锐要求职业经理人洞悉哪些驱动因素决定了利润的产生和资金的流转，简言之，即企业是如何创造价值的。这项能力使得职业经理人可以通过繁杂的财务数据，看到背后的经营规律，找出提升业绩的关键点。市场导向则强调职业经理人了解企业的业务增长与顾客及竞争对手之间的关系，即企业的核心价值是什么。这决定了经营者能否快速应对甚至引领市场走向，在激烈的竞争中占得先机。全局观是职业经理人能否对企业经营的全景以及企业各组成部分之间的内在关系有深刻理解，即企业如何达成业绩目标。这项能力帮助职业经理人从企业的角度（而不是某个局部视角）分析问题，并找出具体的行动方案。进一步分析，财务敏锐有赖于职业经理人的财务知识储备与应用；市场导向取决于职业经理人营销学知识的应用；全局观的塑造受到职业经理人对国家法律法规与行业知识的掌握，以及具有的经济学知识、管理学知识，尤其是战略管理知识的影响。

基于资源基础理论的管理者能力概念既承认管理者能力的共性，又指出管理者能力的特殊性，提出管理者能力由领域专长和资源专长两部分组成。领域专长涉及管理者对行业背景、企业战略、产品、市场、任务以及环境的掌控，即需要掌握国家法律法规与行业知识、管理知识；而资源专长则体现为管理者在资源管理运用过程中获得的经验，即需要以管理者不断增长的管理知识作为基础。

基于生产效率理论的管理者能力概念明确管理者能力是管理者有效控制企业资源的能力，突出强调职业经理人在企业成本端和收入端提高产出效率的能力。成本端的产出效率主要取决于各类生产要素的禀赋、获取及生产技术，而这些又主要取决于职业经理人的经济学知识、管理学知识以及自然科学技术知识。收入

端的产出效率主要受市场份额、销售价格等因素的影响，而这些因素恰恰取决于职业经理人能否有效运用其营销学知识。

三、职业经理人专业知识与商科类专业课程的对应关系

管理者能力的多维性导致职业经理人应掌握的专业知识也具有层次性。由于管理是一门综合性的工作，管理者应具有较广的知识面[1]。成为一名合格的职业经理人需要具备大量基本的专业知识。在成长为一名优秀合格的职业经理人之前，首先要做的就是储备相关的知识。联系到在校大学生，就是要通过学习职业经理人的必备知识，更深层次地理解大学阶段商科教育各专业课程之间的内在联系，为主动和高效学习专业知识提供指南。通过对不同视角下管理者能力概念对职业经理人专业知识的要求的分析，可以将职业经理人应掌握的专业知识主要归纳为以下几个方面：

政治、法律方面的知识。管理者要掌握所在国家执政党的路线、方针、政策，国家的有关法令、条例和规定，以便正确把握组织的发展方向。

商业知识。懂得按经济规律办事，了解当今经济与管理理论的发展情况，掌握基本的经济与管理理论、方法。

人文社科方面的知识。管理的主要对象是人，而人既是生理的、心理的人，又是社会的、历史的人。学习一些人文社科方面的知识，如社会学、心理学、历史等方面的知识，有助于管理者了解管理对象，从而有效地协调人与人之间的关系和调动员工的积极性。

科学技术方面的知识。如计算机及其应用、本行业科研及技术发展情况等。无论管理什么行业，都要有一定的本行业的科技基础知识，否则就难以根据该行业的技术特性进行有效的管理。

对照我国高校商科各专业的课程体系，可以发现职业经理人应掌握的各类专业知识均有相应的课程设置。为帮助职业经理人更好地掌握相关专业知识，本书对照《普通高等学校本科专业类教学质量国家标准》中工商管理类、工商管理类（会计学专业）、经济学类、经济与贸易类各商科类专业教学质量标准，得到职业经理人专业知识要求与商科类专业课程的对应关系，具体如表4-1所示。

---

① 邢以群. 管理学（第三版）［M］. 杭州：浙江大学出版社，2012.

职业经理人教程

表 4-1　职业经理人专业知识与商科类专业课程对应关系

专业类别	职业经理人专业知识类别	对应课程
工商管理类	政治、法律知识	思想道德修养与法律基础、中国近现代史纲要、毛泽东思想和中国特色社会主义理论体系概论、马克思主义基本原理概论、形势与政策（讲座）、经济法、通识选修课等
	商业知识	政治经济学、微观经济学、宏观经济学、管理学原理、战略管理、会计学原理、财务管理学、组织行为学、消费者行为学、人力资源管理、市场营销学、创业学、公司治理、运营管理等
	人文社科知识	大学英语、大学生心理健康、文献检索与科技论文写作、财经应用写作、通识选修课等
	科学技术知识	高等数学、线性代数、概率论与数理统计、数据分析与处理、统计学原理、数据统计与分析、大数据应用专题、通识选修课等
工商管理类（会计学专业）	政治、法律知识	思想道德修养与法律基础、中国近现代史纲要、毛泽东思想和中国特色社会主义理论体系概论、马克思主义基本原理概论、形势与政策（讲座）、经济法、通识选修课等
	商业知识	政治经济学、微观经济学、宏观经济学、管理学原理、基础会计、中级财务会计、高级财务会计、管理会计、成本会计、审计学、财务管理、会计信息系统、会计职业道德等
	人文社科知识	大学英语、大学生心理健康、国际商务英语、文献检索与科技论文写作、财经应用写作、通识选修课等
	科学技术知识	高等数学、线性代数、概率论与数理统计、数据分析与处理、统计学原理、数据统计与分析、大数据应用专题、通识选修课等
经济学类	政治、法律知识	思想道德修养与法律基础、中国近现代史纲要、毛泽东思想和中国特色社会主义理论体系概论、马克思主义基本原理概论、形势与政策（讲座）、经济法、通识选修课等
	商业知识	政治经济学、微观经济学、宏观经济学、计量经济学、金融学、财政学、统计学、当代中国经济（或社会主义市场经济理论）、经济思想史、经济史、《资本论》选读、管理学原理、会计学原理等
	人文社科知识	大学英语、大学生心理健康、国际商务英语、文献检索与科技论文写作、财经应用写作、通识选修课等
	科学技术知识	高等数学、线性代数、概率论与数理统计、数据分析与处理、统计学原理、数据统计与分析、大数据应用专题、通识选修课等

续表

专业类别	职业经理人专业知识类别	对应课程
经济与贸易类	政治、法律知识	思想道德修养与法律基础、中国近现代史纲要、毛泽东思想和中国特色社会主义理论体系概论、马克思主义基本原理概论、形势与政策（讲座）、经济法、通识选修课等
	商业知识	政治经济学、微观经济学、宏观经济学、计量经济学、金融学、财政学、统计学、国际贸易学、国际贸易实务、国际结算、世界经济、国际商法、产业经济学、电子商务、国际商务、商务谈判、管理学原理、会计学原理等
	人文社科知识	大学英语、大学生心理健康、国际商务英语、文献检索与科技论文写作、财经应用写作、通识选修课等
	科学技术知识	高等数学、线性代数、概率论与数理统计、数据分析与处理、统计学原理、数据统计与分析、大数据应用专题、通识选修课等

第二节　商业知识

一、职业经理人应具备的商业知识

职业经理人首先应当掌握的专业知识就是商业知识。商业知识是职业经理人所应具备知识体系的基础，学习商业知识才会用商业的视角看待现象和问题，具备必要的商业知识是成为一名职业经理人的"基石"。商科学生在大学阶段主要的学习任务就是学习商业知识，通过学习商业知识掌握基础的学科知识，了解现代商业社会运行的内在逻辑，再将所学的商业知识理论与实践相联系，在现代商业体系中增强个人职业发展能力。

商业知识包罗万象，主要分为管理、财务、经济、营销四大块。商业知识是由商业社会的发展而产生的学科知识，华夏文明由最初的部落文明、奴隶文明、农业文明逐渐发展到新中国改革开放后的商业文明。中国的商业在封建社会的早期就开始出现，但因为农业生产效率低下，商业活动过多不利于封建社会的稳定，所以历朝历代多采用重农抑商的策略，直到改革开放后国家才开始建立、发展和完善市场经济体制。欧洲社会的商业于15世纪末在地理大发现的推动下得到了快速的发展。例如荷兰这样的海洋文明国家在这个时期商业兴起，促进了航运业的发展，经过荷兰、西班牙、英国等国家海洋霸权的更替后，欧洲进入了第一次工业革命，极大地促进了生产力的发展，解放了大量的农业人口，农业人口的解放是商业社会快速发展的前提。由于中国商业社会的发展史远远短于欧美，所以学习商业知识的重点是学习西方的商业学科体系知识。以西方经济学为例，英国的亚当·斯密在 1776 年便出版了经济学著作《国富论》，书中提出，市场是只"看不见的手"，推动着经济活动的运行。西方社会的经济学经过数百年的发展，已经形成了较为成熟的理论体系，所以当前的经济学知识学习主要是学习研究西方社会的经济学理论。

纵观人类历史，任何学派的兴起与发展都是特定时代的产物，既是对时代问题的思想回应、时代实践的理论概括，又是推动时代变革的先声。当下的中国，进入了一个需要理论而且一定能够产生理论、一个需要思想而且一定能够产生思想的时代。① 中国现代化进程创造了世界奇迹。中国经济总量在世界上的排名也一路高歌猛进，改革开放之初是第十一位，2005 年超过法国居第五，2006 年超过英国居第四，2007 年超过德国居第三，2009 年超过日本居第二。2010 年中国制造业规模超过美国，位居世界第一。与此同时，中国在增进民生福祉方面也创造了人类历史上的奇迹：7 亿多农村贫困人口摆脱贫困，对全球减贫的贡献率超过 70%，是全球最早实现千年发展目标中减贫目标的发展中国家，被国际社会誉为"人类历史上前所未有的伟大成就"。中国人均国内生产总值从 1978 年的 190 美元跃升到 2021 年的 12551 美元，从低收入国家跨入中等偏上收入国家行列。中国用几十年时间走完了发达国家几百年走过的发展历程，创造了世界发展史上的奇迹。但对中国当前这样丰富的实践，西方理论体系却没有办法进行解读和诠释。因此，中外学者受中国特殊性的启发，以中国为立脚点、出发点、归宿，形成具有中国特色、解决中国问题的知识体系，并为人类发展提供中国智慧、中国方案，逐步打造知识领域的中国学派。北京大学国家发展研究院名誉院长林毅夫的新结构经济学理论、清华大学国情研究院院长胡鞍钢对中国国情的系列研究、香港中文大学政治与公共行政系讲座教授王绍光关于西方历史中"抽签理论"的著作，以及清华大学人文学院教授汪晖所进行的历史哲学问题研究等，都被认为是这类研究的代表。因此，职业经理人在学习商业知识时，同样必须深入学习与了解商业知识领域中的中国学派。

二、经济学知识

经济学是研究人类社会在各个发展阶段的各种经济活动和各种相应的经济关

---

① 鄢一龙. 基于复兴实践构建中国学派［N］. 人民日报，2017-09-24（5）.

系及其运行、发展规律的学科。经济学主要着眼于研究宏观上的生产、消费以及商品、服务及资源的分配问题。同时，经济学也研究政府的税收政策、货币政策以及其他管制政策对于宏观经济以及微观企业、市场参与者的影响与作用及研究市场的供给与需求问题。这些经济学领域的问题往往与微观市场参与者（包括企业、个人等）的金融决策（如融资、投资等）紧密相连。经济学主要分为两个分支：微观经济学和宏观经济学。微观和宏观是研究经济行为的两个维度，微观经济学研究社会中单个经济单位的经济行为，宏观经济学研究一个国家经济总过程的活动，所以学习经济学知识应当先从微观再到宏观。具备一定经济学知识对于职业经理人十分重要，职业经理人在企业中的经济决策都是建立在职业经理人基本的经济学思维上的，所以说经济学思维是职业经理人的必备素质之一。经济学经过长期的发展，形成了众多的学派，如重商主义学派、马克思主义政治经济学、边际效用学派、新古典经济学、制度学派、瑞典学派、演化经济学以及新结构经济学等。

（一）重商主义经济学

重商主义学派产生于15世纪西欧资本主义萌芽出现和地理大发现时期，其认为财富的直接源泉是流通领域和坚持国际贸易、保护国内市场。重商主义学派的发展可以分为两个历史时期：15世纪下半期至17世纪上半期为早期重商主义，17世纪上半期至18世纪下半期为晚期重商主义。早期主张严禁金银出口，对外贸易奉行绝对的"少买多卖"的原则，代表人物为意大利的塞拉、英国的黑尔斯和法国的蒙克莱田。晚期则重视扶植工场手工业和扩大商品出口，并允许货币出口和发展殖民地转运贸易，主张降低物价及与外国竞争，但要求对外贸易出超，获得贸易顺差，代表人物有英国的斯图亚特和德国的霍尼克。

（二）马克思主义政治经济学

马克思主义政治经济学是马克思和恩格斯运用无产阶级世界观和历史观——辩证唯物主义和历史唯物主义创立的阐明人类社会各个发展阶段上支配物质资料的生产、分配、交换和消费的规律的科学。

马克思主义政治经济阐明了政治经济学的研究对象是人与人之间的关系。在阶级社会，人与人之间的关系归根结底是阶级和阶级之间的关系，虽然这些关系总是同物结合着，并且作为物出现。这一重大贡献是建立在马克思对劳动价值学说作了全面论证和革命性的发展的基础上的。马克思在研究商品的二重性时，发现了商品二重性中包含的劳动的二重性：具体劳动创造使用价值，抽象劳动形成价值。这就使价值的本质得到了科学的说明，并使得剖明现代生产方式的各种现象获得了重要的钥匙。马克思区分了"劳动和劳动力"，对"劳动力这种特殊商品"的"使用价值和价值"进行了研究，发现了资本家使用雇佣劳动者的劳动力所创造的价值超过劳动力本身的价值是"剩余价值"的真正源泉，揭露了生产和"剥削"的秘密，创立了他的"剩余价值学说"，奠定了马克思的经济学说的基石。"剩余价值学说"对生产关系的本质和劳资之间的关系的基础给出了解释，使人们的眼界豁然开朗。马克思研究了"剩余价值转化为资本"的积累过程，揭示了资本主义积累的一般规律，指出"这一规律制约着同资本积累相适应的贫困积累"①。

（三）边际效用学派

边际效用学派是 19 世纪 70 年代初出现在西欧几个国家的一个经济学学派，以倡导边际效用价值论和边际分析为共同特点，在其发展过程中形成两大支派：一是以心理分析为基础的心理学派或称奥地利学派，主要代表人物为奥地利的门格尔、维塞尔和庞巴维克等；二是以数学为分析工具的数理学派或称洛桑学派，其主要代表人物有英国的杰文斯、法国的瓦尔拉斯和帕累托。边际效用学派在美国的主要代表是克拉克，他在边际效用论的基础上提出边际生产力分配论。这个学派的主旨是宣扬主观唯心主义，否定劳动价值论和剩余价值论，为资本主义剥削制度辩护。当代资产阶级经济学家把边际效用价值论的出现称为"边际主义革命"，即对古典经济学的革命。这个学派运用的边际分析方法后来成为资产阶级经济学发展的重要基础。

（四）新古典经济学

新古典经济学主要代表人物是英国剑桥大学的马歇尔，他在 1890 年出版的《经济学原理》一书中，兼收并蓄，以折衷主义手法把供求论、生产费用论、边际效用论、边际生产力论等融合在一起，建立了一个以完全竞争为前提、以"均衡价格论"为核心的相当完整的经济学体系，这是继密尔之后经济学观点的第二次大调和、大综合。他用渐进的观点分析经济现象，用力学的均衡概念和数学的增量概念分析商品和生产要素的供求均衡及价格的决定；用主观心理动机解释人类的经济行为，在静态、局部均衡分析的框架内引进时间因素等。他用均衡价格论代替价值论，并在这个核心的基础上建立各生产要素均衡价格决定其在国民收入中所占份额的分配论。他颂扬自由竞争，主张自由放任，认为资本主义制度可以通过市场机制的自动调节达到充分就业的均衡。这个理论体系的实质是在掩盖资本主义的剥削，抹杀资本主义的无政府状态及其他许多矛盾。新古典经济学从 19 世纪末至 20 世纪 30 年代，一直被西方经济学界奉为典范。

（五）制度学派与瑞典学派

制度学派是 19 世纪末 20 世纪初在美国出现的历史学派变种。它的主要代表

---

① 中共中央马克思恩格斯列宁斯大林著作编译局. 马克思恩格斯全集（第 23 卷）[M]. 北京：人民出版社，2006.

人物有凡勃伦、康蒙斯、米切尔等。他们把历史学派的方法具体化为制度演进的研究，否认经济理论的意义，以批判资本主义的姿态出现，提倡改良主义政策。

此外，在北欧出现了以维克塞尔为代表的瑞典学派，提出与马歇尔不同的理论体系，强调投资与储蓄的均衡，提出自己的利息理论。瑞典学派在这一时期的资产阶级经济学说中占有特殊地位。

（六）演化经济学

与主流经济学理论的研究范式不同，演化经济学主要研究竞争中变化发展的市场，与静态均衡的新古典经济学相对应。它以历史的不可逆视角观察经济现象。它研究开放的系统，关注变革、学习、创造。竞争过程是非均衡的，具有路径依赖性，被视为一种甄别的机制。实际上，早在1898年，凡伯伦就向经济学家们提出了"经济学为什么不是一门进化的科学"的问题。马歇尔也在《经济学原理》的序言中明确指出："经济学家的麦加应当在于经济生物学，而非经济力学。"当前演化经济学的热门研究领域有演化金融学和演化证券学等。

（七）新结构经济学

新结构经济学是林毅夫教授及其合作者提出并倡导的研究经济发展、转型和运行的理论，主张以历史唯物主义为指导，采用新古典经济学的方法，以一个经济体在每一个时点给定、随着时间可变的要素禀赋及其结构为切入点，来研究决定此经济体生产力水平的产业和技术以及交易费用的基础设施和制度安排等经济结构及其变迁的决定因素和影响。其主张发展中国家或地区应从自身要素禀赋结构出发，发展具有比较优势的产业，在"有效市场"和"有为政府"的共同作用下，推动经济结构的转型升级和经济社会的发展①。

三、管理学知识

管理学是一门综合性的交叉学科，是系统研究管理活动的基本规律和一般方法的科学。管理学是适应现代社会化大生产的需要产生的，它的目的是：研究在现有的条件下，如何通过合理地组织和配置人、财、物等因素，提高生产力的水平。职业经理人的主要工作就是管理，所以管理学是其必须掌握的学科知识。管理的主要职能包括计划、组织、领导和控制。因此，管理学知识也主要围绕计划、组织、领导与控制等管理职能领域展开。

计划工作表现为确立目标和明确达到目标的必要步骤之过程，包括估量机会、建立目标、制订实现目标的战略方案、形成协调各种资源和活动的具体行动方案等。简单地说计划工作就是要解决两个基本问题：干什么？怎么干？组织等

---

① 林毅夫.新结构经济学［M］.苏剑，译.北京：北京大学出版社，2014.

其他一切工作都要围绕着计划所确定的目标和方案展开，所以说与计划相关的知识是管理学知识的第一个领域。

组织工作是为了有效地实现计划所确定的目标而在组织中进行部门划分、权力分配和工作协调的过程，是计划工作的自然延伸。因此，管理者知识的第二领域主要涉及组织结构的设计、组织关系的确立、人员的配置以及组织的变革等。

领导工作就是管理者利用职权和威信施加影响，指导和激励各类人员努力去实现目标的过程。当管理者激励他的下属、指导下属的行动、选择最有效的沟通途径或解决组织成员间的纷争时，他就是在从事领导工作。领导职能有两个要点：一是努力搞好组织的工作；二是努力满足组织成员的个人需要。领导工作的核心和难点是调动组织成员的积极性，它需要领导者运用科学的激励理论和合适的领导方式。也就是说，各种激励理论与领导理论知识是职业经理人应掌握的第三个重要管理学知识领域。

控制工作包括确立控制目标、衡量实际业绩、进行差异分析、采取纠偏措施等。它也是管理活动中的一个不可忽视的职能。因此，控制理论与控制工具是职业经理人应掌握的第四个管理学知识领域。

四、财务知识

大学阶段商科学习体系包含的财务课程有会计学原理、财务会计、成本会计、财务管理等。职业经理人应熟悉基本的财务知识，如果目标职业道路为财务经理或财务总监则应掌握足够的财务知识。职业经理人的发展应具备财务思维，所以大学阶段学习的目标是了解财务知识，建立财务思维。

财务思维的构建是有章可循的，学习的思维体系应按照"会计学原理—财务会计—成本会计—财务管理—财务分析—企业估值"这一系列的财务知识由浅及深。我们可以从一个制造业企业的发展过程来研究财务的不同阶段，一个企业建立之初，只有寥寥几人，这时候会有一名财务会计记录企业的财务活动；当企业扩大生产，企业需要专门的成本会计记录，核算企业各项成本支出；当企业继续发展，企业的内部资金难以保证正常的扩大再生产或者资金剩余无处使用时，需要财务经理进行融资或者投资；而企业发展到一定规模，在资本市场上进行收购合并或者实行其他战略决策时，便需要财务总监进行财务分析和企业估值。从上面的企业发展过程我们可以看出，财务知识是随着企业出现而产生的，并随着企业的发展而不断发展。

五、营销学知识

营销是指企业发现或发掘消费者需求，让消费者了解该产品进而购买该产品的过程。营销是在创造、沟通、传播和交换产品中，为顾客、客户、合作伙伴以及整个社会带来经济价值的活动、过程和体系。它主要是指针对市场开展经营活动、销售行为的过程，即经营销售实现转化的过程。营销学知识对于职业经理人来说是最重要的一环，学好营销学知识对于职业经理人的帮助很大。

第三节　政治法律知识

政治与法律是影响企业经营的重要的宏观环境因素。政治因素像"一只有形之手"，调节着企业经营活动的方向，法律则为企业规定经营活动的行为准则。政治与法律相互联系，共同对企业的经营活动发挥影响和作用。因此，职业经理人应注重对政治环境的监控，了解国家相关政策对企业经营活动的影响；同时，了解企业经营管理的相关法律法规，确保企业经营活动符合法律规定。

一、政治知识

职业经理人应掌握的政治知识主要包括企业经营地的政治局势、方针政策、国与国之间的关系三个方面。

1. 政治局势

政治局势指企业经营所处的国家或地区的政治稳定状况。一个国家的政局稳定与否会给企业经营活动带来重大的影响。如果政局稳定，人民安居乐业，就会给企业带来良好的营销环境。相反，政局不稳，社会矛盾尖锐，秩序混乱，这不仅会影响经济发展和人民的购买力，而且对企业的经营活动也有重大影响。战争、暴乱、罢工、政权更替等政治事件都可能对企业营销活动产生不利影响，能迅速改变企业环境。例如，一个国家的政权频繁更替，尤其是通过暴力改变政局，这种政治的不稳定会给企业投资和营销带来极大的风险。因此，社会是否安定对企业的市场营销关系极大，特别是在国际经营活动中，一定要考虑东道国政局变动和社会稳定情况可能造成的影响。像中东地区的一些国家，虽然有较大的市场潜力，但由于政治不稳定，国内经常发生宗教冲突、派系冲突，还有恐怖组织的恐怖活动，国家之间也常有战事，这样的市场有较大的风险，需要认真评估。

2. 方针政策

各个国家在不同时期根据不同需要颁布一些经济政策，制订经济发展方针，这些方针、政策不仅影响本国企业的经营活动，而且还影响外国企业在本国市场的经营活动。例如，2020年9月，我国国家发展改革委、科技部、工业和信息化部、财政部四部委联合印发的《关于扩大战略性新兴产业投资 培育壮大新增长点增长极的指导意见》，明确我国将聚焦新一代信息技术产业、生物产业、高端装备制造产业、新材料产业、新能源产业、智能及新能源汽车产业、节能环保产业、数字创意产业8大战略性新兴产业来培育新的投资增长点，推动重点产业领域加快形成规模效应。还有诸如人口政策、能源政策、物价政策、财政政策、金融与货币政策等，都给企业研究经济环境、调整自身的经营目标和产品构成提供了依据。就对本国企业的影响来看，一个国家制定出来的经济与社会发展战略、各种经济政策等，企业都是要执行的，而执行的结果必然要影响市场需求，改变资源的供给，扶持和促进某些行业的发展，同时又限制另一些行业和产品的发展，那么企业就必须按照国家的规定生产和经营国家允许的产品。这是一种直接的影响。国家也可以通过方针、政策对企业经营活动施加间接影响。例如，通过征收个人收入调节税，调节消费者收入，从而通过影响消费者的购买力来影响消费者需求。国家还可以通过增加产品税来抑制某些商品的需求，如对香烟、酒等采取较重的税收来抑制消费者的消费需求。这些政策必然影响社会购买力和市场需求，从而间接影响企业营销活动。

目前，各国政府采取的对企业营销活动有重要影响的政策和干预措施主要有：

（1）进口限制。这是指政府所采取的限制进口的各种措施，如许可证制度、外汇管制、关税、配额等。它包括两类：一类是限制进口数量的各项措施；另一类是限制外国产品在本国市场上销售的措施。政府进行进口限制的主要目的在于保护本国工业，确保本国企业在市场上的竞争优势。

（2）税收政策。政府在税收方面的政策措施会对企业经营活动产生影响。比如对某些产品征收特别税或高额税，这样会使这些产品的竞争力减弱，给经营这些产品的企业效益带来一定影响。

（3）价格管制。当一个国家发生了经济问题时，如经济危机、通货膨胀等，政府就会对某些重要物资，甚至所有产品采取价格管制措施。政府实行价格管制通常是为了保护公众利益，保障公众的基本生活，但这种价格管制直接干预了企业的定价决策，影响企业的营销活动。

（4）外汇管制。指政府对外汇买卖及一切外汇经营业务所实行的管制。它往往是对外汇的供需与使用采取限制性措施。外汇管制对企业营销活动特别是国际营销活动有重要影响。例如，实行外汇管制使企业生产所需的原料、设备和零部件不能自由地从国外进口，企业的利润和资金也不能或不能随意汇回母国。

（5）国有化政策。指政府出于政治、经济等原因对企业所有权采取的集中措施。例如为了保护本国工业避免被外国势力阻碍等，将外国企业收归国有。

3. 国与国之间关系

国与国之间关系是指国家之间的政治、经济、文化、军事等关系。发展国际间的经济合作和贸易关系是人类社会发展的必然趋势，企业在其生产经营过程中都可能或多或少地与其他国家发生往来，开展国际经营的企业更是如此。因此，国家间的关系也就必然会影响企业的经营活动。这种国际关系主要包括两个方面的内容：

（1）企业所在国与经营对象国之间的关系。例如，中国在国外经营的企业要受到市场国对于中国外交政策的影响。如果该国与我国的关系良好，则对企业在该国的经营有利；反之，如果该国对我国政府持敌对态度，那么，中国的企业就会遭到不利的对待，甚至遭受攻击或抵制。比如中美两国之间的贸易关系就经常受到两国外交关系的影响。美国经常攻击中国的人权状况，贸易上也常常采取一些歧视政策，如配额限制、所谓"反倾销"等，阻止中国产品进入美国市场。这对中国企业在美国市场上的经营活动是极为不利的，当然也会影响美国企业在中国的经营活动。

（2）国际企业的经营对象国与其他国家之间的关系。国际企业对于市场国来说是外来者，但其经营活动要受到市场国与其他国家关系的影响。例如，阿拉伯国家曾联合起来，抵制与以色列有贸易往来的国际企业。当可口可乐公司试图在以色列办厂时，引起阿拉伯国家的普遍不满，因为阿拉伯国家认为，这样做有利于以色列发展经济。而当可口可乐公司在以色列销售成品饮料时，却受到阿拉伯国家的欢迎，因为他们认为这样做会消耗以色列的外汇储备。这说明国际企业的经营对象国与其他国家之间的关系，也是影响国际企业经营活动的重要因素。

二、法律知识

法律是体现统治阶级意志的由国家制定或认可并以国家强制力保证实施的行为规范的总和。对于企业来说，法律是评判企业经营活动的准则，只有依法进行的各种经营活动，才能受到国家法律的有效保护。因此，企业开展生产经营活动，必须了解并遵守国家或政府颁布的有关经营、贸易、投资等方面的法律、法规。如果从事国际经营活动，企业就既要遵守本国的法律制度，还要了解和遵守市场国的法律制度和有关的国际法规、国际惯例和准则。这方面因素对国际企业的经营活动有深刻影响。且从当前企业经营活动的法律环境来看，呈现出管制企业的立法增多，法律体系越来越完善，政府机构执法越来越严格的趋势。因此，职业经理人必须深入了解企业经营管理的相关法律法规，保障企业生产经营活动符合法律规定。一般而言，职业经理人应掌握的法律知识主要可以分为企业组织法律知识、企业内部经营管理法律知识、企业外部经营环境法律知识。

（一）企业组织法律知识

企业一般是指以盈利为目的，运用各种生产要素（土地、劳动力、资本、技术和企业家才能等），向市场提供商品或服务，实行自主经营、自负盈亏、独立核算的法人或其他社会经济组织。企业存在三类基本组织形式：独资企业、合伙企业和公司，公司制企业是现代企业中最主要的、最典型的组织形式①。为了规范公司的组织和行为，保护公司、股东和债权人的合法权益，维护社会经济秩序，促进社会主义市场经济的发展，1993 年 12 月 29 日第八届全国人民代表大会常务委员会第五次会议通过了《中华人民共和国公司法》（以下简称《公司法》）。后于 1999 年、2004 年、2005 年、2013 年、2018 年进行多次修正修订，并于 2018 年 10 月 26 日第十三届全国人民代表大会常务委员会第六次会议通过《关于修改〈中华人民共和国公司法〉的决定》。

1. 公司组织形式

公司，是指股东依照《公司法》的规定，以出资方式设立，股东以其认缴的出资额或认购的股份为限对公司承担责任，公司以其全部独立法人财产对公司债务承担责任的企业法人。根据《公司法》的规定，我国公司组织形式分为：有限责任公司、股份有限公司。

有限责任公司，是指依《公司法》设立的，由法律规定的一定人数的股东出资组成，每个股东以其所认缴的出资额为限对公司承担责任，公司以其全部资产对公司的债务承担责任的企业法人。

股份有限公司，是指其全部资本分为等额股份，股东以其认购的股份为限对公司承担责任，公司以其全部资产对公司债务承担责任的公司。

2.《公司法》主要章节条款

2018 年修订完成的《公司法》共 13 章、218 条，主要章节条款涉及有限责任公司的设立和组织机构、有限责任公司的股权转让，股份有限公司的设立和组织机构、股份有限公司的股份发行和转让，公司董事、监事、高级管理人员的资格和义务，公司债券，公司财务会计，公司合并分立增资减资，公司解散和清算，外国公司的分支机构，法律责任等内容。

（二）企业内部经营管理法律知识

随着社会主义市场经济的快速发展及改革开放的不断深入，市场竞争变得越来越激烈。在这个经济发展迅猛、竞争日益激烈的大时代背景下，只有在经营管理过程中加强对企业法律的重视，才能保证企业健康持续地发展。企业法律使得

---

① 顾昂然.“七五”普法·企业管理人员法律知识读本 [M]. 北京：人民日报出版社，2016.

企业经营管理工作能够科学、合理、合法地开展，确保企业的各项投资项目得以顺利完成，促使企业经营管理工作水平获得全面的提升，更为企业在以后的发展及商业竞争方面提供一定的法律保障。

1. 合同法

合同法是调整平等主体的自然人、法人、其他组织之间基于自治、平等自愿原则而发生的民事合同关系的法律规范的总称。合同法是民法的重要组成部分，是市场经济的基本法律。中华人民共和国第九届全国人民代表大会第二次会议于1999年3月15日通过《中华人民共和国合同法》，该法律于1999年10月1日起施行，共计23章428条。2020年5月28日，十三届全国人大三次会议表决通过了《中华人民共和国民法典》，该法典自2021年1月1日起施行，《中华人民共和国合同法》同时废止。《中华人民共和国民法典》共7编、1260条，各编依次为总则、物权、合同、人格权、婚姻家庭、继承、侵权责任以及附则。《中华人民共和国民法典》的合同编由通则、典型合同、准合同三个分编组成，共526条，占条文总数的41.7%，几乎占据《中华人民共和国民法典》的半壁江山。

2. 消费者权益保护法

《中华人民共和国消费者权益保护法》是维护全体公民消费权益的法律规范的总称，是为了保护消费者的合法权益、维护社会经济秩序稳定、促进社会主义市场经济健康发展而制定的一部法律。1993年10月31日八届全国人大常委会四次会议通过该法律，1994年1月1日起施行。2013年10月25日十二届全国人大常委会五次会议第二次修正。《中华人民共和国消费者权益保护法》分总则、消费者的权利、经营者的义务、国家对消费者合法权益的保护、消费者组织、争议的解决、法律责任、附则，共计8章63条。

3. 产品质量法

《中华人民共和国产品质量法》是为了加强对产品质量的监督管理、提高产品质量水平、明确产品质量责任、保护消费者的合法权益、维护社会经济秩序而制定。该法于1993年2月22日第七届全国人民代表大会常务委员会第三十次会议通过，自1993年9月1日起施行。当前版本是2018年12月29日第十三届全国人民代表大会常务委员会第七次会议修改后的版本。

4. 企业财务税收法律制度

企业财务税收法律制度主要包括会计法、证券法、企业所得税法、增值税法、和消费税法。

《中华人民共和国会计法》是为了规范会计行为，保证会计资料真实、完整，加强经济管理和财务管理，提高经济效益，维护社会主义市场经济秩序而制定的法律。

《中华人民共和国证券法》是为了规范证券发行和交易行为、保护投资者的合法权益、维护社会经济秩序和社会公共利益、促进社会主义市场经济的发展而制定的法律。该法由第九届全国人民代表大会常务委员会第六次会议于1998年12月29日修订通过，自1999年7月1日起施行。2019年12月28日第十三届全国人民代表大会常务委员会第十五次会议第二次修订，于2020年3月1日起施行。

《中华人民共和国企业所得税法》是为了使中国境内企业和其他取得收入的组织缴纳企业所得税制定的法律。

目前我国还没有发布增值税法、消费税法和营业税法，关于增值税、消费税和营业税的国家法规分别是《中华人民共和国增值税暂行条例》《中华人民共和国消费税暂行条例》《中华人民共和国营业税暂行条例》。其中，《中华人民共和国营业税暂行条例》于2019年11月9日中华人民共和国国务院令第691号予以废止。2019年11月27日和2019年12月3日，财政部、国家税务总局分别发布了《中华人民共和国增值税法（征求意见稿）》和《中华人民共和国消费税法（征求意见稿）》，当前这两部法律正处于制定过程中。

5. 企业人力资源管理法律制度

人力资源是企业第一生产要素。熟悉企业人力资源管理相关法律法规对于提高企业员工忠诚度，进而提高企业生产经营效率具有重要意义。企业人力资源管理相关法律法规主要有劳动法、劳动合同法、社会保险法等。

劳动法是调整劳动关系以及与劳动关系有密切联系的其他社会关系的法律规范的总称。适用范围如下：①在中华人民共和国境内的企业、个体经济组织和与之形成劳动关系的劳动者。②国家机关、事业组织、社会团体实行劳动合同制度的以及按规定应实行劳动合同制度的工勤人员，其他通过劳动合同与国家机关、事业组织、社会团体建立劳动关系的劳动者。③实行企业化管理的事业组织的人员。《中华人民共和国劳动法》于1994年7月5日第八届全国人民代表大会常务委员会第八次会议通过，2009年8月27日第十一届全国人民代表大会常务委员会第十次会议第一次修正，2018年12月29日第十三届全国人民代表大会常务委员会第七次会议《关于修改〈中华人民共和国劳动法〉等七部法律的决定》第二次修正。

劳动合同是劳动者与用人单位之间确立劳动关系、明确双方权利和义务的书面协议。劳动合同是市场经济体制下用人单位与劳动者进行双向选择、确定劳动关系、明确双方权利和义务的协议，是保护劳动者合法权益的基本依据。制定劳动合同法，就是要规范劳动合同的订立、履行、变更、解除或者终止行为，明确劳动合同中双方当事人的权利和义务，促使稳定劳动关系的建立，预防和减少劳动争议的发生。《中华人民共和国劳动合同法》于 2007 年 6 月 29 日通过，自 2008 年 1 月 1 日起施行，2012 年 12 月 28 日第十一届全国人民代表大会常务委员会第三十次会议进行修正。

《中华人民共和国社会保险法》是中国特色社会主义法律体系中起支架作用的重要法律，是一部着力保障和改善民生的法律。该法于 2010 年 10 月 28 日由第十一届全国人民代表大会常务委员会第十七次会议通过，2018 年 12 月 29 日第十三届全国人民代表大会常务委员会第七次会议修正。《中华人民共和国社会保险法》规定，国家建立基本养老保险、基本医疗保险、工伤保险、失业保险、生育保险等社会保险制度，保障公民在年老、疾病、工伤、失业、生育等情况下依法从国家和社会获得物质帮助的权利。《中华人民共和国社会保险法》将我国境内所有用人单位和个人都纳入了社会保险制度的覆盖范围。基本养老保险制度和基本医疗保险制度覆盖了我国城乡全体居民，工伤保险、失业保险和生育保险制度覆盖了所有用人单位及其职工，被征地农民按照国务院规定纳入相应的社会保险制度范围。在中国境内就业的外国人，也应当参照《中华人民共和国社会保险法》规定参加我国的社会保险。

6. 企业知识产权法律制度

企业知识产权相关法律制度主要包括专利法、商标法、著作权法等。

专利，也称专利权，是指专利权人对其获得专利的发明创造（发明、实用新型或者外观设计）在法定期限内享有的专有权利。《中华人民共和国专利法》是为了保护专利权人的合法权益、鼓励发明创造、推动发明创造的应用、提高创新能力、促进科学技术进步和经济社会发展而制定的法律。该法于 1984 年 3 月 12 日由第六届全国人民代表大会常务委员会第四次会议通过，2020 年 10 月 17 日第十三届全国人民代表大会常务委员会第二十二次会议第四次修正。

商标权，是指商标所有人对法律确认并给予保护的商标享有的权利，主要包括商标专用权、商标转让权和商标许可权。其中商标专用权是核心。商标权具有专有性、时间性、地域性等特点。两个以上的自然人、法人或者其他组织可以共同向商标局申请注册同一商标，共同享有和行使该商标专用权。《中华人民共和国商标法》于 1982 年 8 月 23 日由五届全国人大常委会第二十四次会议通过，2019 年 4 月 23 日第十三届全国人民代表大会常务委员会第十次会议第四次修正。《中华人民共和国商标法》分总则、商标注册的申请、商标注册的审查和核准、注册商标的续展变更转让和使用许可、注册商标的无效宣告、商标使用的管理、注册商标专用权的保护。

著作权，又称版权，是指文学、艺术和科学作品的作者及其相关主体依法对作品所享有的人身权利和财产权利。《中华人民共和国著作权法》对著作权和邻接权都作了规定，将著作人身权、著作财产权共同规定为著作权内容。《中华人民共和国著作权法》于 1990 年 9 月 7 日由第七届全国人民代表大会常务委员会第十五次会议通过，2020 年 11 月 11 日第十三届全国人民代表大会常务委员会第二十三次会议第三次修正。

（三）企业外部经营环境法律知识

企业作为一个经营主体，时刻受其所处的外部环境的影响，这既包括其周围密切相关的微观市场环境，也包括其无法选择的宏观经济环境。随着近年来市场经济的发展，企业面临着更加动态、更加对抗、更加复杂的外部不确定性环境，面对企业外部环境对企业经营提出的新要求，企业如何通过对外部环境特性的识别，采取灵活的变革措施而使企业具有良好的应变能力，能够随着环境的变化提高企业对环境变动的适应能力，成为企业界面临的一个不可回避的问题。与企业外部经营环境相关的法律主要有反不正当竞争法、招标投标法、价格法、广告法等。

1. 反不正当竞争法

《中华人民共和国反不正当竞争法》是为了促进社会主义市场经济健康发展、鼓励和保护公平竞争、制止不正当竞争行为、保护经营者和消费者的合法权益而制定的法律。该法于 1993 年 9 月 2 日由第八届全国人民代表大会常务委员会第三次会议通过，2019 年 4 月 23 日第十三届全国人民代表大会常务委员会第十次会议第四次修正。反不正当竞争法是调整在维护公平竞争、制止不正当竞争过程中发生的社会关系的法律规范的总称。反不正当竞争法调整的对象是因不正当竞争行为而引发的各种社会关系，包括经营者之间不正当竞争关系及监督检查部门与市场竞争主体之间的竞争管理关系。反不正当竞争法是市场竞争的基本法和兜底法，凡是其他法律、法规没有明确规定，而经营者的市场行为与竞争法所确立的市场竞争原则相违背的，均应依照该法进行规范。

2. 招标投标法

招标投标是以订立招标采购合同为目的的民事活动，属于订立合同的预备阶段。招标和投标是指交易活动中的两个主要步骤。所谓招标，是指招标人对货物、工程和服务事先公布采购的条件和要求，邀请投标人参加投标，招标人按照规定的程序确定中标人的行为。所谓投标，是指投标人按照招标人提出的要求和条件，参加投标竞争的行为。《中华人民共和国招标投标法》是为了规范招标投标活动，保护国家利益、社会公共利益和招标投标活动当事人的合法权益，提高经济效益，保证项目质量而制定的法律。该法于 1999 年 8 月 30 日由第九届全国人民代表大会常务委员会第十一次会议通过，2017 年 12 月 27 日第十二届全国人民代表大会常务委员会第三十一次会议修正。

3. 价格法

《中华人民共和国价格法》是为了规范价格行为、发挥价格合理配置资源的作用、稳定市场价格总水平、保护消费者和经营者的合法权益由促进社会主义市场经济健康发展而制定的法律。该法于 1997 年 12 月 29 日由第八届全国人民代表大会常务委员会第二十九次会议通过。

4. 广告法

《中华人民共和国广告法》是调整广告主、广告经营者和广告发布者在我国境内从事广告活动的法律规范的总称。该法于 1994 年 10 月 27 日由第八届全国人民代表大会常务委员会第十次会议通过，2021 年 4 月 29 日第十三届全国人民代表大会常务委员会第二十八次会议最新修订。

第四节　社会学知识

管理的主要对象是人，而人既是生理的、心理的人，又是社会的、历史的人。学习一些社会学方面的知识，有助于职业经理人了解管理对象，从而有效地协调人与人之间的关系和调动员工的积极性。

一、社会学的内涵

社会学是从变动着的社会系统的整体出发，通过人们的社会关系和社会行为来研究社会的结构、功能，发生、发展规律的一门综合性的社会科学①。社会学起源于 19 世纪三四十年代，是从社会哲学演化出来的一门现代学科。社会学的研究范围广泛，包括了微观层级的社会行动或人际互动与宏观层级的社会系统或结构，因此社会学通常跟经济学、政治学、人类学、心理学、历史学等学科并列于社会科学领域之下。社会学在研究题材上或研究法则上均有相当的广泛性，其传统研究对象包括了社会分层、社会阶级、社会流动、社会宗教、社会法律等。由于人类活动的所有领域都是在社会结构、个体机构的影响下塑造而成的，所以随着社会发展，社会学进一步扩大其研究重点至其他相关科目，例如医疗、军事或刑事制度、互联网等。

社会学的内容庞杂，根据美国社会学家 A. 英克尔斯的观点，社会学的内容框架主要包括：

（1）社会生活的基本单位：①社会行为和社会关系；②个人的人格；③人群（包括民族和阶级）；④社区，即城市的和农村的；⑤社团和组织；⑥人口；

---

① 社会学概论编写组. 社会学概论（试讲本）[M]. 天津：天津人民出版社，1984.

⑦社会。

（2）社会基本制度：①家庭和亲属；②经济的；③政治的和法律的；④宗教的；⑤教育的和科学的；⑥娱乐和福利；⑦美学的和表现的。

（3）基本的社会过程：①分化和分层；②合作、调解、同化；③社会冲突（包括革命和战争）；④联络（包括意见的形成、表达和变化）；⑤社会化和教育；⑥社会评价（价值的研究）；⑦社会控制；⑧社会过失（犯罪、自杀等）；⑨社会整合；⑩社会变迁。

以上这些社会学的内容框架构成了职业经理人应当了解的社会学知识领域。

二、社会学与企业管理的关系

社会学是把社会当作一个整体来研究的综合性科学。它的目的是从变动着的社会系统的整体出发，通过人们的社会关系和社会行为来研究社会（包括企业）的结构、功能和发展规律。社会学之所以对企业运行、企业管理具有重要意义，首先源于其本身的特点。

社会学的一个重要特点是在社会生活中广泛地研究以生产关系为基础的人们相互之间的社会关系和社会行为。而企业管理的一个主要任务就是研究企业集体的社会构成，研究各种集团之间、集团内部各成员之间的关系及其发展变化的规律，以期从这种研究中寻求一条管理优化的道路。

社会学的一个特点是它在研究方法上的综合性、系统性。这一特点突出表现在它在研究任何一种社会现象、社会过程或社会问题时，总是联系多种有关的社会因素，甚至是自然环境来加以考察的。同样，这种研究方法也适用于企业管理。现代管理的特点，从管理的性质看，是专业管理同综合管理相结合、以综合管理为主发展的趋势；从管理发展的阶段看，则是从重视单一管理向强调系统管理的阶段发展。所以，综合性、系统性的研究方法对于研究企业管理的发展趋势、变化特点是极有启迪的。

社会学的另一个特点是它研究人们的社会关系，通过人们社会交往的行为过程、人们的心理活动、人们的思想发展和行为变化来探究其因果关系及规律性。这一特点在企业管理中同样有相当重要的意义。企业管理中的核心问题是人的问题，只要是社会化大生产，就必须在采用现代化管理方法和手段的同时，注重研究劳动者的各种需求、动机、目的与他们行为之间的关系，研究企业中人与人以及个人与集体的关系，以求从物质和精神的结合上调动人们的积极性，把管理方法同管理艺术巧妙地结合起来。

从上述社会学的特点中我们可以看到研究社会学在企业管理中的重要性。从某种意义上说，企业运动、企业管理不过是社会运动、社会管理的一部分。这种运动形式能够使职业经理人不仅要从企业自身的角度去观察企业，而且必须从社会学的角度来考察其管理的有效性①。

三、职业经理人如何从社会学视角开展企业管理

那么，作为企业管理者的职业经理人，应当如何从社会学的视角开展企业管理呢？主要有以下几点：

（一）企业必须履行自己的社会责任

企业作为社会经济中的一环，对各种利益相关者所承担的特定的责任，就称为企业的社会责任。这种社会责任既包含了经济责任，也包含了非经济责任；既有法律上的责任，又有道义上的责任。企业的这种社会责任是伴随着社会化大生产和市场经济的发展而必然出现的一种社会对企业的要求。

我国企业的社会责任主要包括：第一，坚持企业社会主义方向的责任。以公有制为主体、多种所有制经济共同发展的基本经济制度是我国社会主义市场经济体制的根基。这一基本经济制度决定了我国企业无论是公有制企业，还是民营企业，或者是混合所有制企业，都必须把坚持社会主义方向放在首位，必须把国家利益放在首位。具体表现在：坚定不移地贯彻党的路线、方针和政策，执行国家的法令、法规，坚持两个文明一齐抓，为实现中华民族伟大复兴贡献力量。

第二，为社会提供质优价廉的产品和优质服务的责任。在这一点上，企业追求自身的长期利益与为社会尽责是完全一致的。企业从为社会尽责中获得外界的支持和自身的发展，又反过来推动社会物质文明的发展进程。

第三，照章纳税、守法经营的责任。企业是国家财政收入的重要承担者。因此，企业有照章纳税责任。同时，作为一个社会主义企业，必须守法经营，讲求经营道德。

第四，保护环境、促进所在社区发展的责任。企业发展离不开环境的作用。作为一个社会主义企业，必须抱着对企业、社会、未来负责的精神，切实采取措施治理"三废"污染，担负起保护环境的神圣责任，建设现代化生态文明。企业对所在社区的发展也负有一定责任。企业的发展离不开它所依赖的环境。因此，在力所能及的范围，为所在社区的发展作贡献也是企业光荣的义务。但这里必须强调，要把企业为社区发展尽责与强行的社会摊派区分开来，前者建立在企业自愿的基础上，往往与企业的发展战略相一致，后者则是外界强加给企业的。

（二）企业必须珍视自己的社会形象

良好的社会形象是可以给企业带来更多利益的无形资产。但是在不同经济发展

---

① 李晓丽. 企业管理的社会学透视 ［J］. 中国工业经济，1991 (2)：49-52.

时期，企业对其形象内涵的理解及在形象开发的侧重点上是有很大差别的。在我国现阶段，企业一般还是把良好的企业形象聚焦于企业外部形象上。例如，如何靠优质产品打开销路，如何靠优质服务取信用户等。但从社会学要求看，作为管理成功的企业，它应更加重视外部形象和内部形象相结合的整体塑造。这中间，体现企业价值观念的企业文化则是与外部形象相连接的纽带。在现代化大生产中，需要有严格的制度和管理手段辅助。但是过于严格的控制往往会扼杀职工的积极性、主动性和创新精神，所以制度之上还需要有精神的统一。企业文化的作用就在于它将企业各个方面的力量以及各种资源——人、财、物、信息统一在一起，成为凝聚企业成员的精神力量，而企业内部在长期奋斗中靠企业文化所形成的凝聚力乃是外部形象的根基。在我国，集中表现企业形象、反映企业文化的是企业精神。过去我国的一些优秀企业都有自己的企业精神，未来的发展将使我国的企业精神在继承性、导向性、时代性、民族性和独特性方面更进一步地体现其鲜明的个性特征。

（三）企业管理必须不断创新

随着我国市场经济体制的不断完善，以及我国经济日益融入全球经济大格局中，我国企业管理呈现更加开放的特点，管理创新成为企业发展的内在要求，经营战略和基础工作成为企业竞争制胜的法宝。社会学原理的引入，又对管理工作的创新产生了深刻的影响。

第一，它要求企业经营战略的制定更为科学。企业从社会学的角度研究制定经营战略，就会使战略产生两个特点：从纵向看，它更具有长远意义；从横向看，它会更全面地考虑企业内部、外部的各种环境（宏观环境、竞争环境、市场环境）和不利因素。

第二，它有助于加强企业与企业之间的联系和协调。从管理角度看，企业与企业之间的联系较为突出地表现在两个方面：一是系列化生产系统的联系。比如，生产的专业化和系统化使一个企业无法完成整个产品的生产，这就需要多个从事不同零部件生产的小企业组成一个流水线式的系列化生产体系。二是企业与企业之间横向技术协作的联系。比如一个技术精强的大企业和同行业的其他技术力量薄弱、迫切需要扶植的企业进行互利的技术协作，等等。这种协作现在越来越发展为跨地区、跨行业的经济联系。无论是第一种形式还是第二种形式，其意义都远远超越管理某个企业本身的界限，同行业管理乃至社会管理的职能相互融合。这种联系和协调单靠某一两个企业已无法完成，它必须考虑作为联系对象的企业、地区的特点及实现联合的可能性等。从社会学角度考虑企业与企业之间如何进行系列生产和横向联系，就有可能增加企业组织之间联系和合作的可靠性，增加这种协调的效率性。

第三，它有助于在企业管理中调动人的积极性和创造性。企业管理中的核心问题是对人的管理，对人的管理成功与否，直接反映企业管理的质量，影响企业的成败。在企业管理中运用社会学的知识对人的心理、行为进行研究，大致包括三个方面的内容：一是从人的共同心理规律出发，研究个人在一个组织或群体中的心理现象和心理规律；二是研究人们在群体活动中的心理规律；三是研究领导心理问题。以上三个方面的内容，都与有效地调动劳动者积极性和创造性有关，是企业管理中最重要又最难以解决的问题。运用社会学的有关理论来辅助企业管理的实践，就有可能使企业对人的管理更加科学化、艺术化。

第四，它有助于深入探讨企业管理的中国特色问题。无论是管理学，还是社会学，都是一个历史的范畴。一定程度的管理，只有在一定的生产力发展水平下才能产生；一定内容的管理，只有在一定性质的社会中才能存在。运用社会学的观点考察管理的发展，就会摸清我国企业管理发展的脉络，看到我国传统的社会风气、思想、固有文化对管理的影响程度，从而把握住由这种传统的社会条件引起的、体现出区别于别国的企业管理的特点。

第五节 科学技术知识

科学技术是第一生产力。职业经理人无论管理什么行业，都要有一定的本专业的科技基础知识，否则就难以根据该行业的技术特性进行有效的管理。根据科学技术知识与职业经理人管理的企业所在行业的相关性，我们可以将职业经理人应了解的科学技术知识分为一般性科学技术知识与行业科学技术知识。

一、一般性科学技术知识

社会上习惯于把科学和技术连在一起，统称为科学技术，简称科技。实际二者既有密切联系，又有重要区别。科学解决理论问题，技术解决实际问题。科学要解决的问题是发现自然界中确凿的事实与现象之间的关系，并建立理论把事实与现象联系起来；技术的任务则是把科学的成果应用到实际问题中去。科学主要是和未知的领域打交道，其进展，尤其是重大的突破是难以预料的；技术是在相对成熟的领域内工作，可以做比较准确的规划。职业经理人需要了解科技知识，以应对企业或者行业因科技进步而带来的革新。

科学技术是第一生产力。放眼古今中外，人类社会的每一项进步，都伴随着科学技术的进步。尤其是现代科技的突飞猛进为社会生产力发展和人类的文明开辟了更为广阔的空间，有力地推动了经济和社会的发展。中国的计算机、通信、生物医药、新材料等高科技企业的迅速增长，极大地提高了中国的产业技术水平，促进了工业、农业劳动生产率大幅度提高，有力地带动了整个国民经济的发展。实践证明，高新技术及其产业已经成为当代中国经济发展的龙头产业。因此，了解并准确把握科学技术未来的发展趋势，有助于职业经理人管理的企业抓住科学技术发展的风口，促进企业的发展。

当今世界正处在新科技革命的前夜。2018年5月，习近平总书记在两院院士大会上指出："我们迎来了世界新一轮科技革命和产业变革同我国转变发展方式的历史性交汇期。"① 相关研究表明，第六次科技革命（预计2020~2050年）很可能是一次新生物学和再生革命，融合信息科技和纳米科技，提供满足人类精神生活需要和提高生活质量的最新科技……主体内容包括整合和创生生物学、思维和神经生物学、生命和再生工程、信息和仿生工程、纳米和仿生工程等②。因此，以上科技领域应是职业经理人未来关注的科技知识重点所在。

二、行业科学技术知识

商业社会企业的本质就是为消费者提供产品，产品包括商品、劳务或者服务。成为职业经理人就需要了解产品行业知识，在工作中对所在的公司行业产品有充分的理解。通过了解并掌握行业科技知识，职业经理人可以尽快熟悉所在企业的业务，避免"外行领导内行"的错误，从而提升职业经理人的领导威信。

职业经理人对行业科技知识的了解既包括所在行业产品设计、生产、包装、功能、性能、价格、价值、维修与保养等方面的科技知识，还应包括对所在行业的认知。即所在行业的主要经营模式是怎样的？行业主要企业有哪些，即该行业中有哪些"玩家"？每个玩家之间的关系是怎样的？上下游的流程是怎样的？利益是如何均衡分配的？等等。

案例4-1

"卖酒者" 王锡炳谈自己的成功之道③

生长于湘西地区的王锡炳因为家境艰难，自小就边种田、放牛、边读书、识字，高中毕业后当过铁路民兵，挖过隧道。生活的坎坷磨炼了他坚强的意志；从

---

① 习近平. 在中国科学院第十九次院士大会、中国工程院第十四次院士大会上的讲话［M］. 北京：人民出版社，2018.

② 何传启. 第六次科技革命的战略机遇［M］. 北京：科学出版社，2012.

③ 炳德. "湘酒鬼"的英雄时代从此终结了吗？［J］. 现代商贸工业，2003（3）：19-22；长青，邓赤. 安能尽如人意 但求无愧于心——记湖南湘泉集团董事长王锡炳［J］. 中国酒，1997（3）：35-36.

小吃红薯长大、祖祖辈辈的父老乡亲过的贫穷的日子，又激发了他改变山区落后状况的决心。1972年他被分配到吉首酒厂搞财务。1975年，王锡炳成为该厂的厂长，时年27岁，当时该厂的产品只有一个红薯白酒。不久，邻近的麻阳县酒厂生产的锦江酒夺得了省优称号，成为湖南名酒。这件事深深地刺激了王锡炳。于是他打算也造点"名酒"。他问自己的攻关小组："一个没有尝过天下名酒的人，能够制出天下最好的名酒吗？"于是攻关小组踏遍千山万水，尝遍天下名酒，最终决定在原料成分上借鉴五粮液，在发酵工艺上借鉴董酒，采取大小曲结合的方式，同时尽量保留湘西传统酿方纯度来生产自己的酒。实验很快取得了成功，王锡炳也选好了酿酒的水源——振武营兽坎塘的三眼泉，"湘泉"品牌从此诞生。其时，吉首酿酒厂还是中国白酒行业中一个名不见经传的小企业，虽然当时是商品短缺时代，是地地道道的卖方市场，但由于湘西闭塞的地理位置以及落后的经济条件，王锡炳的酒未必好卖。

如何能将自己的酒卖出去，卖得多，卖个好价钱？最初王锡炳和他的同事们甚至背起酒坛子走街串巷，现在他称这是自己总结的"卖酒经"中的第一条——"奋力卖"。原始的资本积累就是这样完成的，当然，同时积累的还有眼界的开拓和市场经验的积累。

到了20世纪80年代，王锡炳已经学会了借风行船——走文化路线、借名人扬名。湘西是名作家沈从文的故乡，也是当今美术界泰斗黄永玉的故乡，王锡炳尽力调动了与湘西有关的一切名人关系，在扩展自己的"湘泉"品牌影响力的同时，在黄永玉的帮助下，创立了定位相当准确、很能契合白酒消费者心理的高档精品品牌"酒鬼"，巧妙地绕过了以低档酒带动高档酒所难以逾越的那道"坎"，将自己的角色由中低档酒的供应商转变成以高档酒带动中低档酒的高、中、低档酒种齐全的供应商。王锡炳的不懈努力以及随之而来的白酒市场的迅速扩大，终于使企业走上了远超常规发展的高速路。

伴随着湘泉走出湘西的山沟，王锡炳的梦想也开始走出湘西的山沟，他的胃口越来越大。1985年（创建"酒鬼"的那一年），企业的白酒总产量还只有500吨；1991年发展到2000吨；1992年，到美国转了一圈归来后，王锡炳立即开始构想"万吨湘泉、千吨酒鬼"工程；1995年，湘泉的产量就达到了8000吨。据介绍，一直到1995年，湘泉的产品一直处于供不应求的状态。"已经过年了，来拉酒的车子还挤在厂里的院子里，客商们只好在厂里过年。"一个代理商这样回忆。能够不被这热烈的场面所刺激的企业领导者，不是庸才就是傻瓜。王锡炳显然不属于此辈。1996年，他确立了1.5万吨湘泉酒和1500吨酒鬼酒的目标，为支持自己的这一目标，王锡炳又领导湘泉集团独家控股成立了湘酒鬼（0799），并于1997年上市。获得了资本市场强力支持的王锡炳，在追求产量的路上越走越远。1998 年，生产目标被确立为生产 2 万吨湘泉酒和 2000 吨酒鬼酒。

问及 20 多年来伴随企业发展的个人感受，王锡炳归纳了三点：一是必须不断改变自己，不断学习新知识，靠经验主义行不通。他说，酒是上关乎国家财政、下关乎民生的特殊产品，企业经营者必须根据不同的外部环境（如国家有关行业政策、各种市场信息等）创造相对有利的内部环境，进行组织、协调、控制。这就需要不断掌握新知识。二是要随着企业的不断发展，相应改善职工的生产、生活环境。办企业上要依靠党和国家、各级政府，下要依靠广大干部职工，当厂长要正确处理好经济分配上的问题，要公平、服众，不能分远近亲疏。三是严于律己。办企业要有一定的外部环境，要上下配合，作为主要领导人，本人要艰苦奋斗，要严谨，自己努力，带动一班人，要求干部职工做到的，本人首先要做到。最要紧的是要有一定的事业心、进取心，要承担风险，利益上正确对待。

思考题

1. 不同管理者能力理论对职业经理人专业知识的要求有哪些侧重点？

2. 根据自己所学课程名称，思考职业经理人应掌握的专业知识与所学专业课程之间存在什么样的对应关系。

3. 作为一名人力资源管理职业经理人，最应该掌握的政治法律方面的知识应该是什么？为什么？

4. 有人说，职业经理人只需要精通管理知识，不需要了解具体的技术知识，你认同这种观点吗？为什么？

第五章　职业经理人的思维能力

引例：酒鬼酒横空出世的超前思维

《孙子兵法·谋攻篇》："上兵伐谋，其次伐交，其次伐兵，其下攻城；攻城之法，为不得已。""伐谋"指以己方之谋略挫败敌方，不战而屈人之兵。孙武认为伐谋最为有利，故为"上兵"是最好的战争手段。商战中的谋划也是获取核心竞争力的关键因素，酒鬼酒的横空出世与迅速发展就体现了经营者的卓越思维能力。

酒鬼酒的前身是 1956 年在湖南湘西成立的吉首酒厂，控股股东为湘泉集团。20 世纪 80 年代中期，在黄永玉的加持之下，吉首酿酒厂推出了高端品牌酒鬼酒。酒鬼酒一横空出世，就以其独特的酒香加上古朴典雅的小麻袋包装，另类、大胆和充满灵性的品牌命名，以及创意孤绝、大朴大雅的产品形象在中国白酒界引起了巨大的轰动，被誉为"无上妙品"。

一是香型唯一性思维。酒鬼酒具有高贵的产品品质。作为中国唯一的大小曲相结合的复合型白酒酿造工艺，酒鬼酒所具有的"前浓、中清、后酱"三香和谐共生的"馥郁香型"成为中国酒界的唯一。作为中国洞藏文化酒的开创者，酒鬼酒集地域环境之妙、民族文化之妙、包装设计之妙、酿酒工艺之妙、馥郁香型之妙、溶洞贮藏之妙、艺术境界之妙于一体，成为中国地理标志产品。

二是定位高端化思维。运用超前的思维，1998 年酒鬼酒已成为中国白酒品牌中的至高端，当时一瓶飞天茅台约 230 元，高端五粮液约 280 元，剑南春、老白汾、泸州老窖都在百元以下，而酒鬼的定价则在 300 元以上，成为卖得最贵的白酒，这种定位直接为酒鬼发展提供了巨大的空间。1997 年，酒鬼酒登陆资本市场，2000 年"酒鬼"被国家工商局授予"中国驰名商标"的称号。

三是文化品牌引领者思维。酒鬼酒在中国白酒史上首次完整塑造了文化酒的形象，在白酒界掀起了至今仍长燃不熄的"酒文化运动"，被业界称为"文化酒的引领者"。黄永玉为"酒鬼"设计了极具湘西地域文化特色的包装——酒鬼图。图上画的是一个酒鬼背着"酒鬼"在醉行，一侧题有黄永玉的 8 个草体字：

不可不醉，不可太醉。酒鬼酒的陶瓶设计也是立意孤绝，古朴别致。

因此，作为一个职业经理人，拥有超一流的思维能力是领导企业实现跨越式发展的重要条件。打造超一流的思维能力，需要有效锻炼和提升职业经理人拟订计划、制定决策和解决问题的能力。

第一节　思维能力内涵与构成、特征

一、思维能力的内涵

从思维能力来看，作为经理人要头脑清楚，这样才能做好事情。管理大师彼得·德鲁克说："要做对的事，再把事情做对（Do the right things，Do the things right）。"所以培养经理人的思维能力是最重要的，也是最抽象、最难培养的（林正大，1999）[1]。

作为职业经理人的基本潜能，职业道德素质是最基本的素质，而灵活的思维能力也是基本潜能中重要的素质。新时代的社会生活缤纷万象，要适应新形势，思维也要变得敏捷灵活。职业经理人作为企业的管理者，带领企业不断发展，那么职业经理人就要具备灵活的思维能力，善于多角度、多层次、多元化、较系统地分析问题、解决问题。比如，在20世纪60年代，瑞士钟表产业虽早已掌握电子表生产技术，但未能及时开发出产品而错失良机，致使20世纪70年代有几百家钟表厂被迫倒闭。相反，日本的精工等公司由于准确地把握了国际市场环境，捕捉了商机，取得了举世瞩目的成功。这个案例就反映出职业经理人应具备洞察市场、捕捉商机的思维能力。可见，作为合格的职业经理人，其思维模式必须很活跃，能较快地做出正确和客观的判断[2]。

二、思维能力的构成要素

根据林正大（1999）所描述的职业经理人的十二项修炼，思维技能表现在拟订计划、制定决策与解决问题三个方面。

首先是拟订计划。20世纪早期，法国工业家亨利·法约尔首次提出了所有管理者都具备的五种管理职能，首要职能就是计划。他认为，当管理者进行计划时，他们设定目标，确定实现这些目标的战略，并且制订计划以整合和协调各种

---

① 林正大．职业经理人的十二项修炼（上）[J]．中外管理，1999（10）：76-79.
② 郭丹凤．浅谈职业经理人应具备的素质[J]．企业技术开发，2015，34（7）：97-99.

活动。因此，拟订计划是一个合格经理人首先要做的事情。计划根据不同的划分标准，有不同的类别。根据广度分别可以划分为战略性计划和战术性计划，根据时间维度可以划分为长期计划、中期计划和短期计划，根据明确性可以划分为指导性计划和具体性计划，等等。但是，无论何种计划首先要考虑"做正确的事情"，然后才是"把事情做对"[①]。

其次是制定决策。在拟订计划后，经理人进一步要做的就是制定决策，将计划确定下来。决策是管理的核心，是指为了实现某一目的而制订行动方案并从若干个可行方案中选择一个满意方案的分析过程，即人们为了达到一定的目标，在充分掌握信息和对有关情况进行深刻分析的基础上，用科学的方法拟订、评估各种方案，从中选出合理方案的过程。决策根据问题发生的重复性可分为程序化决策和非程序化决策，根据决策时人的理性化程度分为理性决策和有限理性决策。

最后是解决问题。拟订计划和制定决策后，解决问题是关键一步。因为在企业的发展中，都会遇到一些问题，解决这些问题才能使企业得到进一步发展，才能在激烈的竞争中站稳脚跟。因此，经理人解决问题的能力是构成思维能力的重要因素。

三、思维能力的表现特征

经理人作为管理者，其思维能力不仅仅体现在概念技能上，即对具体事物进行抽象思维的能力，更多地体现在如何将这种能力运用于解决具体的问题上，即运用多种方法和手段进行明确的计划拟定，在各种情形下能迅速制定决策和有效解决问题。思维能力具有以下特征：

（一）创造性

思维能力的运用具有创造性，体现在流畅性、变通性和独创性方面。首先，流畅性是指当个体运用思维能力解决问题时，能够在短时间内产生不同观念的数量多少。其次，变通性是指个体面对问题情境时能够灵活处理，随机应变，不墨守成规。最后，独创性是指思维发散的新颖、新奇、独特的程度。个体面对问题时，能够独具匠心，想出不同寻常的、超越自己和他人的独特想法。相信在我们身边，总有一些让人钦佩的人，他们对于一个问题、一件事情常常都有自己独特的见解，这也就是所谓的创造性了，他们常常能想到别人想不到的东西。

（二）整体性

指个体善于抓住问题的各个方面，又不忽视其重要细节的思维品质。考虑问

---

① 金剑锋. 世界500强企业经理人的管理功力 [M]. 北京：经济管理出版社，2013：1-88.

題总是从整体出发，能够很好地处理整体与局部关系。管理者看问题时不能只看片面，要从不同角度整体地看待事物。

第二节　拟订计划能力的技能要求与训练方案

管理工作中的第一步便是拟订计划，孙子兵法第一篇"始计篇"说明所有的作战开始于计算与计划。品管大师戴明博士的管理循环也是从计划开始，因此作为经理人的首要任务便是能制订清晰有效的工作计划。不论是长期的战略规划，如年度营销策划、年度预算、质量改善计划等，还是短期的战略规划，如人员招聘计划、新产品上市计划、筹办公司运动会等，都需要运用计划的能力。这其中的关键技巧是分辨三种不同类型的计划，即有特定目标非例行性的项目管理计划、例行工作的日常管理计划与处理问题的处置计划。另外，要能辨别目的与目标的差异，能够制定合理的目标，而非只应用过去的数字作为基础（如市场计划的预测）。工具方面要有目标树、SMART 法则、优先顺序排列法、心理图像法、甘特图、PERT 图等的应用。

一、拟订计划的技能要求

企业经营活动的多样性决定了工作计划内容和类型的多样性。职业经理人通过全面掌握工作计划的内容与类型，并摸清其中的规律，可以提升企业计划工作的质量，进而提升整个企业经营的绩效。

（一）把握工作计划的内容

我们都会有这样的体会，在行动前如果能对整个行动有一个周密的计划，对要去做什么和如何去做都能了然于胸，那么我们就能以更大的信心和把握投入到行动中去，这样，行动的成功率就会大大提高。要提高企业的经济效益，就必须做好企业的计划工作，并准确定位工作计划的内容。工作计划内容可用"5W1H"来概括：

（1）做什么（What to do it）。即明确所要进行的工作活动的内容及其要求。例如，企业的人才招聘计划要确定企业所要招聘的职位、需求人数及对应聘人员基本素质与技能方面的要求等，只有在开始进行招聘前对这些内容进行准确的界定，才不至于在人才的筛选工作中投入不必要的时间和精力。

（2）为什么做（Why to do it）。即明确工作计划的原因和目的，并论证其可行性，只有把"要我做转变为我要做"，才能变被动为主动，才能充分发挥员工的积极性和创造性，为实现预期目标而努力。

（3）何时做（When to do it）。即规定工作计划中各项任务的开始和完成时间，以便进行有效的控制和对能力及资源进行平衡。

（4）何地做（Where to do it）。即规定工作计划的实施地点或场所，了解工作计划实施的环境条件和限制，以合理安排工作计划实施的空间。

（5）谁去做（Who to do it）。即规定由哪些部门和人员去组织实施工作计划。例如，出版公司要进行图书出版工作，从前期选题到后期发行，这项工作可粗略地划分为如下几个阶段：选题策划阶段、书稿组织阶段、稿件加工阶段、设计制作阶段、生产和服务阶段、销售和发行阶段。在工作计划中要明确规定每个阶段的责任部门和协助配合部门、责任人和协作人，还要规定由何部门和哪些人员参加鉴定和审核等。

（6）如何做（How to do it）。即规定工作计划的措施、流程以及相应的政策支持来对企业资源进行合理调配，对企业能力进行平衡，对各种派生计划进行综合平衡等。实际上，一个完整的工作计划还应该包括各项控制标准及考核指标等内容，也就是说要告诉计划执行部门和人员，做成怎么样、达到什么水平才算是成功完成了工作计划。

（二）对工作计划进行分类

理论上讲，企业有什么样的经济活动，就应该对应有什么样的工作计划。因此，企业经济活动的多样性决定了工作计划类型的多样性。依据企业经济活动的类别，按照不同的划分原则，可将工作计划的内容分为如下不同的类型：

（1）按计划内容分类，可分为综合计划和专业计划。综合计划旨在指导公司的整体运营，其内容几乎涵盖了企业生产经营活动的方方面面，如企业的年度工作计划、季度工作计划等。专业计划又称为专项计划，是指为完成某一特定任务而拟订的工作计划，如员工培训计划、基建计划、新产品试制计划等。综合计划和专业计划是整体与局部的关系，专业工作计划的制定必须以综合工作计划为指导，不能与综合工作计划相脱节或相抵触。

（2）按计划重要性分类，可分为战略计划和战术计划。战略计划是应用于整个企业组织，为组织设立总体的较为长期的目标，寻求组织在环境中的地位的计划。战略计划的周期较长，涉及面也较广，计划目标具有较大弹性，制订这类计划的主要依据包括国家政策等在内的企业外部环境所提供的信息，而外部环境是经常变化的、难以捉摸的，所以战略计划对制定者有较高的要求。战术计划解决的主要是局部的、短期的以及保证战略计划实现的问题等。制订这类计划也需要企业外部信息，但主要还是依据企业内部信息，并基本可以按照计划的程序进行，不会有太大的变化。战略计划与战术计划的区别在于：战略计划的一个重要任务是设立目标，而战术计划则是假设目标已经存在，而提供一种可按照一定程序来实现目标的方案。

（3）按组织职能分类，可分为生产计划、营销计划、财务计划、人力资源计划等。职能计划通常由企业中相应的职能部门来编制和执行，有助于确定企业中各职能领域之间的相互依赖和相互影响关系，有助于对计划执行情况进行评估，并有助于在各职能部门之间更加合理地分配企业资源。正因如此，许多企业都按照职能体系来组织计划体系，从而制订出各类职能计划。

（4）按计划的明确程度分类，可分为指导计划和具体计划。指导计划只规定企业一般的经营方针或指出企业趋利避害的重点，而不把管理者限定在具体的目标或特定行动方案上，可为组织指明方向、统一认识，并提供具体的可操作的方案。具体计划则恰恰相反，它要求具有明确的可衡量的目标以及一套可操作的行动方案。显然，同具体计划相比，指导计划更具有灵活性。通常，企业可根据所面临环境的不确定性和可预见程度的不同，来选择制订这两种不同类型的计划。

（5）按计划的期限分类，工作计划可分为长期计划、中期计划和短期计划。长期计划往往是战略性计划，它规定组织较长时期的目标以及实现目标的途径，期限通常是 10 年或 10 年以上。短期计划通常是指年度计划，是根据中长期计划规定的目标和当前的实际情况，对各种活动做出详细的说明和规定，它具有很强的可操作性，短期计划的期限一般为 1 年或不足 1 年。中期计划介于长期、短期计划之间，起到衔接二者的作用。中期计划的期限通常为 3~5 年。长期计划为企业指明了方向，中期计划为企业指明了路径，短期计划则为企业规定了行进的步伐，因此，在企业制订工作计划的实践中，将三者有机地结合起来，有着极其重要的现实意义。

工作计划的类型很多，作为职业经理人，在实际工作中一方面要正确识别不同工作计划的类型；另一方面也要认识到各种类型的工作计划不是彼此割裂的，而是适用于各种条件下的工作计划组成的不同的企业计划体系。在制订工作计划前要明确工作计划的内容和类型，从以上内容可以看出，不同类型的工作计划制订的要求不同，其内容也有很大的区别。因此，准确识别工作计划的内容和类型是职业经理人必须要掌握的一项管理技能。

二、拟订计划能力的训练途径

（一）目标树法

目标树法又称相关树法或目标树图法。是利用树的分枝生长过程表示事物发展的层次性和可能性趋势的一种形象化的规范型预测方法。该法的第一步就是确定目标，建立简洁的目标体系。第二步是确立等级层次数，一般来说，目标越广泛，其层数就越多。第三步是按等级层次画出相关树。画图的基本思路是，以一极点表示树的开始点，然后一级接一级地画出分枝，直到把全部分枝画完，表明树已完全长成。各个分枝点的边界值用一个可作互相比较的数，写在节点旁边，最后一个节点的边界值就是答案。这种方法可表达出各子目标（各问题）之间的关系，如对等关系、从属关系和交叉关系，有利于规划出达到指定目标的最优途径，预见各种可能发生的结果。

在分析过程中应注意做到：①按等级次序排列目标、子目标和任务。②应估计到所有可能达到目标的途径。③把单项预测纳入总体计划，并指出在哪些地方需要作详细的技术预测。④对各单项任务和子目标与总目标的关系作出评价。运用该方法的典型事例是帕登（Pattern）法，它是华盛顿"霍尼威尔"公司出于宇航研究的需要而在 1936 年提出的预测方法。1965 年研究人员运用该方法提出了医学计划，于 1966 年制订了"阿波罗"计划。1974 年戈登（W. J. Gordon）等人又成功地将该方法应用到有关地热资源的研究中。

运用时机：展开任务时运用。

运用原理：运用分析与分类，将主要目标分解成局部目标，再分解成小目标，直到能掌握为止。

运用要点：层层分解，将每项小任务分解到有人具体负责。

案例说明：某集团公司的新销售员培训（见图 5-1）。

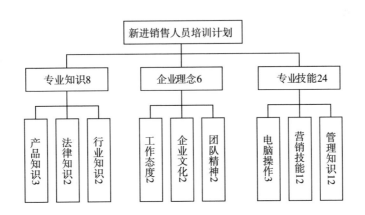

图 5-1　新进销售人员培训课程

（二）SMART 法则

SMART 原则即绩效指标必须是具体的、可以衡量的、可以达到的、与其他目标具有一定的相关性、具有明确的截止期限，该原则是为了利于员工更加明确高效地工作，更是为了管理者将来对员工实施绩效考核提供考核目标和考核标准，使考核更加科学化、规范化，更能保证考核的公正、公开与公平。

（三）优先顺序排列法

为了帮助管理者决定在何种业务上多花时间以及业务发展的资金需求，在各业务群安排得力的副总裁及总经理，按优先顺序满足各业务群的人力资源需求，麦肯锡设计出了一套系统的评估优化程序：首先是明确各行业及业务特点；其次是明确评估标准；再次是制定评分标准和权重分配的计分规则；最后对每个产品以评分、加权的方法作评估，即业务优先级排序方法。

（四）PERT 图

PERT 网络分析法即"计划评估和审查技术"。PERT 是利用网络分析制订计划以及对计划予以评价的技术。它能协调整个计划的各道工序，合理安排人力、物力、时间、资金，加速计划的完成。在现代计划的编制和分析手段上，PERT 被广泛地使用，是现代化管理的重要手段和方法。PERT 网络是一种类似流程图的箭线图。它描绘出项目包含的各种活动的先后次序，标明每项活动的时间或相关的成本。对于 PERT 网络，项目管理者必须考虑要做哪些工作，确定时间之间的依赖关系，辨认出潜在的可能出问题的环节，借助 PERT 还可以方便地比较不同行动方案在进度和成本方面的效果。此外，该方法认为项目持续时间以及整个项目完成时间的长短是随机的，服从某种概率分布，可以利用活动逻辑关系和项目持续时间的加权合计，即项目持续时间的数学期望计算项目时间[1]。以时间为中心，找出从开工到完工所需时间的最长路线，并围绕关键路线对系统进行统筹规划，合理安排以及对各项工作的完成进度进行严密的控制，以达到用最少的时间和资源消耗来完成系统预定目标的一种计划与控制方法。

（五）甘特图

甘特图是以作业排序为目的，将活动与时间联系起来的最早尝试的工具之一，帮助企业描述工作中心、超时工作等资源的使用。甘特图以图示通过活动列表和时间刻度表示出特定项目的顺序与持续时间，横轴表示时间，纵轴表示项目，线条表示期间计划和实际完成情况。甘特图简单、醒目、便于编制，可以直观地表明计划何时进行，进展与要求的对比，便于管理者弄清项目的剩余任务，评估工作进度（见表 5-1）。按内容不同，甘特图分为计划图表、负荷图表、机器闲置图表、人员闲置图表和进度表五种形式。甘特图的含义及其特点如表 5-1 所示。

---

① 王学文. 工程导论［M］. 北京：电子工业出版社，2012.

表5-1　甘特图的含义及其特点

含义	1. 以图形或表格的形式显示活动
	2. 通用的显示进度的方法
	3. 构造时含日历天和持续时间，不将周末节假日算在进度内
特点	1. 计划产量与计划时间的对应关系
	2. 每日的实际产量与预定计划产量的对比关系
	3. 一定时间内实际累计产量与同时期计划累计产量的对比关系
优点	1. 图形化概要，通用技术，易于理解
	2. 中小型项目一般不超过30项活动
	3. 有专业软件支持，无须担心复杂计算和分析
缺点	1. 甘特图事实上仅部分地反映了项目管理的三重约束（时间、成本和范围），因为它主要关注进程管理（时间）
	2. 软件的不足：尽管能够通过项目管理软件描绘出项目活动的内在关系，但是如果关系过多，纷繁芜杂的线图必将增加甘特图的阅读难度

运用时机：安排进度时使用。

运用原理：任务、负责人、进度等内容的相关性。

运用要点：相关内容用表格描绘清楚，注意任务的前后顺序及相关性。

案例说明：某公司的规范化管理推进情况（见表5-2）。

表5-2　基于甘特图的某公司日常管理规范化实施进度

项目编号		HR-2006A									制表人		王健
任务	负责　　月	1	2	3	4	5	6	7	8	9	10	11	12	备注
1. 成立项目小组	周经理	▲—▲											
2. 组织结构检讨	周经理		▲—		—▲								
3. 日常管理培训	金老师				▲—▲								
4. 部门职责说明书	吴主任					▲——▲							
5. 岗位职责说明书	吴主任					▲							
6. 工作流程设计	郑经理					△		△——△					
7. 规定规章制度	郑经理							△———		—△			
8. 培训实施	周经理										△—△		

注：▲表示已经实施，△表示尚未实施。

（六）草绘脑图

运用时机：展开任务时使用。

运用原理：运用左脑的逻辑思维与右脑的形象思维，让任务快速展开和具体化，直到每项小任务都清楚到可以用"5WIH"来表示为止。

运用要点：主题放中间，自由向四处多层展开，还可根据展开的次主题进行再次展开。

案例说明：杭州市每年一度的西湖博览会，任务众多，可以集合大家智慧草绘脑图。图5-2的描绘方法已经过改进，因此变得更简单。草绘脑图的时候，想到的都要画出来，最后设计每个小项目具体的"5W1H"，比如活动中的马拉松跑。最终拟订出的小计划里包括：为什么举行（Why）、做什么（What）、什么时间进行（When）、在哪里（Where）（包括具体路线）、邀请谁进行什么部门组织（Who）、活动怎么进行（How do），这样活动的成功性就会提高很多。案例如图5-2所示。

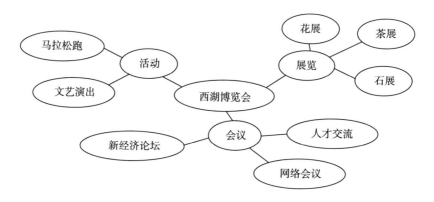

图5-2 草绘脑图：西湖博览会

（七）网络计划图

运用时机：安排进度时使用。

运用原理：较复杂的任务与进度等内容进行统筹安排，以节约时间与资源。

运用要点：掌握关键路线时间（最长时间），每项工作考虑乐观的时间与悲观的时间、算出正常的时间，统一进行时间规划。

案例说明：新家装修网络计划（见表5-3）。

表5-3 新家装修网络计划

事件	期望时间（$T_乐 + 4T_正 + T_悲$）/6	紧前事件
1. 了解确定装修公司	15 天	—
2. 图纸设计及修改	20 天	A
3. 泥工打墙铺砖管装设备	18 天	B

续表

事件	期望时间（$T_乐+4T_正+T_悲$）/6	紧前事件
4. 买线管卫浴等设备	2 天	B
5. 电工铺线路及装开关	6 天	B
6. 买木材地板等	1 天	CDE
7. 木工做 2 个三门橱	15 天	F
8. 木工做 2 个电视柜	18 天	F
9. 木工做书房	30 天	F
10. 铺地板	3 天	CHI
11. 漆工油漆	30 天	J
12. 买灯具及安装	3 天	K
13. 装修验收及修正交接	6 天	L

以上"期望时间"计算方法是：（乐观的时间估算+4×正常的时间估算+悲观的时间估算）/6，制作成以下网络计划图（见图5-3），最长时间需要如下：关键路线：开始-A+A-B+B-C+C-F+F-I+I-J+J-K+K-L+L-M=126。

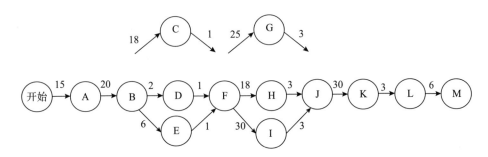

图 5-3　网络计划图的关键路线

三、拟订计划实践实习方案

计划是设定目标以及决定如何达成目标的过程，简单说便是：设定目标，指明路线的过程。这个过程包括信息的收集整理、分析归纳；目标的思考与设定；执行方案的构想，比较与决策；组织内外的沟通协调，必要资源的分析，统计与组合以及过程中所遇到问题的解决方案等。计划的过程本身充满挑战，对思维能力是极大的考验，当然要成为好的职业经理人，擅长制订计划是第一步。

制订一项计划时必须包含以下要素：①清晰的目标；②明确的方法与步骤；③必要的资源；④可能的问题与成功的关键。

举例：你是总经理助理，明天早上 9 点总经理将在北京参加一项重要的研讨会，务必要准时抵达，这是目标。安排总经理搭今晚末班飞机走，这是方法；请王师傅送总经理到机场，北京分公司吴经理到北京机场迎接，这是资源；如果路上塞车赶不上飞机或天气不佳飞机停飞等，这是计划中可能出现的问题，成功的关键则是事先订位子、询问天气、预留路上耽搁时间。

因此在制订计划或评估下属的计划是否完整时，以上四个要素是最为基本的。其中第一项是清晰的目标，什么才是符合标准的目标呢？有效目标一般要符合 SMART 法则：S 明确具体的，M 可衡量的（数字化），A 行动导向的，R 合理可行的，T 有时间限制的。

练习 1：以下几个目标是否符合 SMART 法则？

（1）明年要在质量上下大力度，管理要过硬（不明确也无法衡量）。

（2）希望假以时日，英文能说得溜儿（时间？标准？）。

（3）大幅度提高员工满意度（何时？如何衡量？）。

（4）明年底业绩增长 30%（可以，只要有办法）。

（5）六月底前产品合格率提高为 98%（不错，如果做得到）。

（6）每天跑步 30 分钟（做得到吗？很难！天气不好、生病也要跑吗？建议改为每周至少 3 次，或每月不少于 10 次，就变得合理可行）。

（7）今年员工流动率不超过 8%（对照往年记录，看看是否可行）。

练习 2：分辨不同类型的计划。

制订一个好的计划，先要从确定有效的目标开始，射击前先找到目标，出海前先决定目的地。接下来要制定计划的内容，在此让我们来看看计划有哪几种类型（不同类型的计划步骤、程序与技巧都不相同）：

（1）目标型计划——以达成特定目标为主的计划，一般也称为项目，其制定执行的过程便称为项目管理（Project Management）。

（2）例行型计划——经常重复的例行工作计划，一般把这些计划制定称为标准化作业程序（Standard Operation Process，SOP）。

（3）问题型计划——以解决问题为主的计划，一般也称为问题处置。

接下来考考你，以下这些情况属于何种计划？

于 5 月底前完成安装新设备；

于 3 月底前处理恶性欠款 230 万元；

于 2 月底前制订新进人员培训计划；

月底前制订新产品上市推广计划。

答案是（1）、（3）、（1 或 2）、（1），你答对了吗？其中新进人员培训第一次进行时是目标型计划，如果经常举办，可以变成例行型计划。新产品上市推广计划也是如此的道理，例如麦当劳开拓新店、招聘员工、员工培训都已经成熟形成了 SOP，因此高阶主管便不需要头疼如何下决策或参与细节讨论，因为已经有成功经验了。

练习 3：目标型计划的步骤与程序。

现在你已经学会分辨三种类型的计划，可以让头脑更为清晰了。以下我们要集中探讨第一种计划。目标型的计划包括以下七个步骤或程序：

（1）描绘结果：设定目标并清晰地描绘最终期望的结果，可用数字、图形、表格、模型来呈现。

（2）任务展开：将达成目标所需的工作项目逐一列出，直到能够有效掌握具体情况为止，可以使用心理图像法或目标树来进行。

（3）安排进度：将工作项目依照先后顺序安排，以便了解相互关系与总体所需时间，可以使用计划评核术（PERT）与甘特图进行。

（4）统计资源：将完成计划所需资源分类统计，可以分为必要与需要，按照人力资源、设备物品与费用等统计。

（5）可能问题：将当前尚未解决或可能会发生的问题逐一列出，并构想最坏情况发生时，风险是否可以承担，以及预先构想解决方案。

（6）评估修正：重新检视整个计划的重要环节，针对可行性进行评估，并做出必要的调整与修正，以提高计划的成功率，可以使用矩阵图与加权指数法。

（7）管理重点：最后做一份执行时的管理重点，确保执行时能依照计划进行，包含成功关键点、可能出现的问题的避免与解决方案、进度上的里程碑，这里常用的工具是检查表、甘特图、备忘录与说明书。

这七个步骤可以想成这样：决定要达到什么目的、要做哪些事才能达到这个结果、这些事执行的先后程序与进度为何、需要具备哪些条件才能达成、执行时可能会遭遇什么问题。综合以上因素考虑，并做出必要的调整，指出执行时应掌握什么重点才能成功。

制订计划时建议使用大张一点的纸，可以尽情挥洒，思维不受限制，可以放在桌上或贴在墙上，使用几种不同粗细与颜色的笔，便于标示与分类（当然直接在计算机上进行也是很好的办法）。参加人员可以自己独立构思，也可以多人一起讨论；环境上，某些人喜欢安静思考，有些人喜欢听音乐激发灵感，可以轻松一些，也可以很正式；记得让左右脑同时并用，右脑负责水平思考，提出创意与构思点子，左脑负责垂直思考，承担分析计算与逻辑推理的任务。

制订计划的节奏建议使用快慢慢快快：初步构思框架时速度要快，以便能快速掌握目标、任务、任务间的相关性与大约所需时间与资源；接下来构思方案、比较方案、制定决策要慢，要三思而后行，反复推敲，左思右想，瞻前顾后，进一步与相关人员进行协调沟通时也要慢，事缓则圆，太急躁不易取得充分的共识；最后分配任务开始行动时，要快速行动，遇到问题快速解决，不能拖延，因为该考虑的都已经想清楚了。当然上述快慢的时间并没有一定的标准，任务的复杂性与紧急度也不相同，所以上述对节奏感的表述只是一种建议。

第三节　制定决策的技能要求与训练方案

一、制定决策的技能要求

作为职业经理人，他们的职责便是制定决策与领导执行，而在计划与执行的过程有许多的变量，这就要求他们必须能够迅速果断地进行决策，这是奠定计划成功的基础。错误决策的后果是失败，正确决策则是成功的基础。例如战略上该进攻还是要防守？人才要从内部培养还是外部聘任？产品要定多少价格？预算如何分配？该选择哪个媒体打广告？处处都需要决策，决策时有竞争者的变量、时间与资源的限制、信息不足或错误的可能、道德上的压力、人情的包袱。要制定正确的决策是重要的能力，英特尔的总裁葛洛夫曾说："我们并不特别聪明，只不过在激烈竞争中，比对手做出更多正确的决策。"决策的技能包含前提假设、推论能力，信息收集、整理、分析、归纳的能力，逻辑判断、面对压力的心理素质，如何避开心智模式与错误的系统思考等；工具上有矩阵法、决策树、电脑模拟、沙盘推演、加权指数、逻辑原理、潜意识原理以及系统模型等。

二、制定决策能力的训练途径

对于经理人来说，制定决策的能力至关重要，尤其是在环境不确定的情况下制定决策。一般来说，决策可以分为两种：经验性决策与非经验性决策（见表5-4）。

表5-4　决策的两种类型

	经验性决策（程序性决策）	非经验性决策（非程序性决策）
定义	用例行性的方法解决重复出现的问题	对独一无二、没有先例的问题要拿定主意
特点	有先例可以借鉴，风险可预料	从来没有遇见过，风险不可预料
举例	物料采购、召开例会、进行经理人系统培训、生产排班等	新产品营销战略、招聘总经理、新技术应用、购并工厂等
对策	制定规章制度和标准化作业（SOP）来完成	采用最优化决策、方案要好中选优

（一）矩阵法

为了突破企业管理现状，很多事项需要同时进行，就像国家遇到危机时外交努力与内部管理需要同时进行一样，只不过某一项更具有优先权。比如城市要改善交通、公司要增加业绩等，都需要同时运用多种方案。矩阵方法的步骤是：

（1）横向列出要点：评估时的原则立场，需要事先考虑好。

（2）纵向列出方案：将每个方案涉及的项目列出来。

（3）评估相关方案：对方案的可行性与操作难度进行评估。

（4）选择方案实施：考虑掌握度强、难度低的方案优先实施。

2020年某集团公司面对原材料涨价的形势，盈利目标受到严峻考验，该公司向全公司人员征求"降低成本，增加盈利"的金点子，大家也积极投稿和建议，公司将这些方法列成矩阵表（见表5-5）：

表5-5 矩阵方法实例

方案 ＼ 评估点	预估业绩	需要时间	难度	掌握度
电话费用	1 万元/月	1 个月	高	高
应收账龄缩短	10 万元/月	3 个月	中	中
集团采购	600 万元/年	1~2 月	中	高
价格转移	500 万元/年	全年	高	中
涂料系统应用	50 万元/年	6 个月	中	高
工资降低	100 万元/年	3 个月	高	中
福利减少	60 万元/年	全年	低	高
差旅费用	65 万元/年	1 个月	低	高

经过评估，集团采购（几家分公司集中采购招标，成立策略采购部）、涂料系统应用（新技术开发）、福利减少、差旅费用（坐飞机要审批，宾馆级别降低）等项目可以立即实施，甚至节省办公费用（劳保用品以旧换新、纸张反面可用）也作为降低成本的方法之一。该公司经过一年的努力，成功地度过了原材料涨价的难关，并且在后续项目中，还把价格转移出去，取得了较好的效果。

（二）决策树方法

有许多事情，要决策有多种可能，每种可能下面还会有多种可能，不妨把这些可能都列出来，方便我们选择，这种方法也叫"决策树方法"，最后我们所选择的"可能路径"可以算是决策路线，成功性较大，其具体步骤是：

（1）列出决策点：将主要决策问题列出来。

（2）考虑所有的可能性：尽量考虑你想要的内容。

（3）将可能性再进行细分：每种可能性再次发生的可能性，每一个层次都要细分。

（4）选择最优途径：决定路线。

（三）电脑模拟法

模拟决策方法是一种实验方法，其功能主要是显示实际系统的结构和功能，为管理决策提供依据（见表5-6）。为了保证取得良好的决策效果，实施模拟决策方法必须遵循严格的步骤。

表5-6　电脑模拟法的优缺点

优点	①对于某些复杂庞大的实际系统，往往找不到有效的分析方法。实地测试与研究不仅耗资、耗时，而且有时还完全无法进行，模拟决策方法则能够弥补这一缺陷
	②模拟决策方法本身带有试验性质，容许出现错漏和失误，因而能够打消人们的顾虑，在模型中对事物发展的各种可能趋势进行大胆的试验和探索，并进行比较和分析，找出较为切实可行的方案，以指导现实的决策活动
	③模拟决策方法可以避免对实际系统进行破坏性和危险性的试验
	④模拟决策所费的时间较短，可以加快决策的进程
	⑤模拟决策方法原理较简单，比较容易为人们所掌握，而且模拟得到的结果也较直观，容易理解
	⑥模拟决策方法实际上是对人们在研究过程中所做的各种假设及得出的结论进行的一种检验和论证，因而有助于人们认识水平的提高
缺点	①模型的主要目的是让决策者清楚地看到事物的全貌，而不能代替决策，因此，它只能指出一定决策的一般性后果
	②模型只是让决策者对情况有一个简明的了解，极少有一项应用能归结为一个简单而完善的模型
	③模拟决策方法的成功与否，需要管理方面的支持，需要借助分析人员和决策者的经验和洞察力
	④模拟决策方法对实际系统功能与特性的估计也并不很精确，仍然存在一定的统计误差

（1）建立模拟模型。建立模拟模型是模拟决策方法的第一步。模拟决策的一个重要特性就是它的探索性，模拟活动本身就是为了探索达到目的的新途径。决策模拟中所要建立的模型只是一种微观模型，这种微观模型是从实际系统中抽象出来的，具备与实际系统相同的结构和功能。对于决策者来说，在建立这样的微观模型之前，必须先在思维中构造一个大致的轮廓，即先建立一个观念模型。

事实上，这也是一种决策模型实验，只不过这种实验是在人的思维中进行而已，因而也被称为思维模拟实验，它是对现实环境条件的模仿和再现。但是，思维模型的建立并不意味着决策模拟法第一阶段的结束，决策模拟是不能仅在思维模型中完成的，这是因为思维模型属于主观活动范畴，它不能取得客观的数值。为了获得这种数值，思维模型有必要向现实模型转化。这种现实模型的建立与思维模型的构建的不同之处在于，它是一种直接的现实活动。现实模型与思维模型的不同也决定了两者各具特点。思维模型的主要特点在于它的确定性，而现实模型的主要特点则是它的客观性。决策模拟并不要求现实模型完全以思维模型为样板，而只是要求用现实模型来修改思维模型。当然，这也绝不是说我们可以不依思维模型的要求去随意构建现实模型。事实正好相反，为了使思维模型能在现实模型中得到充分的检验和修正，在构建现实模型时，我们必须严格遵循各种预设条件。只有这样，才能达到现实模型与思维模型之间的统一，使之真正起到决策模拟的作用。在现实模型的构建过程中，人们极易受到主观因素的影响和干扰。因此，在构建现实模型的过程中必须严格遵守客观性的原则。

（2）模型的运行。这是模拟决策方法的中心环节，其目的是求解模型，选择实际系统的最优外界作用条件，输入不同的外界指标，记录模型运行结果，并随着模拟过程的推移，及时追踪系统的功能特性和行为状态。如此反复进行多次实验，在此基础上对不同的运行结果进行比较，做出最佳选择。

（3）分析模型。完整的决策模拟过程还包括对模型的分析。分析模型主要有两个方面的内容：①对模型本身的分析，主要是分析模型的结构和功能。决策模拟以事物之间的相似性和相关性为依据，即在条件相似的情况下，模型可能产生与这些条件相关的结果，因为任何现实模型都是由现实存在的各种要素组成的一定形态的结构，结构决定了模型功能的发挥。决策模拟中对模拟本身的分析，实质上就是以客观的现实模型为依据来分析各种构成要素与目标之间的具体关系。这种分析虽然早在方案的制订过程中就已经进行过，但由于当时还没有以现实模型为依据，因而还不是建立在客观根据基础之上的。只有经过模拟实验才能获得这种客观根据。②分析模型与将要进行的全面实施之间的关系。对模型本身的分析，只是模拟实验向全面实施阶段转化的一个中间环节。从模型到实施，从微观到宏观，是一个必然趋势，否则，模拟实验将失去其实际意义。模拟实验作为决策方案全面实施的一个准备阶段，可以为决策方案的全面实施提供依据。但是，决策方案的全面实施不只是模拟实验过程的机械重复和宏观上的放大，它具有更为丰富的内容。通过分析模型与全面实施之间的关系，可以确定决策全面实施时的基本方针、基本途径。

（四）沙盘推演

沙盘推演是快速提升学生决策能力的有效的教学方式，通过角色扮演，学生在电脑模拟真实场景的情况下，进行决策问题分析。例如在项目管理沙盘推演的过程中，需要决策包括以下九项活动（见表5-7）。

表5-7 项目管理沙盘推演的步骤

活动1	项目招标。该项活动主要是企业通过广告投放的额度，在招标的过程中获得订单的优选权，决策类型属于战略性决策，所使用的决策方法是市场研究法、博弈方法以及价值工程方法等
活动2	项目研究。是指在招标会上取得订单的选择权以后，企业决定选择什么类型的订单，该项活动面涉及企业的财务计划、生产能力以及资源状况，决策类型属于战略决策，使用的决策技术可以是工艺技术研究法、财务研究法、经济评价法、资源约束分析法等
活动3	项目融资。是指根据已经取得的订单信息，作出融资方案，该活动面对的决策问题属于战略性决策，使用的决策技术可以是财务分析、经济评价、风险分析等方法
活动4	市场开拓。该活动属于战略型决策，适用的决策技术可以包括市场调查研究方法、财务评价方法、经济评价方法、风险分析方法等
活动5	资源计划。属于战术型决策，使用的决策技术包括网络控制方法、价值工程方法等
活动6	进度计划。这项活动需要考虑资源的约束和活动本身的技术特性，在时间、成本、人力资源等多要素之间寻求平衡，使用的决策技术有网络计划术、关键路径法、关键链法、成本分析法、价值工程法等
活动7	人力资源计划。属于战术型决策，使用的决策技术有责任矩阵法、成本分析法等
活动8	项目控制。属于战术型决策，使用的决策技术包括测量法、偏差分析法、净值分析法、管理变更控制等
活动9	项目后评价。属于综合决策，主要使用模糊评价、基于规则等方法进行综合评价

一方面，沙盘模拟可以提高学生的综合能力。在沙盘模拟教学中，要求学生按照既定规则进行操作，在引入决策点和决策技术后，避免了沙盘推演流于形式，使学生能够从战略层面、战术层面和综合决策层面加深对项目管理的理论体系和实际管理过程的深刻理解。另一方面，可以激发学生的主动性和团队意识。通过角色扮演和决策问题的分析，学生会主动寻找合适的决策方法，和团队成员一同分析问题、制定策略、执行策略。通过这种主动体验，激发了学生学习的主动性和增强了团队意识。然而，进行决策只是其中一步，后期还要进行工作流分析和决策支持系统的开发，将决策点嵌入到项目管理的工作流系统中，并且以项目管理决策支持系统辅助完成项目管理沙盘的推演过程，使学生能够更加清晰地感知项目管理的精髓，这对培养他们的项目管理能力具有十分重要的意义（程淑娥，2014）。

（五）加权指数法

加权指数法主要包括以下步骤：

（1）列出相关准则：有些准则是必要的，有些准则是必需的。

（2）给每个准则打分：按重要性打，3、2、1也可以，10~1也可以。

（3）将相关信息录入：信息要真实可靠。

（4）评估每个方案分值：给方案打分、算分。

（5）选择最优方案：方案按好差排列，选择分数较高的。

餐饮企业如何在市区选择营业地点？看起来颇费周折，但通过加权指数法（见表5-8）可以较容易地给该地段进行评分：

表5-8 简单的加权指数法

决策准则	重要性	分值			得分
		0	1	2	
每天客流量	3	<50人	50~100人	100人以上	
每月租金	3	>50元/m²	30~50元/m²	<30元/m²	
交通（公交线）	2	<5条	6~18条	>18条	
到商业中心的距离	3	>400米	200~400米	<200米	
商业中心规模	2	<5000万元	5000万~1亿元	>1亿元	
相同对手数量	3	>8个	5~8个	<5个	
不同对手数量	1	>5个	2~4个	<2个	
合计		A. ____分；B. ____分；C. ____分			

以上是比较简单的加权指数法的决策应用，该餐饮企业把预先选择的地段"对号入座"后，并设定A、B、C三类地段的分值，这样可以有效地评估该地段开业后，胜算的概率有多大。客户情况评估、公司实力比较、展览会是否要参加、供应商评定等事项均可以运用以上决策表来进行分析。

较复杂的加权指数法决策需要设定"必要的目标"和"需要的目标"两项，必要的目标决定谁可以上场"玩球"（比如以前中国农村评比先进村时，计划生育成为必要的目标，"一票否决制"），需要的目标决定谁可以"赢球"。例如，某家企业选择人才，决策目标是"在原企业工作两年以上"，如果做不到，应聘者条件再好也不要，这就是必要的目标。

（六）系统模型

系统决策模型（The System Model）是一种视公共政策为政治系统对来自环境需求反应的决策模型。它将公共政策的制定放在政治、经济、社会文化环境中进行考察和解释，强调政治系统的环境作用，将政策看成是环境对系统作用下的产出。从一般系统论的观点看，系统的要素是相互联系的，因为政治系统的复杂性，人们称它为黑箱，一般不需要仔细研究它的结构，只求将输入（投入）、系统、输出（产出）之间的关系搞明白就行。公共政策分析中的系统分析是一种按照公共政策具有的客观系统特征，着眼于整体与部分、整体与结构以及系统与环境等的相互联系和相互作用，求得优化的整体目标的现代政策分析法。利用系统决策模型，若能对下面的问题作出圆满解答，会给政策分析提供有意义的成果：需求和支持会在什么样的政策环境下对系统产生影响？系统决策模型虽没有很好地说明一项决策中的决定是如何做出的，但它能很好地说明政治现象的复杂性和动态性。无论在何种环境里，它都可以解释复杂的社会现象，因而它有广泛的应用性。在稳定的环境里，需求和支持变化不大，政治系统只需渐进地修改公共政策的内容；在快速变迁的环境里，需求和支持变化很大，为适应变化获得自身生存的需要，政治系统必须彻底改革，使系统的产出，即公共政策符合新的需求和支持。

第四节　解决问题的技能要求与训练方案

一、解决问题

拿破仑说："困难只是在印证一个人伟大的程度。"这句话说明了解决问题是经理人重要的任务，也是考验个人能力的最佳方式。没有一个企业是没有问题的，无论是质量不佳、产能不足、交期不准、人力不足、土气不振，还是财务困窘、设备老旧、工艺落后、市场占有率下滑……只要谁能解决这些问题，谁便能受到重用。英国前首相丘吉尔说："所谓成功便是肩负更大的重任，去面对更棘手的问题。"解决问题需要的技能是界定问题、收集资料、分析问题、找出问题根源以及运用创造能力找出解决方案。辅助工具有问题树、鱼骨图、帕累托图、V形回路、KJ法、五级量分法、创意思维法等。

从绩效管理能力来看，经理人领取薪资与享受福利，回报给企业的是绩效。无法产生绩效的职业经理人，就像不能拍出清晰相片的照相机一般，导致期望很高，结果却很差。所以职业经理人必须面对的现实是创造一流绩效，否则只有下岗。企业的竞争极为现实，每一份没有产出的投入都会降低竞争力，因此作为经理人，如何协助企业提高绩效是最为核心的技能，其中制定标准、成果管制与绩效考核是三种关键技能。

二、解决问题能力的训练途径

（一）问题树

问题树法，又称故障树分析（Fault Tree Analysis，FTA），是由上往下的演绎式失效分析法，利用布林逻辑组合低阶事件，分析系统中不希望出现的状态。故障树分析主要用在安全工程以及可靠度工程的领域，用来了解系统失效的原因，并且找到最好的方式降低风险，或是确认某一安全事故或是特定系统失效的发生率。故障树分析也用在航空航天、核动力、化工制程、制药、石化业及其他高风险产业中，例如社会服务系统的失效。故障树分析还用在软件工程中，它在侦错时使用，与消除错误原因的技术有很大关系。故障树分析包括五个步骤：

（1）定义要探讨的不想要事件。不想要事件的定义可能非常困难，不过也有些事件很容易分析及进行观察。充分了解系统设计的工程师或是有工程背景的系统分析师最适合定义及列举不想要的事件。不想要的事件可以用来进行故障树分析，一个故障树分析只能对应一个不想要的事件。

（2）获得系统的相关资讯。若选择了不想要的事件，所有影响不想要事件的原因及其发生概率都要进行研究和分析。要得知确切的概率需要很高的成本及时间，多半是不可能的。电脑软件可以用来研究相关概率，可以进行成本较低的系统分析。系统分析师可以了解整个系统。系统设计者知道有关系统的所有知识，这些知识相当重要，可以避免遗漏任何一个会造成不想要事件出现的原因。还要将所有事件及概率列出，以便绘制故障树。

（3）绘制故障树。在选择了不想要的事件，并且分析系统，知道所有会造成此事件的原因（可能也包括发生概率）后，就可以绘制故障树了。

（4）评估故障树。在针对不想要的事件绘制故障树后，需要评估及分析所有可能的改善方式，换一个方式来说，是进行风险管理，并且设法改善系统。这个步骤会导入下一个步骤中，也就是控制所识别的风险。简单来说，此步骤会设法找出降低不想要的事件发生概率的方式。

（5）控制所识别的风险。此步骤会随系统的不同而不同，但主要重点是在识别所有风险后，确认使用所有可行的方法来降低事件的发生率。

（二）鱼骨图

鱼骨分析法，又名因果分析法，是一种发现问题"根本原因"的分析方法，现代工商管理教育如 MBA、EMBA 等将其划分为问题型、原因型及对策型鱼骨分析等几类先进技术分析方法。鱼骨图（Fishbone Analysis Method）是由日本管理大师石川馨先生所提出的，故又名石川图。鱼骨图是一种发现问题"根本原因"

的方法，它也可以称为"因果图"，主要用于工商管理中来建立分析模型，分析步骤包括：

（1）查找要解决的问题。

（2）把问题写在鱼骨的头上。

（3）召集同事共同讨论问题出现的可能原因，尽可能多地找出问题。

（4）把相同的问题分组，在鱼骨上标出。

（5）根据不同问题征求大家的意见，总结出正确的原因。

（6）拿出任何一个问题，研究为什么会产生这样的问题。

（7）寻找下一层次的原因。

（8）看哪一个原因数量最多，也称为重要原因，可进一步研究分析。

（9）列出这些问题的原因，而后列出至少20个解决方法。

案例：某公司产品质量与服务不稳定，制造部经理组织基层班组长讨论问题原因，要求每人根据自己的操作和经验发表想法，并在大白纸上（或白板上）记录下来（见图5-4）。

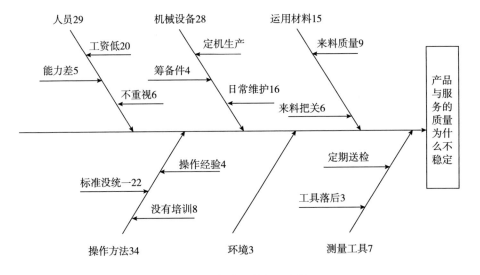

图 5-4　鱼骨图分析示意图

（三）帕累托图

帕累托图也称排列图、柏拉图，其应用要点是：

（1）选择要进行分析的项目。

（2）选择用于分析项目的度量单位，如次数、成本、金额、频数，等等。

（3）画横坐标（按度量单位递减的次序自左至右列出项目）；画纵坐标，高度与横轴大致相等，并根据实际情况标定数量。

（4）在每个项目上画长方形，显示每个项目的作用大小。

（5）利用排列图来确定最为重要的改进项目。

案例：某餐饮公司统计去年的餐饮桌数，对就餐人数进行了分析。结合餐桌设置情况，发现供 10 人就餐的桌数达到 42 桌，3~5 人及 6~7 人的用餐团体却坐了 10 个人的桌子，餐桌大小应根据人员情况重新安排，以调整餐厅空间大小，增加营业额（见图 5-5）。

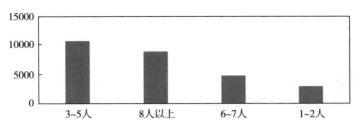

图 5-5　帕累托图分析示意图

（四）KJ 法

人类会患很多疑难杂症，有时需要多学科的"专家集体会诊"，以发现病因。一个组织也会出现这些症状，也需要运用众多专家的智慧。KJ 法的创始人是东京大学教授、人文学家川喜田二郎，KJ 是他的姓名的英文缩写，其指导思想是通过大家的脑力激荡，将一大堆杂乱无章的语言文字资料，按其内在相互联系加以整理，从而理出思路，抓住问题的实质，找出解决问题的新方法（见表 5-9）。

表 5-9　KJ 法特点

说明内容	具体解释
1. 运用原理	头脑风暴法、分类法、归纳法
2. 适用情况	问题复杂、牵涉部门众多；研讨问题时容易彼此推卸责任、自说自话；意识到有些问题无从着手
3. 优点	解决过程中可促进团队学习，开拓视野；突破部门本位主义，产生共识；有助于解决内部矛盾，降低内部损耗；可以集中精力与众人智慧解决问题
4. 难点	坦诚与开放的态度，需要较有经验的主管引导；合理答案的形成，需要对分类与归纳方法的熟练运用

KJ 法也有具体的运用程序，它可以让我们保持清晰的思路，也是解决问题的关键，具体运用上会形成一个"U"形回路，如图 5-6 所示，具体步骤如表 5-10 所示。

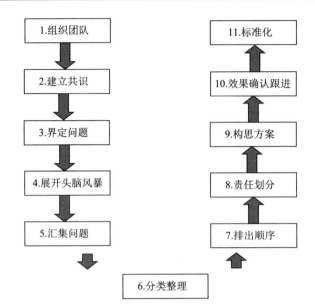

图 5-6　复杂问题的分析程序

表 5-10　KJ 法的步骤及解释说明

具体步骤	解释说明
1. 组织团队	邀请涉及问题的相关人员到会
	组建 7 人左右的团队小组
	凡工作相关全部可邀请
	同部门的人员不要放在一组
	注意男女成员的搭配
2. 建立共识	研讨会尽量不要放在公司里
	采用封闭式，座位排成 U 字形（椭圆形），也可分成小组
	位置不要依组织阶位安排
	运用团队技巧（肢体碰撞原理），降低压力，减轻部门个人防卫
	建立共存共荣的一体感
	建立脑力激荡法的规范
	强调会场纪律
3. 界定问题	主管提出问题，并指出期望的结果
	主管提高在座成员的意愿

续表

具体步骤	解释说明
4. 展开头脑风暴	人数 12 人以下可集体操作
	如果在 12 人以上，可按 7 个人左右 1 组分组
	同部门的人要分散在不同的组里，以便互相交流
	要将主要问题现象详细列出：将问题写在 N 次贴上，1 贴只写一个问题，时间可以在 60 分钟左右，问题太多，可以延长，中间可以休息
	各成员针对自己列出的现象发言
	小组长将所有 N 次贴进行归类
5. 汇集问题	集合各小组成员，并轮流发表头脑风暴结果
	将 N 次贴一一贴在事先准备的黑板（大纸）上
	相同观点和问题贴在一起
	全部发表完后，所有问题便呈现在大家眼前，一般数十个问题
	问题由主持人引导分成几个大类
	主持人将所有 N 次贴一一撕下重新贴在经过分类的位置上
	分类完成后，检查一遍，便形成了几个大类问题
6. 排出顺序	将每一大类问题，根据其严重性排列顺序
	如果问题多，可分成 A、B、C 三组，A 组最重要，B 组次之，C 组再次之
7. 责任划分	将各类问题牵涉的部门，以矩阵图的方式列出，并标识主要负责部门（用●表示）、参与解决部门（用○表示）
	相关职能部门各抽出 1 人，形成跨部门功能型团队
8. 构思方案	各主要负责部门带头，举办小型研讨会，并提出建议方案，经由决策小组同意后，形成决策，交付实施
9. 效果确认跟进	根据执行结果，定期与不定期检讨成果与进度，并做适当调整
	要充分运用 PDCA 循环
10. 标准化	如果此问题还会遇到，就将此次经验变成标准化流程，并将相关资料书面化，以备将来参考，这能节省时间与成本，促进组织进行学习，有内部网可以将此信息在网上发布

（五）五级量分法

五级量分法可以将想法显性化，帮助人们做出决策。例如在做人力资源决策时，可运用五级量分法，具体步骤包括：

（1）横向列出事项：将相关人选列出来。

（2）纵向列出准则：评估时的原则立场，需要事先考虑好。

（3）进行评分统计：最好的打 5 分，次好的打 4 分，以此类推，最后统计分值。

（4）进行排分确认：分数从高到低排列，挑选分值处于前面的人员。

某集团公司外派员工受训的五级量分情况如表5-11所示。

表5-11　某集团公司外派员工受训的五级量分

准则 ＼ 人员	赵明	钱小飞	孙磊	李红玫	周清
忠实可靠	4	5	3	5	4
办事得力	4	4	4	4	4
创新能力	3	4	3	3	4
学习潜力	3	3	4	4	5
合计得分	14	16	14	16	17

需要说明的是，以上分值中如果有人在3分以下，其他分数再高也不用考虑。有了以上数据后，决策者心中就有了一把尺（即优先考虑周清，再从钱小飞和李红玫两人中做出选择）。

（六）创意思维法

优秀创意在提高消费者对品牌与产品的接触、记忆、认知与购买方面的作用是巨大的。创意成为流行语，应归功于广告界。广告创意关键在"创"。创造意味着产生并构想过去不曾有过的事物或观念，或者将过去毫不相干的两个或更多的事物和观念组合成新的事物和观念。广告活动能否达到告知和劝服的目的，在很大程度上取决于广告作品是否具有创造性。

要使观众在一瞬间发出惊叹，立即明白广告商品的优点，而且永不忘记，这就是广告创意应该追求的效果。要想实现这种效果，广告创意要具有原创性和震撼性。原创性要求突破常规、出乎意料、与众不同，没有原创性，广告就失去了吸引力和生命力。震撼性要求创意能够深入人心，触及人的心灵和精神，没有震撼性的广告难以给人留下深刻的印象。

伟大的广告创意往往是灵感的闪现，但实际的广告运作往往不能一味等待灵感的出现，而是要借助一定的思维方式去激发灵感。在广告创意活动中经常使用的一些方法包括事实型思维方式、形象型思维方式、垂直型和水平型思维方式、放射型思维方式、头脑风暴法。

（1）事实型思维。指在广告创意中，以广告产品本身的诸多事实作为创意的着眼点。

（2）形象型思维。以直观的形象为元素进行思考的一种思维活动，包括具体形象思维、言语形象思维两种方式，形象思维依托于表象、联想和想象。表象是指人在其知觉的基础上形成的感性形象，这种感性形象又分为记忆表象和想象表象两种形式。感知过的事物在大脑中重现的形象叫作记忆表象。由记忆表象或现有形象改造成的新形象叫作思想表象。

（3）垂直型和水平型思维。垂直型思维是指在一种结构范围中，按照有顺序的、可预测的、程序化的方向进行思维，遵循由低到高、由浅到深、由始到终等线索，思维脉络清晰明了，合乎逻辑。其特征是顺着一条思路一直向下延伸，直到找到问题的答案。水平型思维方式是指在条件接近的情况下，对相似事物的发展情况进行比较，从中找出差距，发现问题，然后再提出解决方法的一种思维活动。

（4）放射型思维。是指由一个原点向四面八方呈放射状进行思考的一种更加不受束缚的思维方式。放射型思维方式通常借助思维导图对主题概念展开全方位的联想。在操作上要求突破习惯性的横向、纵向思维模式，既要放得开又要收得住，在各种不同元素之间寻找关联，并发展成若干能回应主题概念的思考路线或创意构思。

（5）头脑风暴法。头脑风暴思维方法的运用应遵循一定的原则：任何创意均不得受他人干涉；所有想法都应记录在案，以备将来参考。头脑风暴的思维原理是利用团体环境刺激广告创作人的创作灵感，用个人的灵感甚至是不着边际的想法去刺激其他人的思考。群体思维的合力必将激发更多的灵感，显然比独立思考具有更多的优越性。

优秀广告的创作离不开对创意的深刻理解和设计。多种创意思维方式合理的选择和利用，是广告前期设计的关键步骤。

三、解决问题的实践实习方案

当今世界上有各种各样解决问题的管理方法，都是各大公司或个人在实践的基础上，不断总结提炼而成的，经过多年的实践被证明是行之有效的，且都在广泛使用。今天就给大家简要介绍这些解决问题的方法（如果你还知道本书未列入的方法，欢迎补充）。

（一）丰田解决问题的 8 个步骤

在竞争激烈的汽车制造行业，丰田为什么如此强大？原因可能有多个，其中有一个不容忽视的答案就是——"改善"。丰田日复一日实践得出的"改善"是丰田强大的最重要原因。而丰田在改善上，有着独特的"解决问题的 8 个步骤"。新员工入职丰田第一天学到的东西就是"解决问题的 8 个步骤"。

Step 1：明确问题。从"重要度""紧急度""扩大趋势"三个视角选择应该解决的问题。

Step 2：把握现状。明确"应有状态"与"现状"的差异。

Step 3：设定目标。用具体的数值表示是否达成目标。目标应定量，定性的目标应该尽可能数值化。没有定量无法判断目标是否达成。

Step 4：找出真正的原因。重复问 5 次"为什么"。

Step 5：建立对策计划。提出尽可能多的对策，选出最有效的对策。

Step 6：实施对策。立刻实行计划，可以将由于环境变化带来的影响降到最低。

Step 7：确认效果。严守期限，在确认效果的同时，对策仍然要继续进行，不能拖延时间。除了结果之外还要确认过程，对策实行的结果非常重要，但一次性的结果没有意义。任何人都会多次重视的结果才是重要的。

Step 8：固定成果。将成功的过程"标准化"。将"任何时候，任何人实行，都能够取得同样结果的'标准'"在整个组织中固定下来，解决问题的整个过程就会全部结束。

（二）日产跨职能团队解决问题的方法：V-up

V-up 是指日产汽车公司在全球范围内为实现其事业计划而使用的一种新的有效解决问题的工具和管理方法。使用 V-up 工具或方法解决特定的问题并达成目标的过程即为 V-up 活动。

日产公司利用 V-up 工具，实现其复兴计划；在实施 180 计划的过程中，大力开展 V-up 活动，产生了巨大的经济效益；在其后的事业计划中，日产公司继续强化 V-up 工具的使用。

V-up 活动是日产管理模式的精髓，也是为达成日产事业目标所使用的工具。

V-up 分为课题分解流程和课题解决流程（见图 5-7）。其中课题解决流程又分为 V-FAST 流程和 DECIDE 流程。无论是 V-FAST 流程还是 DECIDE 流程，都具有 5 个步骤（课题设定、成立小组、提出方案、方案实施、落实与评价）。

（三）福特 8D 工作法

8D 就是英文（8 Disciplines）的缩写，又称团队导向问题解决方法、8D 问题求解法（8D Problem Solving），是福特公司处理问题的一种方法，之后成为 QS9000/ISO TS16949、福特公司的特殊要求。

Discipline 1：成立改善小组（Form the Team）。由与议题相关的人员组成，通常是跨功能性的，说明团队成员间的彼此分工方式或担任的责任与角色。

Discipline 2：描述问题（Describe the Problem）。将问题尽可能量化而清楚地表达，并能解决中长期的问题而不是眼前的问题。

Discipline 3：实施及确认暂时性的对策（Contain the Problem）。对于解决 D2 进行立即而短期的行动，避免问题扩大或持续恶化，包含清库存、缩短 PM 时间、加派人力等。

Discipline 4：原因分析及验证真因（Identify the Root Cause）。包括 D2 问题产生的真正原因、说明分析方法、使用工具（品质工具）的应用。

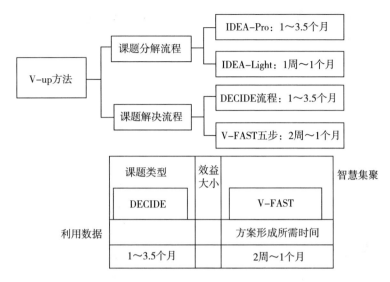

图 5-7　V-up 活动

Discipline 5：选定及确认长期改善行动效果（Formulate and Verify Corrective Actions）。拟订改善计划、列出可能解决方案、选定与执行长期对策、验证改善措施，清除 D4 发生的真正原因，通常以一个步骤一个步骤的方式说明长期改善对策，可以应用专案计划甘特图（Gantt Chart），并说明品质手法的应用。

Discipline 6：改善问题并确认最终效果（Correct the Problem and Confirm the Effects）。执行 D5 后的结果与成效验证。

Discipline 7：预防再发生及标准化（Prevent the Problem）。确保 D4 问题不会再次发生的后续行动方案，如人员教育训练、改善案例分享（Fan out）、作业标准化、产出 BKM、执行 FCN、分享知识和经验等。

Discipline 8：恭喜小组及规划未来方向（Congratulate the Team）。若上述步骤完成后问题已改善，肯定改善小组的努力，并规划未来改善方向。

（四）六西格玛（Six Sigma）法

六西格玛在 20 世纪 90 年代中期被 GE（美国通用电气公司）从一种全面质量管理方法发展成为一个高度有效的企业流程设计、改善和优化的技术，并提供了一系列同样适用于设计、生产和服务的新产品开发工具。

六西格玛与 GE 的全球化、服务化等战略齐头并进，成为全世界追求管理卓越性的企业最为重要的战略举措。六西格玛是系统解决问题的方法和工具，已经逐步发展成为以顾客为主体来确定产品开发设计的标尺，追求持续进步的一种管理哲学。

六西格玛业务流程改进遵循五步循环改进法，即 DMAIC 模式。在企业追求六西格玛的过程中，有很多方法和工具。其中一个重要的方法是五个阶段的改进步骤 DMAIC：定义（Define）、测量（Measure）、分析（Analyze）、改善（Improve）与控制（Control）。通过这些步骤，企业的投资报酬率自然会增加。①定义。陈述问题，确定改进目标，规划项目资源，确定进度。②测量。量化客户 CTQ，收集数据，了解现有的质量水平。③分析。分析数据，找到影响质量的少数几个关键因素。④改进。针对关键因素确立最佳改进方案。⑤控制。采取措施得以维持改进的结果。要让团队所有成员共同完成某项工作，关键是建立某种工作模型，DMAIC 模型具有重要的作用。

（五）IBM 6 步系统解决问题流程

6 步系统解决问题流程和持续改进模式（计划—实施—检查—行动）是统一一致的。系统解决问题方法可以在许多行业加以应用，主要包括以下 6 个主要步骤（见图 5-8）：第一步，发现问题并确定目标，属于计划的内容。第二步，分析问题，找到问题的内容。第三步，提出潜在解决方法。第四步，选择并规划解决方法。第五步，实施解决方案。第六步，检查和确认效果，评估解决方法并标准化。其中第一步到第四步属于计划部分，第五步属于实施部分，第六步属于检查行动部分。

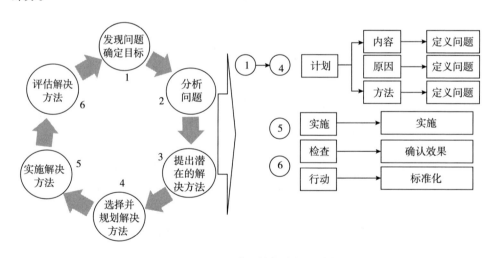

图 5-8　IBM6 步系统解决问题流程

（六）发明问题解决理论——TRIZ

TRIZ（俄文：теориирешенияизобретательскихзадач，俄语缩写"ТРИЗ"）翻译为"发明问题的解决理论"，用英语标音可读为 Teoriya Resheniya Izobreatatelskikh Zadatch，缩写为 TRIZ。它是苏联发明家、教育家 G. S. Altshuller（根里奇·阿奇舒勒）和他的研究团队通过分析大量专利和创新案例总结出来的

"发明问题解决理论",国内也形象地翻译为"萃智"或者"萃思",取其"萃取智慧"或"萃取思考"之义。

TRIZ 理论成功地揭示了创造发明的内在规律和原理,着力于澄清和强调系统中存在的矛盾,其目标是完全解决矛盾,获得最终的理想解。实践证明,运用 TRIZ 理论,可大大加快人们创造发明的进程而且能得到高质量的创新产品。

解决问题的方法有很多,如何选择最佳的解决方式取决于你的境况、经历、知识、态度以及问题本身。解决问题的方法,没有最好,只有最合适。

第五节　实践训练方案:麦肯锡思维解决问题的步骤

说到全球最具声望的企业管理咨询公司,那一定是麦肯锡公司。解决问题即找到针对特定商机或者挑战的最佳解决方案来创造客户影响力,这是麦肯锡成功的最重要技能。麦肯锡方法有三条原则:

(1) 通用框架,包括起步流程,适用于任何问题,需要分析思维。

(2) 独特实践,需要创新性思维。

(3) 高效合作,是每个咨询项目的成败关键,需要开放思维。

麦肯锡认为在用独特思维解决问题时,IIQ 在众多的 Q 中(IQ、EQ、CQ、RQ)最为重要。IIQ 是 Insight and Intelligent Quotient 的缩写,是衡量一个人洞察力和智力的标准。智力受天生因素影响比较大,但洞察力绝对是可以后天培养的。

一、通用框架

对于客户给的各种问题,咨询公司的金牌顾问需要在极短时间内,通过头脑风暴(Brainstorming)将问题深入剖析并合并归类,然后提出解决问题的初步假设及方向。金牌顾问能做到这么极致不是因为他们天生就是神,而是得到了后天的"解决问题的七流程"的框架系统的训练(见图 5-9)。该框架从定义问题开始,经过组织问题、优先排序、工作规划、着手分析和整合成果,最后实现制定建议,系统而全面。在顾问和客户的交流中,这个构架流程可以实现不断地循环、重复、修改和增强。

麦肯锡解决问题的七个步骤,就是麦肯锡最著名的"七步成诗",概括如下:①定义问题(陈述问题);②组织问题(问题树);③优先排序(用漏斗法去掉所有非关键问题);④工作规划(制订详细的工作计划);⑤着手分析;

⑥整合成果（综合调查结果，并建构论证）；⑦制定建议（将数据与论证联系起来，讲述来龙去脉）。

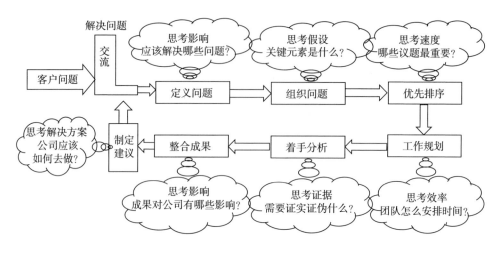

图 5-9　通用框架七流程

（一）定义问题

解决问题总是从定义问题开始，或许我们已经在提案书中明确地界定了问题，或者是客户觉得他们已经定义了问题而推动项目继续向前。在做任何项目之前，需要时间来建立一个精确、全面、清晰的问题定义，而且确保所有项目相关人员（团队和客户）都能真正理解和同意这个定义。

问题陈述工作表（Problem Statement Worksheet，PSW）就是"问题定义"的大杀器。一位麦肯锡的客户关系经理对 PSW 如此评价：简要概括就是 PSW 太重要了，如果一开始你在 PSW 的哪点没说清楚，之后做项目一定会出现问题范围的蔓延。一个好的 PSW 需要的要素：一是基本要素，包括提出 SMART 问题；二是额外要素，包括业务背景（Business Cntext）、成功标准（Criteria for Success）、方案范围（Scope of Solution）、方案约束（Constrains within Solution）、利益相关者（Stakeholders）、见解来源（Source of Insight）。

1. 基本要素

SMART 原则中的每一个字母分别代表 Specific、Measurable、Attainable、Relevant、Time-bound。如果一个问题是 SMART 的，则其必须是具体的（Specific）、可以衡量的（Measurable）、可以达到的（Attainable）、要与其他目标具有一定的相关性（Relevant）的、具有明确的截止期限（Time-bound）的。

提出一个 SMART 问题的难点在于如何平衡全面（Comprehensive）和简洁（Concise），下面是一些反面例子：

不具体："更好地管理业务……"这太过于通用，并没有提出具体如何管理。

无法衡量："扭转我们日益恶化的业绩……"未指明哪些最能反映绩效指标，我们很难评估是否有进展。

不以行为为导向："增加销售额并降低成本……"虽然这些目标很吸引人，但必须可操作才能产生影响。

不相关："通过提高价格来增加利润……"这听起来不错，但如果客户正在以市价购买产品，那么这个问题与客户现状不相关。

没有时间限制："最终将利润增加10%……"最终到底是多久？需要一个特定截止日期来激励相关人员采取行动，而且让他们担负责任。

2. 额外要素

即使一个问题是SMART的，但是问题不现实对客户也无用处，还需要考虑更多额外的因素，比如：

业务背景（Business Context）：包括客户痛点（Pain Point）、行业趋势（Industry Trend）、公司地位（Relative Position）等。

成功标准（Criteria for Success）：除了PSW中的定量指标，还需要考虑一些定性指标，如改进的可见性（Visibility of Improvement）、客户能力培养（Capacity of Improvement）、心态转变（Mindset Shift）等。

方案范围（Scope of Solution）：指出项目包含哪些内容，更重要的是不包含哪些内容。

方案约束（Constrains within Solution）：一旦明细方案范围，就定义出方案约束和限制。

利益相关者（Stakeholders）：找出决策者（Decision Maker）、提供帮助者（Helper）等。

见解来源（Source of Insight）：确定最佳实践（Best-prapctice）的专识（Expertise）、知识（Knowledge）和方法（Approach）。

综上，一个完整而专业的"问题陈述工作表"如表5-12所示。

表5-12　问题陈述工作表

SMART 问题	
具体的（Specific）、可以衡量的（Measurable）、可以达到的（Attainable）、相关的（Relevant）、有时间期限的（Time-bound）	
业务背景（Business Context）：客户情况	方案约束（Constrains within Solution）：为何不做
成功标准（Criteria for Success）：定量定性	利益相关者（Stakeholders）：决策帮助
方案范围（Scope of Solution）：哪些该做	见解来源（Source of Insight）：最佳实践

有了"问题陈述工作表",我们就完成了第一步"定义问题",关键词是"影响",即我们需要解决哪些问题才能对客户产生影响。

清晰地陈述问题的特点:一个主导性的问题或坚定的假设;具体、不笼统;有内容的(而非事实的罗列或一种无可争议的主张);可行动的;以决策者下一步所需的行动为重点;首要之务是对问题的准确了解。

(二)组织问题

问题定义完之后,下一步就需要组织问题,逻辑树可以派上用场了。

1. 逻辑树的构建方法

逻辑树里两种最有用的方法是议题树和假设树,假设树比议题树更能专注地分析问题,因此也更加流行。在组织问题时:

当你没有足够的知识或判断来提出假设时,提"是"或"否"的问题,先构建议题树;当你回答完议题树中的问题后,再构建假设树。两棵树的结构如图5-10所示:

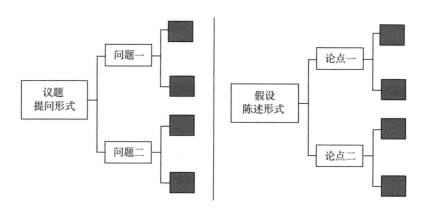

图 5-10　假设树和议题树的对应关系

议题树通常在项目刚开始或遇到新问题时可以使用,主要提出"What"和"How"之类的问题,任何问题都可以分解成不同子问题,最重要的这些子问题要 MECE。

假设树通常是在获取足够的数据后可以支持假设时才使用,主要回答"Why"之类的问题,把所有解决方案的范围缩小,把注意力集中在该项目需要解决的问题上。

知识点:MECE(Mutually Exclusive Collectively Exhaustive,相互独立,完全穷尽)。对于一个问题,"相互独立"表示问题在同一维度上有明确区分且不可重叠,"完全穷尽"则表示问题划分是全面而周密的。例如,有监督学习、无监督学习和强化学习是 MECE,而有监督学习和深度学习不是 MECE。MECE 是麦肯锡思维过程的一条基本准则，表示对于重大的议题能够做到不重叠、不遗漏地分类，且能够借此有效把握问题的核心并解决问题。

2. 议题树的结构

下面就用上一部分得出的 SMART 问题来简单构建出一个议题树，如图 5-11 所示。

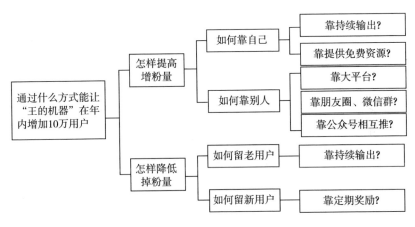

图 5-11　议题树的构建

接下来分析一下议题树的结构：

树根方面，分析一个基本问题，即怎样增加用户量。

第一层：这里的用户量是净用户量，等于增粉量和掉粉量之差，$C = A - B$，要增加 C，当然只能增加 A 或者减少 B。不难发现这层问题是 MECE 的。

第二层：对于增粉，可以靠自己和靠别人，这层问题也是 MECE 的；对于掉粉，可以留老用户和留新用户，这层问题也是 MECE 的。

树叶层方面，最后一层的问题不需要 MECE，因为问题都具体化了，你不可能罗列出所有的可能。接着分析：如何靠自己？持续输出，靠免费分享书籍课程加公众号运营。如何靠别人？在大平台知乎、CSDN 发文章增大曝光量；在朋友圈和微信群转发自己的文章；和类型相差不大的公众号进行相互推广。如何留老用户？持续输出，他们能留下都是依托于内容质量。如何留新用户？鼓励用户参与文章的互动，月底奖赏活跃用户一些小礼物，这样至少可以留他们到月底，中间再发好文章留住他们。

接着上面议题树讨论的内容，我们来深入分析：首先，持续输出即能涨粉。其次，免费分享资源也是一个好的涨粉方法。再次，在大平台知乎、CSDN 发文章增大曝光量也不错，那边的流量比公众号大很多。最后，靠优质公众号定期互推，为用户扩展别的知识面，也获取了其他公众号的用户，互惠互利。假如，根据每日涨粉、掉粉数据发现公众号的留存率还不错但增长率不强，那么就把精力放在怎么涨粉上，靠花钱奖赏留新用户目前看不划算。对应的假设树如图 5-12 所示。

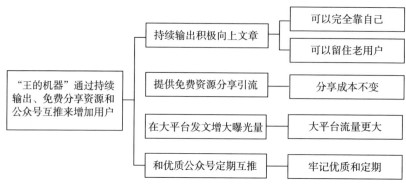

图 5-12　假设树的构建

到此我们就完成了第二步"组织问题"，关键词是"假设"，即识别出问题中的关键元素是什么。

（三）优先排序

问题组织完之后，下一步要优先考虑团队将重点关注的问题或假设。确定问题的优先顺序就是确保你把时间和精力都集中在该问题最重要的因素上，通常使用 2×2 的矩阵，比如，横轴代表影响力、纵轴代表可行性的问题优先化矩阵，如图 5-13 所示。

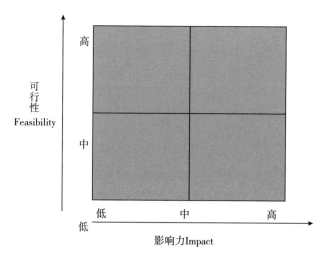

图 5-13　问题优先化矩阵

在问题优先化过程中需要注意两点：一是可行性和影响力这些标准很难量化，你只需粗略计算它，没必要纠结细节；二是最好能让客户参与此过程。

问题优先化通常是一个迭代过程，而且也能有效地驱动讨论，最重要的是，它会决定你如何来制定工作规划表。这样我们就完成了第三步"优先排序"，关键词是"速度"，即快速决定哪些议题最重要。

（四）工作规划

优先排序议题之后，下一步就是制定工作规划来完成议题分析。将通过优先级排序过的问题转换为工作规划涉及三幅表：

（1）议题分析表。包括议题、假设、理由、分析和来源，如图 5-14 所示。

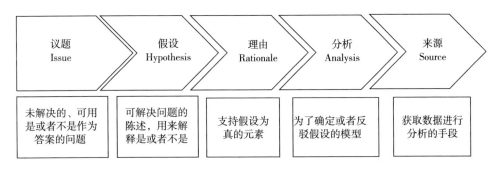

图 5-14 议题分析表

（2）工作表。包括成品、负责人和时间，如图 5-15 所示。

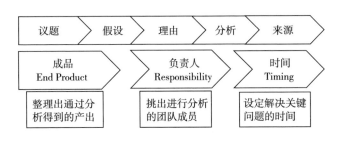

图 5-15 工作表

（3）时间表。包括三条不同时间粒度的轴，如图 5-16 所示。

第一条为项目工作计划，用来控制整个项目进度，确保项目在限期之内完成。

第二条为定期进度检查，对工作模板进行排序，在客户每次对当期工作进行检查之后计算下一部分工作。

第三条为内部会议，团队内部每周或者每月开一次会，总结回顾工作并看是否需要更多的客户访谈、信息和客户资源。

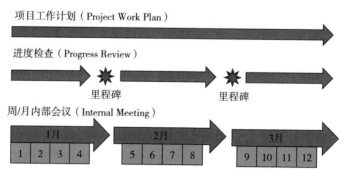

图 5-16　时间表

（五）着手分析

制定工作规划之后，下一步就是着手分析。这一步如何细化取决于项目以及项目成员的专业性，需遵循的原则如下：

产品导向：注重问题的答案而不是分析，否则就是机械地运行数据。

简单原则：快速找到方向正确的解决方案比长时间找到完美的答案更有价值。

二八原则：专注于提供 80% 的解决方案而不是 20% 的分析。使用 80/20 及其他简便的思维方法，别钻牛角尖。

至此我们完成了第五步"着手分析"，关键词是"证据"，即在整个分析过程中，需要证实或者证伪什么。

（六）整合成果

着手分析之后，下一步是整合成果。整合这一步是整个七步流程中难度最高的，很多人有个误区，认为整合等于总结，其实不然。总结是浓缩版的事实重述，整合是从事实到发展再到建议。

麦肯锡整合的工具是金字塔原则（Pyramid Principle），它是一项层次性、结构化的思考和沟通技术。金字塔的结构解释如下：塔尖是中心思想；下一层是一些主要论点；最后一层是次要论点，比如 SCR 框架（序列型论点）、REA 小组（并列型论点）。整个金字塔架构里的东西可以使用构建故事情节的方式呈现给客户。具体如图 5-17 所示。

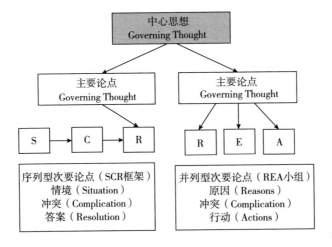

图 5-17 金字塔架构

到此我们就完成了第六步"整合成果"，关键词是"那又如何"，即看到每个成果之后，自己给自己说 so what，分析这些成果对公司或客户有什么影响。

（七）制定建议

着手分析之后，下一步（最后一步）就是制定建议。

客户通常想问的问题是"我要做什么？我该怎么做？"漂亮的整合成果通常不足以对客户产生影响，客户需要我们的方案和建议更具可操作性。因此我们必须制订出一套务实的行动计划并以量身定制的方式与客户沟通，这包括三个要点：一是按照明确顺序制定相关举措；二是确定每个举措后面的明确执行者；三是列出实施这些举措时的关键成功因素和挑战。

在制定建议方面，有四点需要注意：和"问题陈述工作表"一样，建议也需要 SMART；不要等到最后才给建议；最好和客户共同创造建议，这样容易得到他们的认可；确保所有利益相关者都同意我们提出的建议。

这样我们就完成了最后一步"制定建议"，关键词是"解决方案"，即公司或客户应该如何去做。

二、独特实践

解决问题的独特实践有四个要素：构建多重视角，发展发散思维（Expand）；建立外在联系，识别内在关系（Link）；去除糟粕，取其精华（Distill）；多想一步，重想一次（Lead）。这四要素可以区分杰出的解决方案（见图 5-18）。

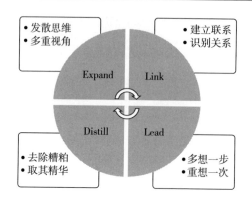

图 5-18　独特实践四要素

（一）发散思维，多重视角

实践一：通过构建多个视角来扩展思维。一切只为增加更多可能性，包括创新的可能性、制定强大假设的可能性。我们从"换位思考"和"微调问题"两方面着手：

首先，把自己放在不同角度来重新定义问题，典型问题包括：如果站在客户、供应商或竞争对手的角度来看，涨价会带来什么变化？其他行业如何看待我现在面临的问题？有什么解决方式？

其次，自己还可以微调问题，典型做法包括：放松给定约束、改变关键要素、执行压力测试。

具体问题如下：如果你的客户收购了其最大的竞争对手，会发生什么变化？如果市场以目前的200%或50%的速度增长，会发生什么？

最简单的方法就是查看PSW中最初的约束条件，然后放松它们。在这方面，情景规划是一个特别有用的工具。

（二）建立联系，识别关系

实践二：以两种不同的方式来识别关系和模式。

（1）寻找方法的不同问题要素：问题、假设、分析、工作要素、发现、答案和建议。如果它们并行相关，是否可分组？如果它们顺序相关，层次结构是什么？

（2）认识到类似的情况或问题。可以通过以下三种方式在解决问题的每个步骤中给予深刻见解：识别问题结构中产生最大影响的元素；挑战典型的思考问题方式；提供潜在的解决方案或创新。

（三）去除糟粕，取其精华

实践三：找到本质，即从复杂的问题中确定核心。

（1）确定关键问题元素。完全删除对结果没有重大影响的议题和问题元素，即便不能彻底删除，也可以根据影响力来关注那些影响最大的问题元素。

（2）评估不同元素的复杂度。从简单问题开始做，完成后有时可以为复杂问题提出一些暗示。

（3）用叙述线来提炼事物本质。如果你着手的任何要素在叙述情节中没有一席之地，那么你需要扪心自问一下为什么。

（四）多想一步，重想一次

实践四：通过再想一次的方式比客户多想一步。

你如果没有领先客户，那么算不上与众不同。但矛盾的是，要保持领先，通常需要验证原有的解决方案。几个常见做法包括：

每天结束和每周结束，花点时间考虑是否能为客户多提供些便利。

时常检查和挑战数据的完整性、分析的严谨性和方案的逻辑性。这种检查不需要特别精确和耗时，一些粗略和数量级的检查就足够了。

对新提的建议进行压力测试，判断它是否符合初始问题定义、整体建议是否符合常识、解决方案在内部和外部约束中是否可行。

三、高效合作

在做项目时，我们所有人都在努力解决问题，在某个时间点可能会遇到一些困难，这时应该和外人合作（不要单打独斗），这些"外人"包括：

团队核心成员。和团队成员开解决问题的会议，基于一个健全的问题框架，听从别人的观点并提出自己的观点，可以锐化个人和集体的思考能力。

客户。在制定建议时，不能仅仅考虑"朋友型客户"（即那些从你的建议中受益的一批人），还要考虑那些因你的建议而失去一些东西的一批人，后者肯定会挑战你的建议及思维，但这最终会促进你观点的改进。

内部资源。如果公司有你项目领域的专家，你也可以听取他们的意见。公司内部资源的一个优势就是他们都愿意提供帮助，因为项目做好了可以提高整个公司的名誉。

外部资源。外部资源可以补充甚至挑战公司内部资源，从而能进一步地解决问题。

拥有开放思维，而不是封闭思维。开放在高效合作中是最关键的。开放各种数据和观点才能够为客户开发真正创新和独特的解决方案。更重要的是，与客户合作也为我们提供了许多好处。

第六章　职业经理人的领导能力

　　什么是领导？关于这一问题，国内外学术界主要存在领导特质理论、领导行为理论和领导权变理论三大观点。领导特质理论主要探讨领导者与非领导者在个人特征上的不同之处，普遍认为领导者在进取心态、领导欲望、正直诚实、自信自强、才学才情等方面与非领导者存在显著差异。领导行为理论主要探究领导行为与领导效果之间的辩证关系，认为采取民主或专制、定规或关怀、业务导向或员工导向等不同的领导行为，领导效果就会存在差异。领导权变理论主要包括费德勒模型、目标—路径理论、领导者—参与模型及情境领导理论等，主要探究领导风格的影响变量。本章结合国内外学术界领导理论的主要观点就职业经理人的领导权力与魅力、领导方式选择、领导思维能力和领导履职能力等方面进行探讨，并从教练技能、授权技能、团队建设三个方面就职业经理人提高领导能力提出了对策建议。

第一节　职业经理人的领导能力概述

一、领导权力与魅力

　　职业经理人领导能力的大小取决于两个方面：一是职业经理人所在职位赋予其权力的大小，二是职业经理人个人领导魅力的大小。一般而言，职位越高，领导权力越大，但并不意味着其领导能力就越大。同样，仅仅只有个人魅力，而没有相应的职位权力，领导能力也没有展现的舞台。因此，职业经理人领导能力是职位权力与个人魅力的有机融合。职业经理人要提高个人的领导能力，既要获取更高的职位权力，也要不断提高个人的领导魅力。

　　1. 职业经理人的领导权力

　　职业经理人的领导权力是一种职位权力、法定权力，是根据公司管理制度而确定的，具有组织性、强制性、层级性、程序性、稳定性等特点。根据职业经理人所处职位的不同，职业经理人在资源配置、工作安排、考核评价、奖励惩罚、人事建议等方面行使相应的权力。职业经理人对待领导权力要有敬畏之心，要谨慎用权、依法用权、公正用权、廉洁用权，切不可以权谋私、以权乱法，切不可将权力看作是经营管理的"灵丹妙药"，包治百病。

（1）资源配置权。职业经理人处于领导岗位，必然具备对相应的人、财、物等资源进行合理化配置的权力，如岗位人员的分配，办公设施、办公用品、办公场地的分配，费用支出、物品采购的审批签字等。

（2）工作安排权。职业经理人可根据部门目标任务、工作性质、人员特点以及时间多少等进行具体的工作安排。如指派某个员工完成相关工作任务，安排员工在哪个时间段完成哪些工作任务，制订部门的年度计划、月计划、周计划，决定是否加班、是否批假等。

（3）考核评价权。职业经理人可根据员工的工作表现和工作业绩进行考核评价，尤其是给予定性评价，如工作表现是好还是不好、工作态度是积极还是消极、工作能力是强还是弱等。一般而言，员工的考核结果都需要经该部门负责人确认后，方可上报至人力资源部门或上级部门。那么，职业经理人对员工的考核评价意见就相当重要。

（4）奖励惩罚权。职业经理人可以直接对员工进行表扬、批评，也可以根据公司制度对员工进行奖励或处罚，还可以建议上级部门或人力资源部门对员工进行表彰奖励或处分处罚。同时，职业经理人对员工的奖励或惩罚更多体现在规章制度之外，如口头表扬或批评、分派不同性质的工作、是否给予外出培训学习的机会、是否向上级举荐等，这些都是职业经理人隐藏的奖励惩罚权力。

（5）人事建议权。职业经理人一般没有直接的人事权力，但具有人事建议权。例如，当部门出现人员缺口时，职业经理人提出聘人计划及要求，对应聘人员给予是否录用的意见或建议；根据员工的现实表现，对员工的考核结论提出意见，给出是否加薪晋级或降级降职的意见和建议；当某个员工不适应岗位要求时，职业经理人可提出辞退该员工的建议，或将其退回人力资源部门。

2. 职业经理人的领导魅力

职业经理人的领导魅力主要指的是在思考问题、处理工作、人际交往等方面所表现出来的对他人的影响力、掌控力、引领力。《孙子兵法·始计篇》说："将者，智、信、仁、勇、严也。"商场如战场，商场上的职业经理人履行领导职能，其领导魅力就体现在"智、信、仁、勇、严"上。

（1）职业经理人要有"智"。无智则不达，有智则不乱。第一，职业经理人要有真才实学，既要有深厚的行业专业知识，又要有广博的人文科技知识；既要有一定的理论知识素养，又要有较高的动手操作能力。第二，职业经理人要睿智聪明、足智多谋，善于出谋划策，有足够的智慧和谋略应对工作生活中所遇到的任何问题和困难。第三，职业经理人要勤于学习、乐于学习、善于学习、终身学习，不断提高知识水平、思维能力，不断提高文化素养、专业水准，不断更新思想理念、技术方法。

（2）职业经理人要有"信"。信以致远、信以行稳。第一，职业经理人要信念坚定、理想远大，以坚定的信念、远大的理想吸引人、影响人、鼓舞人。第二，职业经理人要诚实守信、践信践言，切实承担"信托责任"，忠于职守、诚实履职，以尽忠、尽心、尽力、尽职、尽责的思想自觉和行动自觉开展企业经营管理各项工作。第三，职业经理人要自信自强，既不盲目自大，也不妄自菲薄；既不畏惧强权、迷信权威，也不心无主见、人云亦云。

（3）职业经理人要有"仁"。仁者爱人，仁者无敌。第一，职业经理人对国家社会要"仁"，热爱祖国、忠于祖国、心怀天下、心系百姓，要"修身齐家治国平天下"，要"先天下之忧而忧，后天下之乐而乐"。第二，职业经理人对公司要"仁"，要忠于职守、克己奉公，要勤奋工作、提高业绩，要维护公司利益和良好形象。第三，职业经理人对员工要"仁"，要关心爱护员工，维护员工切身利益，想员工之所想、急员工之所急、解员工之所难，提高员工获得感、安全感和幸福感。

（4）职业经理人要有"勇"。勇者无惧，行者无疆。第一，职业经理人要勇于担当作为，积极主动履行岗位职责，全面提高经营管理各项工作的效率和效果。第二，职业经理人要勇于改革创新，善于应对新挑战、解决新问题、取得新成效，主动攻坚克难、迎难而上、锐意进取、开创工作新局面。第三，职业经理人要勇于面对风险挑战，强化危机意识、底线思维，善于在风险挑战中抢抓机遇、赢得主动。

（5）职业经理人要有"严"。严明公正，廉洁奉公。第一，职业经理人要严以修身，加强人格修养，坚定理想信念，提升道德境界，追求高尚情操，自觉远离低级趣味，自觉抵制歪风邪气。第二，职业经理人要严以用权，坚持"权为民所用"，按照法律法规、公司制度行使权力，把权力关进制度的笼子里，任何时候都不搞特权、不以权谋私。第三，职业经理人要严于律己，做到心存敬畏、手握戒尺，慎独慎微、勤于自省，遵纪守法、廉洁奉公。

二、领导方式选择

领导方式既是职业经理人的领导风格的体现，也是职业经理人领导行为的组合策略。一方面，领导方式取决于职业经理人的个人特质，如性格特征、教育背景、工作经历、心理特征等。另一方面，职业经理人不能仅仅只从自身角度出发，还应充分考虑员工的基本特点和工作的主要性质，根据员工和工作来选择不同的领导方式。领导方式的形成不是被动选择的结果，也不是自然形成的结果，而是职业经理人主动选择、主动作为的结果。

1. 领导方式与领导行为组合

不同的职业经理人会选择不同的领导方式，同一个职业经理人也可以选择不同的领导方式。一般而言，职业经理人的领导方式可以分为四种类型：教练型领导方式、指挥型领导方式、支持型领导方式和授权型领导方式。根据领导行为的性质，可将职业经理人领导行为分为指挥类领导行为和支持类领导行为两种类型。不同的领导方式有着不同的领导行为组合，具体如图6-1所示。

	高支持	低支持
高指挥	Ⅰ 教练型领导方式 领导行为组合：高指挥—高支持	Ⅱ 指挥型领导方式 领导行为组合：高指挥—低支持
低指挥	Ⅲ 支持型领导方式 领导行为组合：低指挥—高支持	Ⅳ 授权型领导方式 领导行为组合：低指挥—低支持

图6-1　领导方式与领导行为组合

（1）教练型领导方式。教练型领导方式的领导行为组合是高指挥—高支持。一方面，指导下属制订详细的工作计划，指挥下属按照既定工作计划完成工作任务，高度控制下属的工作。另一方面，全方位支持下属完成工作任务，包括激发下属工作热情、听取下属意见和建议、提升下属工作技能、纠正下属工作偏差等。教练型领导方式的关键在于职业经理人既要当好"教官"，又要当好"指挥官"；既要提升下属的工作热情和工作能力，又要亲临工作现场进行指挥。

（2）指挥型领导方式。指挥型领导方式的领导行为组合是高指挥—低支持。指挥型领导方式需要职业经理人具有很强的临阵指挥能力，需要职业经理人制定明确的工作目标和详细的工作计划，确保内部成员在思想意识、工作目标、行为动作等方面高度一致，确保下属有较强的执行力，做到"一切行动听指挥"。实施高指挥领导方式的职业经理人就是一名高明的"指挥官"，既善于制订作战计划，又善于指挥战斗。指挥型领导方式的不足之处在于缺少对下属工作的支持，忽视了下属在工作中的合理需求、可行建议和决策参与。

（3）支持型领导方式。支持型领导方式的领导行为组合是低指挥—高支持。

采用支持型领导方式的职业经理人充分鼓励、支持下属的工作，不过多干涉下属工作，引导下属自己发现问题、解决问题，充分考虑下属在工作中的合理需求、可行建议和决策参与，当下属遇到困难时，第一时间予以帮助和解决，对下属的表扬多于批评。支持型领导方式一方面给予下属高度自主的权力，能够充分调动下属工作积极性；另一方面也可能会导致下属因为拥有高度自主的权力而不服从统一指挥。

（4）授权型领导方式。授权型领导方式的领导行为组合是低指挥—低支持。职业经理人采用授权型领导方式就是根据公司制度和岗位要求，授予下属开展工作所需要的"财务权""人事权"和"业务权"。职业经理人不过多干涉下属工作，让下属在工作中根据公司总体部署确定工作目标、制订工作计划、完成工作任务，将决策的权力和解决问题的责任都授予下属。采用授权型领导方式，要注意防止下属出现"缺位"和"越权"的现象，确保下属在授权范围内正确履行工作职责，在不滥用权力的同时保证工作目标得以顺利实现。

2. 员工类型与领导方式选择

每一个员工都是不一样的，同一个员工在不同阶段也是不一样的。根据员工工作能力和工作热情的高低，我们可以将员工分为四种类型：重用型员工、培养型员工、潜力型员工和淘汰型员工，具体如图6-2所示。不同的员工要采用不同的领导方式，同一个员工在不同发展阶段也应当采用不同的领导方式。

	能力高	能力低
热情高	I 重用型员工 高能力—高热情	II 培养型员工 低能力—高热情
热情低	III 潜力型员工 高能力—低热情	IV 淘汰型员工 低能力—低热情

图6-2　员工发展类型

（1）重用型员工：高能力—高热情。有的员工既有较高的工作能力，又有较高的工作热情，这样的员工是业务骨干、中流砥柱，必须得到重用。重用型员工拥有较高的工作能力，工作中希望得到上司的支持和授权。对于重用型员工，职业经理人需要对他们委以重任并持续激励，充分发挥他们的特长，保持他们的工作热情，可以采取支持型领导方式或者授权型领导方式，慎用教练型领导方式和指挥型领导方式。同时，值得注意的是，重用不等于提拔，重用不等于滥用。因而，给重用型员工安排新的工作岗位或委派新的工作任务时，首先要赋予他们新的工作能力和新的工作热情，否则他们的工作能力或工作热情都有可能消退而无法胜任新工作。

（2）培养型员工：低能力—高热情。有的员工虽然有较高的工作热情，但是工作能力较低，这样的员工需要进行大力培养。培养型员工工作能力不高，对工作不够熟悉，缺乏一定的工作技能和相关专业知识，他们渴望学习新知识、新技能，有很强的工作意愿和热情。职业经理人对这样的员工可采用指挥型领导方式或者教练型领导方式，慎用支持型领导方式和授权型领导方式。需要强调的是，对培养型员工一定要加强培养，使他们接受脱岗或在职的专业培训和能力训练，委派他们一定的工作，并注重保持他们的工作热情。如果培养型员工的能力长期得不到提高，那么他们的工作热情也会慢慢消退。

（3）潜力型员工：高能力—低热情。有的员工虽然有较高的工作能力，但是工作热情较低，对于这样的员工，需要发掘他们的工作潜力，提高他们的工作热情。潜力型员工的潜力来自他们本身具有较高的工作能力，只是由于这样或者那样的原因而没有较高的工作热情。对于潜力型员工，职业经理人可采取支持型领导方式或者授权型领导方式，慎用指挥型领导方式和教练型领导方式。职业经理人要找到潜力型员工工作热情不高的真正原因，并有针对性地采取激励措施提高他们的工作热情。如果潜力型员工的工作热情长期得不到提高，影响到的不仅仅是他们自己，还会影响到其他员工和整个团队的工作热情。

（4）淘汰型员工：低能力—低热情。有的员工不但工作能力较低，工作热情也较低，这样的员工如果不能改变工作态度和提高工作能力，就应该坚决予以淘汰。对于淘汰型员工，职业经理人不可采用支持型领导方式和授权型领导方式，如果他们还有挽救的希望，可采用教练型领导方式或指挥型领导方式。

三、领导思维能力

思路决定出路，思维水平决定工作水平。职业经理人能不能正确判断市场竞争和公司发展形势、能不能有效化解公司内外矛盾、能不能顺利推进工作，关键看有没有科学的思维方法。职业经理人应当训练提高战略思维、历史思维、辩证思维、创新思维、底线思维、法治思维等科学的思想方法，运用这些思想方法观察事物、分析问题，不断增强工作的科学性、预见性、主动性和创造性。

1. 战略思维能力

战略思维，就是高瞻远瞩、统揽全局，善于把握事物发展总体趋势和方向的思维方法。职业经理人要树立全局意识，善于从公司全局角度、以长远眼光看问题，从整体上把握公司发展趋势和方向。职业经理人要树立大局意识，善于从公司大局看问题，放眼国际、国内市场，放眼公司未来发展和当前现实。职业经理人要善于观大势、谋大事，把握工作主动权，要将影响公司发展的重点工作、关键工作、长远工作谋划并落实到位。职业经理人要增强战略定力，保持战略的稳定性、持久性，做到"任凭风浪起，稳坐钓鱼船"。职业经理人要提高战略思维能力，一是要视野开阔、胸襟博大，紧跟时代前进步伐，站在战略和全局的高度观察和处理问题，从总体上认识和判断形势，透过纷繁复杂的市场竞争把握公司发展的本质和发展的内在规律。二是要做到既善于抓住重点又善于统筹兼顾，既立足当前又放眼长远，既熟悉国情又把握市场。三是要增强战略定力，在重大原则问题上旗帜鲜明、态度明确，在复杂多变的市场竞争中平心静气、静观其变，在经营管理时冷静观察、谨慎从事、谋定而后动。

2. 历史思维能力

以史为鉴，可以知兴替。历史是最好的教科书。历史思维，就是以史为鉴、知古鉴今，善于运用历史眼光认识发展规律、把握前进方向、指导现实工作的思维方法。人类有人类的历史，国家有国家的历史，公司有公司的历史，个人有个人的历史。"历史、现实、未来是相通的。历史是过去的现实，现实是未来的历史。"职业经理人经营管理企业，要有较强的历史思维能力，做到以史为鉴、知古鉴今。一是要加强历史知识和中华优秀传统文化的学习，深刻总结历史经验、把握历史规律、认清历史趋势，从历史中吸取市场竞争、企业经营管理等方面的宝贵经验，从历史中把握产业发展、行业竞争的基本规律，从历史中把握市场发展、需求变化的基本趋势。二是要加强对公司历史的研究，掌握公司发展历程，总结公司发展经验，在战略规划、文化培育、政策制定与执行等方面尊重公司历史、借鉴公司经验、面向公司未来。三是要向历史人物、前辈学习和借鉴企业经营管理、为人处世等方面的经验教训，提高自身修养，强化工作能力，提升领导水平。

3. 辩证思维能力

辩证思维是一种高级思维活动，它可以对立统一地认识客观事物和反映事物发展的规律。辩证思维，就是承认矛盾、分析矛盾、解决矛盾，善于抓住关键、找准重点、洞察事物发展规律的思维方法。职业经理人要认真学习辩证唯物主义，训练提高辩证思维能力，客观地而不是主观地、发展地而不是静止地、全面地而不是片面地、系统地而不是零散地、普遍联系地而不是孤立割裂地观察事物、分析问题、解决问题，在矛盾双方对立统一的过程中把握事物发展规律，克服极端化、片面化。比如，在分析市场竞争形势时，职业经理人要坚持"两点论"，一分为二地看问题，既要看到国际、国内市场中的需求与机遇，也要看到风险与挑战；在制定公司发展战略时，职业经理人要坚持战略的对立统一，战略上要高瞻远瞩、勇于进取，而战术上要实事求是、稳扎稳打；在开展日常工作时，职业经理人既要抓好重点工作，牵牢"牛鼻子"，又要协调各方面工作，学会"十个手指弹钢琴"。

4. 创新思维能力

"惟创新者进，惟创新者强，惟创新者胜。"创新思维，就是破除迷信、超越过时的陈规，善于因时制宜、知难而进、开拓创新的思维方法。职业经理人提高创新思维能力，就是要有敢为人先的锐气，打破迷信经验、迷信本本、迷信权威的惯性思维，摒弃不合时宜的旧观念，以思想认知的新飞跃打开工作的新局面。职业经理人要有逢山开路、遇河架桥的意志，探索真知、求真务实的态度，要为了创新创造而百折不挠、勇往直前，不断积累经验、取得成果。职业经理人要树立推崇创新、追求创新、以创新为荣的观念和意识，坚持方法创新、观念创新、制度创新、组织创新、战略创新、市场创新、产品创新、技术创新，不断提高自己的创新能力。

5. 底线思维能力

"纷繁世事多元应，击鼓催征稳驭舟。"底线思维，就是客观地设定最低目标、立足最低点、争取最大期望值的思维方法。底线思维不是回避问题、掩盖矛盾，而是强化问题意识、问题导向，客观分析可能出现的最坏情况，对可预见的未来做出科学的安排部署、稳扎稳打、步步为营，不断争取更新、更好、更大的战略利益。职业经理人要善于运用底线思维方法，凡事从坏处准备，努力争取最好的结果，这样才能有备无患、遇事不慌，牢牢把握主动权。职业经理人提高底线思维能力，一方面要居安思危、增强忧患意识，宁可把形势想得更复杂一点，把挑战看得更严峻一些，做好应付最坏局面的思想准备；另一方面要见微知著、未雨绸缪，增强前瞻意识，把工作预案准备得更充分、更周详，做到心中有数、处变不惊。

6. 法治思维能力

"欲知平直，则必准绳；欲知方圆，则必规矩。"法治思维，就是将法律和制度作为判断是非和处理事务的准绳，崇尚法治、尊重制度，善于运用法律和制度手段解决问题和推进工作的思维方法。国家有国家的法律，公司有公司的制度，职业经理人要提高法治思维能力，以法律法规和规章制度为准绳开展经营管理活动。第一，职业经理人要尊崇法治、敬畏制度，坚决维护法律尊严和公司规章制度的严肃性、刚性。第二，职业经理人要学习法律、掌握制度，学会用法律和制度的手段分析解决问题和推进工作。第三，职业经理人要遵纪守法、维护制度，将个人行为和公司行为置于法律法规和规章制度的约束之下。第四，职业经理人要厉行法治、依规办事，处理问题、推进工作绝不僭越法律、破坏规矩。

四、领导履职能力

职业经理人履行岗位职责、提升领导能力，是一个加强理论知识学习的过程，更是一个强化实践锻炼的过程。职业经理人在履行岗位职责过程中，应当注重培养和提升个人把握方向、调查研究、科学决策、应急处突、提高群众工作能力等的能力。

1. 把握方向的能力

只有不偏离方向，才能到达目的地。方向错了，越努力离目标越远。职业经理人履行领导职能，要胸怀大局、把握全局，提高把握政治方向、战略方向和市场方向的能力。

（1）提高把握政治方向的能力，明确国家的政策导向是什么。第一，坚持中国共产党的全面领导和中国特色社会主义制度，在这个问题上决不能有任何迷糊与动摇。第二，职业经理人要不断提高政治敏锐性和政治鉴别力，学会用政治的眼光观察分析形势、把握发展态势，用政治的眼光透过现象看本质，做到眼睛亮、见事早、行动快。第三，职业经理人要自觉加强政治历练，增强政治自制力，提高政治判断力、领悟力和执行力，始终做政治上的"明白人""老实人""受益人"。

（2）提高把握战略方向的能力，明确公司的发展目标是什么。第一，职业经理人要有战略定力，确保公司按照既定的战略目标、战略方向发展，一张蓝图干到底，不偏离航道、不背离初心。第二，职业经理人要有战略执行力，准确认识和把握公司战略意图，坚决执行和落实公司战略安排，努力实现公司战略的阶段性目标和长远目标；职业经理人要胸怀战略大局，考虑问题、推动工作首先从公司战略大局角度进行考虑，将个人、部门的工作安排统一到公司战略大局之中。

（3）提高把握市场方向的能力，明确市场的需求变化是什么。第一，职业经理人要认真调查研究市场需求及其变化，尤其是新时代人们对美好生活的向往所带来的市场新特征、新挑战。第二，职业经理人要主动适应市场需求变化，从产品创新、技术创新、管理创新、服务创新等方面不断满足市场需求。第三，职业经理人要引领市场方向，要培育新需求、开拓新市场、引领新风尚。

2. 调查研究的能力

没有调查，就没有发言权。调查研究是职业经理人履行领导职能的一项基本功。职业经理人要学会调查研究，在调查研究中提高企业经营管理的本领。调查研究是对客观实际情况的调查了解和分析研究，目的是把事情的真相和全貌调查清楚，把问题的本质和规律把握准确，把解决问题的思路和对策研究透彻。

（1）调查研究要"真"。职业经理人要扑下身子真调查，发扬求真务实、真抓实干的作风，扎根基层、深入群众开展调查，坚决杜绝那种浅尝辄止、走马观花式的调查。

（2）调查研究要"实"。职业经理人要注重调查研究的实效，不以规模、时间、调研报告来评价调查研究的好坏，而是看调查研究的实效、调研成果的运用、能不能把问题解决好。

（3）调查研究要"准"。职业经理人调查研究要坚持问题导向，解决实际问题，做到从客观实际出发，透过现象认清本质，在调查研究中提出问题、分析问题、研究问题、解决问题。

（4）调查研究要"勤"。职业经理人要勤于调查研究、乐于调查研究，要多层次、全方位、多渠道地调查了解企业发展的内外情况。

（5）调查研究要"新"。职业经理人要适应新形势、新情况，要善于发现新问题，找出解决问题的新视角、新思路和新对策，要进一步拓展调研渠道、丰富调研手段、创新调研方式。

3. 科学决策的能力

运筹于帷幄之中，决胜于千里之外。职业经理人行使领导职权，要根据企业内外情况不断做出选择、做出决定。"一着不慎，满盘皆输；一着占先，全盘皆活"。科学正确的经营决策能使企业充满活力、兴旺发达，而失败错误的经营决策会使企业陷入被动、濒临险境。

（1）高瞻远瞩的战略眼光。职业经理人要做到科学决策，首先要有战略眼光，看得远、想得深。职业经理人要树立高瞻远瞩、深谋远虑、统揽全局、把握规律的战略思维，要多打大算盘、算大账，少打小算盘、算小账，要善于把公司和部门的工作融入国家经济社会发展大棋局和公司发展总战略。要对国家经济社会发展和公司发展有深入的全局性认知，对公司经营管理过程中各种情势、问题变化发展的趋势和规律有全局性研判，对公司战略目标的实现有全局性、系统性的工作安排。

（2）求真务实的工作作风。职业经理人要做到科学决策，就必须坚持求真务实的工作作风，将决策建立在充分有效地掌握真实情况和客观规律的基础之上。职业经理人要愿意听"真话"、鼓励讲"真话"，积极获取真实情况，要将调查研究作为决策的常态化、制度化的根本方法和基本程序，做到深度调研、综合调研、全面调研，为科学决策提供充分、扎实、有力的支撑。职业经理人要真抓实干、狠抓落实，会干实事、多干实事，将公司经营管理的各项制度和措施落到实处、抓出实效。

（3）民主集中的决策方式。科学决策，一方面要求职业经理人广泛听取意见和建议，另一方面也要求职业经理人敢于拍板、勇于承担。民主决策是科学决策的核心环节，是科学决策的出发点和落脚点。职业经理人要培育和提升民主决策理念，虚心向员工学习，倾听员工呼声，汲取员工智慧，发挥员工作用，杜绝刚愎自用、独断专行。同时，职业经理人也要善于集中各方面意见，勇于承担决策的风险，当机立断、刚毅果决。

4. 应急处突的能力

风险不可避免，挑战无处不在。职业经理人要增强风险意识，做好随时应对各种风险挑战的准备，全面提高应急处突能力。

（1）提高风险研判能力。预判风险是防范风险的前提，也是成本最小、效果最好的应急处突方式。职业经理人要时刻保持风险意识，动态掌握整体情况，精准把控风险规律，全面提高工作的预判力、洞察力。

（2）提高危机预防能力。职业经理人要增强忧患意识，树立底线思维，全面提高危机预防能力，对可能存在的风险进行技术性预防、制度性预防、技能性预防，做到有备无患、遇事不慌，牢牢把握主动权。

（3）提高危机决策能力。危机决策失误不仅会导致应急处突的失利、加剧危机的损失，还容易引发负面影响、降低公信力。职业经理人要全面掌握准确真实的基础信息或实时信息，参考相关部门和工作人员的意见和建议，准确判断风险的性质和等级，在此基础上制订可执行的应急处突方案。

（4）提高应急指挥能力。现场指挥是应急处突的关键，职业经理人要按照应急预案和现场情况，展开"点—线—面"的现场应急指挥。面对突发情况，职业经理人要以最快速度赶赴现场和启动响应，组织力量和配备资源，上报情况和寻求支援，全面保障现场应急处理的指挥统一、运转高效、配合协调、保障有力。

（5）提高危机沟通能力。一旦发生危机事件，职业经理人要通过信息公开、交流互动、广泛动员等方式，加强对内、对外的危机沟通，回应内外关切、稳定内外情绪。职业经理人要积极开展善后处置，善于"转危为机"，于危机中寻找新机会、开拓新局面。

5. 提升群众工作能力的能力

公司发展靠员工。职业经理人全面提高群众工作能力，要牢固树立民本思想和做好员工工作，要坚持从群众中来、到群众中去，坚持向员工学习，维护员工利益，发挥员工作用。

（1）切实维护员工利益。职业经理人要心中装着广大员工，在公司经营管理过程中切实维护员工利益，想员工所想、急员工所急、忧员工所忧、帮员工所盼，努力解决好员工最关心、最直接、最现实的问题，不断增强员工的获得感、幸福感、安全感。

（2）汲取员工智慧力量。广大员工在公司经营管理中积累了无穷的智慧和宝贵的经验，职业经理人要尊重员工的首创精神，虚心向员工学习、向员工请教，工作中要集思广益、群策群力，保持同广大员工的零距离接触、面对面沟通、心贴心交流，真正从员工处汲取智慧和力量。

（3）创新工作方式方法。职业经理人要把握新时代做好员工工作的特点和规律，更新理念、创新方法，不断提高做好员工工作的针对性、实效性。要用广大员工喜闻乐见的形式、简单易懂的方法，将公司战略、规章制度、工作规范等大众化、普及化，从而引导员工、鼓舞员工、团结员工，不断提高员工工作的积极性、主动性和创造性。

第二节　职业经理人的教练技能

培养下属、训练员工是职业经理人的基本职责之一。在公司中，培养下属一般有两种模式：一是培训模式，就是让员工离开工作岗位，在专门的时间和地点邀请专门人员对员工进行公司文化、团队建设、专业技能、思想态度等方面的专门培训。二是教练模式，借鉴体育界教练训练运动员的思路和方式方法，员工不离开工作岗位、不脱离工作职责、不脱离工作绩效考核，上司结合员工的思想状态、工作开展、绩效提高等实际情况和现实需要进行有针对性的辅导和训练，以提高员工的自我发展能力和工作能力。

职业经理人是下属培养和员工培训的策划者、组织者、实施者。然而，在实际工作中，职业经理人往往会忽视自己的"教练员"角色，认为培养下属、训练员工是公司的事情，而不是自己的本职工作。很多公司花费了大量的资金、时间和精力组织员工进行所谓的学习培训，但是员工的工作积极性、工作技能、工作绩效等都没有得到明显改善。据调查研究，员工工作能力的70%是从工作实际中得来的，这些能力绝大部分都是在上司的辅导和训练下获得的。可见，员工工作能力的大小，不取决于他是不是一名合格的"培训班学员"，而取决于员工是不是一名合格的"运动员"，取决于职业经理人是不是一名合格的"教练员"。

一、教练技能的构成

所谓教练技能，就是指职业经理人辅导和训练员工的技术和能力。职业经理人通过对员工实施有目的、有计划的系统化辅导和训练，养成和强化员工的高绩效行为、良好工作习惯和积极工作态度等，纠正和消除员工的低绩效行为、不良工作习惯和消极工作态度等，让员工朝着职业经理人所期望的方向发展。教练技能来自职业经理人的学习成果，即职业经理人学习新的知识和技能后在工作中辅导和训练员工；也可来自职业经理人的实践经验，即职业经理人用自己常年积累的丰富工作经验辅导和训练员工；还可来自职业经理人的感悟和思考，即职业经理人用自己在工作实践中获得的感悟、思考、心得、体会等辅导和训练员工。

构成职业经理人教练技能的基本要素包括示范能力、训练能力、纠正能力、指挥能力、总结能力、激励能力等。

1. 示范能力

俗话说：给人一杯水，自己就必须要有一桶水。职业经理人要想当好"教练员"，自己首先要有较丰富的知识储备和较高的工作技能。同时，职业经理人要从自身出发，为员工树立学习的榜样，确定工作的主要内容、基本流程、评价标准，并且能够为员工进行详细的讲解和示范。

2. 训练能力

提高能力的唯一途径就是反复训练。职业经理人教练的主要工作就是反复训练员工，让员工形成"肌肉记忆"。训练要讲科学、讲规律、讲方法，要循序渐进、逐步提高。第一，职业经理人要制定详细的训练计划和训练大纲，做出周密的安排。第二，职业经理人要按照计划和大纲严格训练员工，要给员工留出足够的时间和训练机会，特别是对那些进步比较慢的员工要反复进行训练。第三，在训练的过程中要将动作示范和要领讲解相结合、连续动作和分解动作相结合、团队训练和自我训练相结合，要注重训练实效。

3. 纠正能力

员工在工作的过程中难免会出现这样或那样的问题，职业经理人就是要找出这些问题，并一一进行纠正。员工出现问题，有主观方面原因，也有客观方面原因，职业经理人要找到员工出现问题的症结所在，对症下药。职业经理人纠正员工，既要指出问题及其产生的原因，又要进行示范和讲解，还要鼓励员工积极改进。

4. 指挥能力

任何一个教练都会通过比赛来提高队员的能力，比赛次数越多、对手越强大、对抗越激烈，能力提高越快。因此，职业经理人要指挥自己的员工参加各种各样的商场竞赛、职场竞赛，指挥员工解决一个又一个的问题。职业经理人要有清晰的战略部署，要有合理的人员调配和阵型布置，要能找到对手的弱点并指挥队员集中火力进行攻击，要把握节奏、整体推进，要鼓舞士气、提高斗志。

5. 总结能力

职业经理人在教练过程中要不断地进行反思总结。既要总结成功的经验，也要反思失败的教训；既要总结员工工作过程中的问题和不足，也要反思自己在教练过程中的问题和不足。反思总结的过程，就是职业经理人自身成长的过程，将反思总结的结果运用到教练之中，才能更好地促进员工的成长和进步。

6. 激励能力

一方面，职业经理人既要当好"教练员"，也要当好"啦啦队员"，能够营造良好的氛围，充分调动员工的积极性和主动性。另一方面，职业经理人还要有较强的自我激励能力。因为在辅导和训练员工的过程中肯定会遇到各种各样的问题和困难，如果职业经理人自己在遇到问题和困难时不能及时地自我调整、自我激励，那么又如何能激励员工呢？

二、教练的三种手段

一般来说，教练有三种基本手段：正强化、负强化和自然消退。正强化，是指当我们希望员工出现某些行为或状态时，就让员工不断重复这种行为或始终保持这种状态，进行正向引导，如认可、赞美、表扬、奖励、加薪、晋升等。负强化，是指当我们不希望或反对员工出现某些行为与状态时，就立刻终止员工的这种行为或状态，并给予一定的批评、警告、惩罚、减薪、降级等。自然消退，是指对员工的某些行为或状态不表明态度，既不进行正强化，也不进行负强化，顺其自然发展，最终导致这种行为或状态逐步减少、消退和消失。员工都会去做受到认可和奖励的事情，而减少或避免做受到反对和惩罚的事情，因而职业经理人要通过正强化促进员工重复或保持我们希望出现的行为和状态，通过负强化减少或消除我们不希望出现的行为和状态。如果我们所希望的行为和状态长期得不到认可和奖励，这种行为或状态就会慢慢减少和消散；如果我们所不希望或反对的行为和状态没有得到及时的批评和处罚，这种行为和状态就会不断出现。

实施正强化或负强化要把握以下几个方面的要点：

（1）明确规则。职业经理人要让员工事先充分明白什么事情是被认可和鼓励的、什么事情是被否定和惩罚的、奖励和惩罚的具体标准是什么。只有明确规则，员工在工作过程中才知道应该做什么事情、不应该做什么事情，员工才会明确付出多大的努力可以得到多大的收获、不付出哪些努力就会受到哪些惩罚。

（2）及时奖惩。对员工的行为和状态，职业经理人要及时表明态度，该支持的要坚决支持，该反对的要坚决反对，对正向行为和状态要及时奖励，对负向行为和状态要及时惩罚。针对不同的行为和状态，要采取不同级别、不同力度的强化方法和措施，但针对同样的行为和状态，强化的级别和力度一定要一样。

（3）充分沟通。职业经理人在实施强化的过程中必须要与员工进行充分的沟通。一是要充分了解员工的认知和期望，即员工对自己的行为和状态是怎么认知的，他对奖励的最低期望是什么、对惩罚的最坏打算是什么，他对奖惩的时间和地点有没有期待等。二是要做好员工的思想工作，特别是当员工的期望和实际情况有很大的差距时，一定要耐心细致地做好员工的思想教育和心理引导工作。

（4）期望合理。职业经理人对员工的期望一定要合理，既不能太高，也不能太低。期望过高、要求太严，员工很难做到就会挫伤积极性；期望过低、要求不严，员工很容易做到就会产生懒惰，特别是会对一些惩罚毫不在乎。

（5）关注结果。职业经理人对员工实施强化就要随时关注员工的工作行为和状态，最终导致职业经理人和员工都只关注工作过程而不太关注工作结果。如果大家都不关注工作结果，就会导致看上去大家都很积极地工作，但最终却没有取得好的结果。因此，职业经理人一定要关注员工的工作结果，对有利于工作结果的行为和状态实施正强化，对不利于工作结果的行为和状态实施负强化。

（6）反复强化。职业经理人不能期待一次奖励或惩罚就能得到想要的结果，员工的行为和状态是反复强化的结果。无论是正强化，还是负强化，都必须反复进行，要深入人心，让每个人的行为和状态都成为一种习惯、一种本能反应，最终形成一种组织文化。

三、教练的四种方法

教练的关键是对下属进行辅导和训练。职业经理人可采用以下四种方法来辅导和训练下属：

1. 我示范，你观察

职业经理人示范工作全过程和动作要领，员工进行观察、学习、模仿和实践。这一方法的关键在于职业经理人能够正确、有效、完整地完成工作任务，为员工提供可供学习和模仿的典范。职业经理人进行示范的目的是让员工进行学习和模仿，而不是代替员工完成相关工作。

2. 我指导，你试做

职业经理人讲解工作任务、工作要求和工作方法，员工照此方法尝试单独完成工作任务。员工在试做过程中，职业经理人要随时加强指导，及时给予下属鼓励，及时进行总结和反馈。

3. 你试做，我指导

员工按照自己的想法开展工作，职业经理人纠正员工在工作中出现的问题，并提供正确的工作方法。在员工工作过程中，职业经理人切忌指手画脚、横加干涉，切忌全盘否定员工的每一项工作，切忌打消员工工作积极性和创造性。

4. 你汇报，我跟踪

职业经理人不具体参与员工的工作过程，而是让员工自己发现问题并解决问题，并将工作结果向职业经理人进行汇报，职业经理人作为一个观察者将自己的观察和评估结果反馈给员工。

四、C5 教练法

C5 教练法是指通过五个步骤改变员工行为的教练方法，字母 C 代表"改变"（Change），数字 5 代表"五个步骤"。C5 教练法认为通过激发员工意愿、确定关键问题、制订行动计划、在行动中改变、评估和反馈五个步骤可以改变一个员工的行为。

1. 激发员工意愿

职业经理人实施辅导和培训的前提是员工有强烈的改变自己行为的意愿。大多数员工都会有这种强烈的意愿，但需要职业经理人去发现、培养、激发。如何才能激发员工的意愿呢？这需要职业经理人熟练掌握各种激励技能（见本节第三部分）。

2. 确定关键问题

职业经理人不可能改变所有员工，也不可能改变员工的所有行为。职业经理人应该解决的是关键员工的问题和员工的关键问题，应该针对工作中的最大短板进行辅导和训练。什么是关键问题？对绩效影响最大的问题就是关键问题，这需要职业经理人有敏锐的洞察力。

3. 制订行动计划

职业经理人实施 C5 教练法，要制订一个详细的行动计划。这个行动计划就是要改变员工什么样的行为、面向哪些人、具体实施步骤是什么、要达到什么样的效果、在什么时间内完成。

4. 在行动中改变

实施 C5 教练法的关键就是让员工在行动中进行改变。形成一个好的行为习惯是一个长期而艰难的过程。因此，职业经理人需要反复对员工进行正强化或负强化，让好的行为习惯成为"肌肉记忆"。员工则需要在行动中不断反思总结，提升在行动中自我改变的主观能动性。

5. 评估和反馈

计划期满，职业经理人一定要对员工的改变情况进行一次全面的评估，将评估的结果反馈给员工，并按照规定进行奖罚。已经达到预期目的的，进入到下一个新的改变过程中；没有达到预期目标的，重新执行 C5 教练法，直到取得预期目标。

第三节 职业经理人的授权技能

为什么有的职业经理人忙忙碌碌，而有的职业经理人闲庭信步？为什么有的职业经理人可以集中精力处理大事、要事，而有的职业经理人只能处理小事、琐事？为什么有的职业经理人能够带出一支优秀的员工队伍，而有的职业经理人却整天为员工的能力和业绩发愁？因为有的职业经理人懂得如何授权给下属，而有的职业经理人却不懂得如何授权。

一、正确认识授权

什么是授权呢？简单来说，授权就是上级授予下级一定的权力自主处理其职责范围的事情或上级委派的工作。为什么需要对下属授权呢？从职业经理人的角度来说，他要将80%的时间和精力放在重大事情上，没有时间也没有必要亲自处理所有的事情。从员工的角度来说，运用一定的权限处理好自己岗位上的事情是他的职责所在，同时也是员工提高工作能力、工作绩效和促进自身成长的必由之路。授权是职业经理人和员工的双向互动，一方面需要职业经理人愿意授予下属权力、善于授予下属权力；另一方面又要求员工愿意接受权力、能够使用好权力，两者缺一不可。

1. 授权的误区

在实际工作中，无论是职业经理人还是员工，对授权都有一定的认知误区。一是认为授权就是放弃权力。这种认知导致职业经理人对员工不管不问，既没有对员工职责范围的界定，也没有具体的工作目标和考核标准。二是认为授权就是让下属承担责任。既然权力都给了你，你就必须承担所有责任，这是职业经理人推卸责任的一种表现。授权的目的是调动员工的积极性和主动性，而不是将责任分担或推卸给下属。无论授予下属什么样的权力，责任始终都应当由职业经理人承担。三是认为授权就是职务代理或者找代言人。有的职业经理人可能分身乏术，于是就临时指定某位下属暂时代理自己的职务处理相关事务，或者指定某人代表自己发号施令。这样的授权只是权宜之计，不是长久之策，并不能真正调动员工的积极性和主动性，反而让员工无所适从。四是认为授权就是职责分工。这种做法的出发点不是工作的整体性、协同性，而是权力的强制性、针对性，可能导致权力的无序分配，致使岗位职责与权力并不真正匹配。五是认为授权就是员工参与决策或征求员工意见。这种做法的结果是决策权还是在上司的手中，而不是在下属的手中。授权的要义在于员工能够进行自主决策，而不是参与决策、发表意见、提出建议。

2. 授权的障碍

职业经理人为什么不能授权呢？其障碍来自上司、下属和自身三个方面。

（1）上司方面的障碍。上司本身就是一个不愿意授权或不懂得如何授权的上司，职业经理人自己的权力就有限，想授权也无权可授。同时，上司不愿意授权或不懂得授权，也会导致职业经理人认为不授权是理所当然，从而形成一种行为和思维的习惯定式。

（2）下属方面的障碍。职业经理人愿意授权给下属，但是下属却不愿意接受权力。下属为什么不愿意接受权力呢？第一，下属不愿担责，认为自己只是一个普通员工，不需要权力，也不想承担责任。第二，下属依赖上司，认为上司可以解决一切问题，自己根本不用操心。第三，下属害怕出错，认为自己不能将事情做好，还不如不要权力。第四，下属害怕多事，他们秉持"多一事不如少一事"的原则，能不做事尽量不做。

（3）自身方面的障碍。上司和下属的障碍是职业经理人不能授权的外因，而内因还是在于职业经理人自身。第一，害怕耽误事情，认为一旦授权，如果下属没有将事情做好，不仅耽误事情，自己还要受牵连。第二，害怕耽误时间，认为有时间授权给下属去做，还不如自己去做。第三，害怕下属威胁，认为下属一旦拥有了权力，就会威胁到自己的地位和损害自己的利益。第四，只想用人而不想培养人，从不锻炼提高下属的工作能力，从不给下属任何机会和挑战，到要用人时却发现没有可以授权的人。第五，凡事都想亲自参与，对下属缺乏必要的信任，习惯于站在员工背后指手画脚。第六，个人性格使然，职业经理人本身可能就是一个权力欲、控制欲、成功欲非常强烈之人。

二、授权基本过程

1. 明确职责

职业经理人对下属进行授权，首先要按照公司制度和岗位需要明确下属的工作职责是什么、不是什么。工作职责一般通过职位说明书的形式进行规定，它是分派工作和授予权力的依据，职业经理人授予下属的权力不能大于也不能小于其职责范围。

2. 分派工作

工作职责根据具体岗位而定，而工作任务则是根据工作目标而定。工作职责是长期性的，工作任务是阶段性的。分派工作，就是职业经理人根据工作总目标明确下属在某个时间段要完成哪些工作任务。第一，职业经理人要设定工作总目标，并进行目标分解确定各项工作任务和制订工作计划。第二，职业经理人要制定工作规范，明确下属在其职责范围完成工作任务的内容、流程和考核标准等事项。第三，除非特殊情况、突发情况，尽量避免临时给下属指派工作，因为临时指派工作一般都意味着强制执行，并不是真正的授权。

3. 授予权力

分派工作的同时，必须给下属授予相应的权力，即完成工作任务所需要的"人事权""财务权"和"业务权"。

（1）人事权。职业经理人的下属有两类：一类是履行管理职能的下属，另一类是不履行管理职能的下属。对于履行管理职能的下属，可授予的"人事权"包括任用或辞退建议权、考核决定权、奖惩决定权或建议权等，不可授予的"人事权"包括任用或辞退决定权、薪资决定权等。对于不履行管理职能的下属，一般不能授予其"人事权"，但有的时候可以授予下属临时调动相关人员的权力，但这种"权力"仅限于通过沟通取得相关人员的配合和支持，而没有任何任用、考核、奖惩等方面的权力。

（2）财务权。职业经理人可向下属授予的"财务权"有三类：一是预算权，职业经理人可在公司总预算和部门预算的范围内授予下属必要的预算权限，如项目资金预算、费用支出预算、管理成本预算等。二是费用支出权，职业经理人应按照公司制定的费用支出相关管理办法授予下属必要的支出权限，特别是要确保下属能自主决定预算内的费用支出。三是业务管理费，职业经理人应当根据公司制度授予下属足够的业务管理权限，如折扣权、返点权、付款方式决定权、付款期限延长权等。

（3）业务权。职业经理人能够授予下属的业务权是在工作职责、工作目标和工作标准确定的前提下，下属对完成工作任务的时间、地点、方式和先后顺序等进行自主选择的权力。其实，下属在实际工作中很难自己决定采用何种工作方式，因为他有很多事情要向上司请示、报告。这就需要职业经理人必须恰当地授予下属必要的人事权和财务权。另外，职业经理人在授权中要加强与下属的沟通，但切忌让下属自己确定工作职责、工作目标和工作标准。

三、授权基本策略

职业经理人向下属授权，要注意权责对等、把握尺度、区别对待、循序渐进、事先沟通 5 个基本原则。同时职业经理人还应该针对不同的事情和不同的人采取不同的授权策略。

1. 因事授权

根据工作的重要性和紧急性，可将工作分为必须授权之事、应该授权之事、可以授权之事、不可授权之事四种类型。职业经理人针对不同性质的事情，应该采取不同的授权策略（见图6-3）。

	紧急	不紧急
重要	Ⅰ 不可授权 特点：重要而紧急的事情 策略：不授权	Ⅱ 可以授权 特点：重要不紧急的事情 策略：选择性授权
不重要	Ⅲ 应该授权 特点：不重要但紧急的事情 策略：选择性授权	Ⅳ 必须授权 特点：不重要不紧急的事情 策略：全部授权

图6-3 职业经理人因事授权策略

（1）不可授权。重要而紧急的事情，如果职业经理人不立刻处理可能会带来严重的不良后果，这样的事情一般不可以授权给下属处理。例如，接待突然造访的重要客户、向总经理紧急汇报工作、危机事件的处理等。职业经理人应该亲自处理这些重要而紧急的事情，而不是不负责任地将这些事推脱给下属。

（2）可以授权。重要但不紧急的事情分为两种情况：一是公司明确规定职业经理人必须亲力亲为的事情，如指定必须参加的会议或活动，直接下级的评价考核和奖励惩罚，财务签字、审批签字、合同签字等，职业经理人不能授权；二是公司没有明确规定职业经理人必须亲力亲为的事情，如撰写工作计划或工作总结、出席某些会议或活动、拜访某些客户等，职业经理人应该选择性地授权，给予下属更多锻炼和成长的机会。

（3）应该授权。不重要但紧急的事情，职业经理人应该将这样的事情授权给下属去处理。职业经理人需要思考和处理的问题是为什么会有这么多不重要而紧急的事情以及如何减少这些事情的发生。职业经理人往往会将紧急的事情当作重要的事情来处理，从而耽误了大量的时间和精力。

（4）必须授权。不重要不紧急的事情，职业经理人必须要将这样的事情授权给下属去处理，特别是对于一些重复性的、简单的工作。职业经理人应该将绝大部分的时间和精力放在处理重大事情、全局性事情、战略性事情之上。

2. 因人授权

根据员工的品德和才能，可将员工分为德才兼备之人、有德无能之人、有才无德之人和无德无能之人四种类型。职业经理人针对不同类型的员工，应该采取不同的授权策略（见图6-4）。

	能力大	能力小
品德高	I　　　　　完全授权 特点：德才兼备 策略：大胆使用，授予全部权力	II　　　　　部分授权 特点：有德无能 策略：培养使用，在其能力范围内授权
品德低	III　　　　　部分不授权 特点：有才无德 策略：限制使用，部分授权，部分不授权	IV　　　　　完全不授权 特点：无德无能 策略：坚决不用，不授予任何权力

图 6-4　职业经理人因人授权策略

（1）完全授权。德才兼备之人，一件事情交给他，他会尽心尽力地做好，不会存在任何风险。对于这样的人，职业经理人应该大胆使用，授予他全部的权力，给他创造广阔的舞台尽情发挥他的才能。

（2）部分授权。有德无能之人，虽然有做好事情的主观愿望，但是能力还不足以独当一面。对于这样的人，职业经理人应该培养使用，在其能力范围内授权，给予他更多的锻炼机会。

（3）部分不授权。有才无德之人，做事情是一把好手，但在道德品质方面却令人不放心。对于这样的人，职业经理人应该限制使用，即一方面要用其长处，授予他一定的做事情所需要的权力；另一方面要对其加以限制和约束，对于某些难以把握的事情不予授权。

（4）完全不授权。无德无能之人，既不会做事，也不会做人。对于这样的人，职业经理人应该坚决不用，不授予任何权力，并将这样的人清理出队伍。

第四节　职业经理人的团队建设

团队是指由两个或两个以上具有共同愿景和共同目标的成员所构成的正式群体。团队成员相互依存、共同负责，拥有共享资源，角色分工明确，不同程度地共同承担风险和共享收益。一个团队必须具备五个基本要素：团队目标、团队成员、角色分工、运行机制和行动方案。

一、团队建设内容

1. 明确的团队目标

万里航行靠舵手，企业发展靠方向，团队成功靠目标。目标是团队存在的前提与基础，没有目标就没有团队。一个团队有各种各样的人、各种各样的角色，大家的教育背景、性格脾气、兴趣爱好、思维方式、能力素质等方面都不相同。如何能让这些人心往一块想、劲往一处使？这就需要"上下同欲"，就是要有一个大家都一致认可的明确的团队目标。只有目标一致、"上下同欲"，才能步调一致、战无不胜。没有目标或目标不明确，团队就难以形成强大的凝聚力和发展力。团队目标要符合 SMART 原则：

S——明确具体（Specific）：团队目标必须是清晰明确、实际具体的，不可模棱两可、虚无缥缈。所谓明确具体，是指清晰而具体地明确什么人、什么时间、什么地点、做什么事情、达到什么要求。

M——可以衡量（Measurable）：团队目标必须要有一个事先确定的衡量标准。这个衡量标准可以是定量的，也可以是定性的。但是，能够定量的时候一定要定量，不好定量时切不可强行定量。定性的目标在一定条件下也可以量化，如满意度、合格率、服务质量评价百分制等。

A——认同接受（Acceptable）：团队目标必须得到团队绝大多数成员的认可和接受。经过充分的目标对话和目标协商，团队成员共同参与制定目标，这样的目标是团队绝大多数成员认可和接受的。通过"下达指标""上报计划""征求意见"等方式制定出来的目标难以被认可和接受。

R——现实可行（Realistic）：团队目标必须是在现实条件下可以实现的。实现团队目标的现实条件，既要看内部环境又要看外部环境，既要看硬件设施又要看人员素质，既要看机遇与挑战又要看优势与短板。同时，目标还需适当高于现实条件，即"跳起来摘桃子"，要有一定的挑战性。

T——时间限制（Timetable）：团队目标必须要有事先确定的时间限制。根据时间的长度，目标可分为短期目标和长期目标。长期目标应当由若干个短期目标组成。短期目标是长期目标的基础，必须统一并服务于长期目标。长期目标的实现必然是由近及远，必须依赖于短期目标的逐一实现。

2. 合理的人员结构

团队目标靠人来实现。团队建设不是"加群""入伙""抓壮丁""拉郎配""拜把子""参加社团"。一个团队，无论人员多少、规模大小，都必须要有一个便于工作高效开展的合理结构。团队人员结构要遵循以下四个基本原则：

（1）志同道合原则。人们都愿意与志趣相投、志同道合的人在一起交往。

大家一般都会选择那些家庭背景、教育经历、社会阅历、工作经验与自己相似的人一起工作，这样大家配合起来会比较默契，有利于更好地沟通交流，有利于形成良好的人际关系。因而，团队成员在理念、愿景、价值观、承诺上要有相似性，要能够志同道合、相互信任、团结一致、凝聚成绳。大家心往一块想、劲往一处使，朝着共同目标一起努力奋斗，才能确保团队成功。

（2）优势互补原则。团队成员的知识、技能、性格的同质化会造成个人贡献雷同、缺乏新的见解和新的资源，造成组织的发展潜力相对较小、团队效率相对较低。因此，团队成员要发挥各自的优势，相互补充，形成合力，在知识、能力、经历、资源、技能等方面形成优势互补。只有形成优势互补，才能确保团队作用的最大化，才能确保取得"1+1>2"的效果。

（3）规模适当原则。团队毕竟不是一个集团，并不是"韩信点兵，多多益善"。因此，团队规模要适当，成员数量要适量，基本满足工作需要即可。人员越多，管理难度就越大。如果人员数量达到一定规模，就必须要划分成若干个子团队或者实现部门化、层级化管理。

（4）动态平衡原则。一个团队能否正常运转、能够运转多久、能否发展壮大，关键就是看这个团队的权责利机制是否科学合理、相互制衡。有多大的权力，就要有多大的责任；享受什么样的利益，就要承担相应的责任。权力与权力之间要相互制约，责任与责任之间要相互监督，利益与利益之间要相对均衡。不能有绝对的权力，也不能有无利益的责任，同样也不能只享受利益而不承担责任。

3. 清晰的角色分工

团队中的每一个人都是独特的，每一个角色都是重要的，我们要承认并尊重团队角色差异，要用人之长、容人之短。没有完美的个人，只有完美的团队，合作才能弥补个人的不足，合作才能发挥团队的最大优势。

调查研究表明，团队中一般存在八种不同的角色：实干者、协调者、推进者、创新者、信息者、监督者、凝聚者、完善者。团队成员的角色分工是在长期的工作合作中形成的，随着团队的逐步成熟，团队角色分工越来越明确和清晰。

（1）实干者。他们有较为丰富的工作经验，对待工作总是勤勤恳恳、任劳任怨，对工作和对自己都有较高的要求，有较强的自我约束能力。但是，他们大多缺乏一定的灵活性，缺乏激情和想象力，也没有太多的意见和建议。

（2）协调者。他们能够虚心听取和接受他人对工作的意见和建议，具有较强的沟通协调能力，对待事情、处理问题能够保持公正的立场和态度。但是，由于他们注重人际关系而容易忽视组织目标。

（3）推进者。他们思维敏捷、思路开阔、充满活力，考虑问题较为全面，不满足于现状，勇于挑战，善于克服困难和改进工作流程。但是，他们在团队中往往表现得争强好胜，容易冲动和急躁，人际关系一般。

（4）创新者。他们具有鲜明的个性，思想比较深刻，才华横溢，对很多问题的看法都与众不同，有独特的见解，考虑问题不拘一格，思维活跃。但是，他们不太注重细节和人际关系的处理，较为随意，率性而为。

（5）信息者。他们性格外向，有较强的人际交往和沟通能力，对人、对事总是充满热情，好奇心强，愿意不断探索新鲜事物，勇于接受各种新挑战，与外界联系广泛，各方面的消息都很灵通。但是，他们往往会给人一种不太踏实、不太安全的感觉。

（6）监督者。他们头脑清醒，处理问题理智客观、坚持原则，对人、对事实事求是、客观公正，善于观察团队成员的行为和团队活动过程。但是，他们给人的感觉总是很严肃，缺乏亲和力。

（7）凝聚者。他们擅长人际交往，为人友善，对周围环境和人群有较强的适应能力，言行举止以团队为导向，能够很好地促进团队成员的相互合作。但是，他们可能在危急时刻显得优柔寡断，过分注重人际关系。

（8）完善者。他们做事情勤奋努力，为人处世认真踏实，对待工作力求完美、注重细节，并能持之以恒、坚持到底。但是，他们往往会求全责备，过分注重细节，是一个理想主义者。

4. 高效的运行机制

运行机制是指团队生存和发展的内在机能及其运行方式，是引导和制约团队决策、团队活动的基本准则及相应的制度。一个团队必须要有一个步调一致、运转正常、协调高效的运行机制。

（1）利益机制。利益，是维系团队的纽带。团队利益分配必须做到公平公正。但是，团队成立和团队活动又不能以谋求单纯的局部利益、个人利益、眼前利益为前提，而应以价值创造为前提。首先，为团队创造价值，就是每一个团队成员都积极工作，努力为团队创造价值，让团队的蛋糕越来越大，而不是要让每一个人或某一个人从这个蛋糕中分到最大的那份蛋糕；其次，为团队服务对象创造价值，这样才能确保团队的蛋糕越做越大；最后，为社会创造价值，不断进行技术创新、管理创新、产品创新、服务创新、承担社会责任、履行企业义务，促进社会发展进步。

（2）沟通机制。沟通，是团队决策和团队协作的前提和基础。职业经理人要建立健全团队沟通机制，确保沟通畅通无阻、快速高效。第一，职业经理人要以身作则，放下面子、扑下身子，真心实意、诚心诚意，带头营造健康、积极的沟通氛围，杜绝"高高在上""自以为是""自我中心"等沟通障碍。第二，营造良好的团队氛围，团队公平公正、团结互助、诚信友善，坚持以人为本，相互尊重、相互体贴、互帮互助、互信互赢。第三，缩短沟通链条，加快信息在团队内部的传播速度和反馈速度，确保信息有效传递。第四，拓展沟通渠道，建立全方位、全过程的向上沟通渠道、向下沟通渠道和水平沟通渠道，促使团队成员相互之间积极主动沟通。

（3）决策机制。决策，确保团队选择最优方案，实现团队目标。在团队决策中，职业经理人要敢于决策、善于决策，但也要贯彻落实"三重一大"制度，即重大事项决策、重要干部任免、重要项目安排、大额资金的使用，必须经集体讨论做出决定。决策机制的建立，一方面要确保决策的科学、高效，既能从众多可行方案中选择最优方案，又能迅速抓住机遇机会，不贻误战机；另一方面也要确保团队成员的和谐稳定，充分尊重团队成员的意见，不因决策过程和决策结果而影响团队成员的积极性和凝聚力。

（4）协作机制。协作，是团队取得"1+1>2"效果的关键。团队成员通过合理分工，明确各自的职责和任务，发挥各自所长，通过密切配合、互助互补以达到团队最大产出。第一，分工要明确。根据团队整体情况和目标任务，分配给每个成员不同的任务，充分发挥每个成员的特长和优势。第二，沟通要及时。团队每个成员能够通过正式及非正式的形式及时与他人进行沟通，了解他人需要，明确问题、互通有无，在沟通交流中开展工作。第三，信任要充分。团队成员能够以个人良好品质和专业技能赢得他人的信任和尊重，能够以开放的心态对待合作者，懂得欣赏他人、信任他人。第四，集体利益为重。团队成员能够为团队目标而尽心竭力、甘于奉献，不计较个人利益得失，以团队整体利益为重，有强烈的集体荣誉感、归属感。

（5）激励机制。团队激励是指激发团队成员的工作动机，全面提高团队成员工作的积极性和创造性，使团队成员更加努力地完成团队任务、实现团队目标。个人需求由低到高分为生理需求、安全需求、社会需求、尊重需求与自我实现需求五个层次，个人需求是动态变化和逐层上升的，当较低层次的需求得到满足后，较高层次的需求会更加强烈。同样，一种激励措施不可能对所有人都有效果，也不可能对同一个人的所有需求都有效果。因此，不同的人要采取不同的激励措施，当个人需求发生变化的时候激励措施也要随之改变。另外，个人需求也是可以培育的。职业经理人应当不断培育并满足团队成员更高层次的需求，以不断提高团队成员工作的积极性、主动性和创造性。职业经理人可根据团队成员的不同需求，采取兴趣激励、荣誉激励、危机激励、沟通激励、目标激励、奖励激励等激励措施。

（6）成长机制。团队成长是指团队及其成员在认识、能力、业绩、地位、荣誉等方面的提高，但归根结底是团队能力和素质的提高。建立学习型团队，在学习和训练中提高团队能力和素质，是团队成长的有效机制。团队学习促使信息和知识在团队内自由流动、充分共享，促进团队成员相互沟通和交流思想，促进团队成员寻求共识和统一行动。职业经理人要培育和营造团队的学习环境和学习氛围，设计和构建团队学习的机制和规则，充分调动和发挥团队全体成员学习的自觉性和积极性，以形成有机的、充满活力的、可持续发展的团队。

5. 可行的行动方案

行动方案是指团队为了顺利实现团队目标，确保团队正常运行、高效运转和持续发展，对团队各项工作做出具体详细的安排布置。可行的行动方案是团队目标得以实现的基础，也是团队运行的基本依据。

（1）认可确认。行动方案必须是团队全体成员共同认可，并进行书面确认的。团队成员认可这个行动方案，才会围绕方案开展各项工作，才能充分发挥各自积极性、主动性和创造性，按照要求完成各项工作任务，从而确保团队目标的实现。经过书面确认的行动方案，就不允许随意更改，具有法定约束力。

（2）责任到人。任何方案最终必须依靠人来落实，任何目标也必须依靠人来实现。因此，在行动方案中要明确每个团队成员的工作及其责任的具体内容，不可模棱两可、模糊不清。责任到人，不是为了撇清关系或推卸责任，而是确保人人有事可做、人人都能发挥作用，确保人人都明确各自的工作和责任，从而更好地与团队其他成员进行沟通交流和团结协作。

（3）统一标准。在行动方案中，必须制定统一的工作标准。这个标准是团队成员事先约定和共同认可的，它既是大家开展工作的依据，也是进行工作考核的依据。

（4）限定时间。团队目标的实现有明确的时间限定，那么行动方案就应该据此制定详细的工作时间表，对各项工作做出具体的时间安排。没有时间限定的行动方案，不是科学可行的行动方案，也不可能确保团队目标得以实现。

二、团队建设策略

团队建设是一个复杂的过程，受到公司文化与制度、管理体制与机制、个人特质与期望等诸多因素的影响与限制。团队建设不是简单地将一部分人组合在一起，而是要以科学的方法与策略形成共识、凝聚人心、激发力量，以促使每一个团队成员为共同目标而努力奋斗。职业经理人建设团队可采取人情导向、角色导向、目标导向和共识导向基本策略。

1. 人情导向策略

人情导向策略，是指在团队建设过程中注重人际关系的建立与维护，促进团队成员的人际交往和情感交融，促进团队成员相互了解、相互信任、团结合作。

（1）找到"自己人"。团队建设首先要找到一批志向兴趣相合、资源技能互补、乐于付出奉献的"自己人"。"自己人"不是小团体，不是"私人圈子"，不是"团团伙伙"，更不是排挤压制其他团队成员。"自己人"注重的是从人际关系角度增进团队成员的沟通交流，促进团队成员的信任团结，以提高团队整体向心力、凝聚力和战斗力。

（2）培养"自己人"。职业经理人要强化"教练"职能，通过加强对团队成员在思想认知、工作技能、团队合作等方面的指导、培训和反复训练，源源不断地培养为实现团队目标而努力工作的"自己人"。

（3）重用"自己人"。职业经理人要知人善用，将团队成员安排在合适的工作岗位上。每一个人都有其独特价值，职业经理人要充分发挥每一个团队成员的独特价值，坚持任人唯贤、德才兼备，人岗匹配、人尽其才，用当其时、用其所长，坚持能者上、庸者下、劣者汰，形成良好的用人导向和制度环境。

（4）留住"自己人"。职业经理人要建立健全人才政策，完善感情留人、事业留人、待遇留人、环境留人的体制机制。职业经理人要完善人才管理制度，做到人才为本、信任人才、尊重人才、善待人才、包容人才、激活人才。职业经理人要完善"授权"机制，根据工作需要充分授予团队成员应有的"权力"，给予团队成员更广阔、更自由、更自主的发展空间。

2. 角色导向策略

角色导向策略，是指在团队建设过程中注重团队成员的角色定位与角色管理，促进团队成员正确认识自己的角色，充分发挥自己的角色作用，准确识别他人的角色并积极开展角色合作。

（1）角色定位。每一个团队成员都能准确认知和定位自己的团队角色，这是团队角色管理的前提。团队角色的定位不同于组织角色的确定，它不是由上级领导任命产生的，也不受岗位职责的限制，它根据团队成员的性格秉性、兴趣爱好、优势特长等个人具体情况而自然形成。

（2）角色分工。不同团队成员的角色定位应当是各不相同的，大家分工明确、职责清晰。一般而言，拥有的角色种类越多、角色分工越细，团队就会越活跃，团队资源会越丰富，但管理难度也会越大。

（3）角色合作。团队成员不仅要准确认知和定位自己的团队角色，还要清楚团队其他成员的角色定位，并在工作分工的基础上团结协作、相互补充，共同完成团队任务、实现团队目标。

3. 目标导向策略

目标导向策略，是指在团队建设过程中强化目标管理，通过深度目标会谈、达成目标共识、目标逐层分解、强化目标考核等手段加强团队建设管理。目标管理是一种参与式、民主式、自我控制式的管理方法，它将个人需求和团队目标相结合，能够充分调动团队成员的主动性、创造性和积极性，激励团队成员为实现团队共同目标而努力。

（1）目标深度会谈。团队目标管理，首先要进行深度会谈，充分了解每一个团队成员的个人目标，充分了解团队的近期目标、中期目标和长远目标。只有通过深度会谈，才能在团队目标和个人目标之间找到切入点和平衡点，才能为达成团队目标共识打下基础。

（2）目标达成共识。一个团队必须要有一个每个成员都认可并愿意为之努力的共同目标。这就要求团队成员将个人目标融入团队整体目标之中，甚至放弃、牺牲个人目标。反之，团队的建设管理也要兼顾个人目标。因此，团队目标的制定，是一个共同参与制定的过程，也是一个统一认识、统一标准、统一行动的过程。

（3）目标逐层分解。团队总体目标确定以后，要将目标进行自上而下的层层分解，分解后的目标总和要大于或等于总体目标。目标分解是一个明确工作任务的过程，团队成员在各自的目标层面开展工作，通过协作机制的建立和完善实现"1+1>2"的效果。

（4）强化目标考核。目标管理的关键就是要按照既定的统一指标或评价标准来考核团队成员完成工作目标和执行工作标准的情况，并根据考核结果给予相应的奖励或处罚。

4. 共识导向策略

共识导向策略，是指在团队建设过程中注重对团队成员共同思想认知、共同理想信念、共同价值追求等方面的建设与管理。

（1）树立坚定的理想信念。理想信念，是精神上的"钙"，是团队及团队成员战胜风险挑战、行稳致远的精神支柱。职业经理人以共识为导向建设管理团队，最大、最好、最稳定的共识就是共同的理想信念。第一，团队成员因共同的理想信念而走到一起。这个理想信念一定是伟大的、远大的，其超越了个人利益、局部利益、眼前利益，对团队成员有着强大而深远的激励作用和约束作用。第二，每一个团队成员都能为了理想信念而拼搏奋斗，勇于战胜一切艰难险阻，甘于默默奉献、不计回报，勤于开拓创新、积极进取。第三，职业经理人要当好团队成员理想信念的领航员和教练员，帮助团队成员树立坚定的理想信念并为之拼搏奋斗。

（2）培育强大的团队精神。团队精神，是一个团队的灵魂，是团队成员大局意识、协作精神和服务精神的集中体现。职业经理人要培育强大的团队精神，充分发挥团队精神的目标导向作用，促使团队成员齐心协力、团结一致，朝着一个目标努力。职业经理人要充分发挥团队精神的凝心聚力作用，进一步增强团队成员的使命感、归属感和认同感，产生强大的凝聚力。职业经理人要充分发挥团队精神的激励鼓舞作用，促使每一个团队成员自觉地向团队中最优秀的成员看齐，通过团队成员的良性竞争激发工作的积极性、主动性和创造性。职业经理人要充分发挥团队精神的约束控制作用，通过团队内部所形成的观念、氛围和习惯的影响来约束、规范、控制团队成员的个人行为。

（3）坚持正确的价值理念。价值理念，是人们关于什么是价值、怎样评判价值、如何创造价值等问题的根本观点，它表现为人们的价值取向、价值追求和价值目标。职业经理人在团队建设过程中，要帮助团队及个人树立正确的价值理念。一是要培育和践行社会主义核心价值观，坚持公民价值准则——爱国、敬业、诚信、友善，坚持社会价值取向——自由、平等、公正、法治，实现国家价值目标——富强、民主、文明、和谐。二是要牢固树立和自觉践行新发展理念，崇尚创新、注重协调、倡导绿色、厚植开放、推进共享，促进团队成为更高质量、更有效率、更加公平、更可持续发展的队伍。三是要坚持价值创造理念，坚持个人为团队创造价值、团队为公司为社会创造价值的理想，强化公司责任担当和义务履行，促进社会进步发展。

（4）强化命运共同体理念。一个团队就是一个命运共同体。职业经理人在团队建设过程中要强化命运共同体理念。团队不是某一个人的，团队成员处在一个命运共同体之中，大家团结协作、共享收益、共担风险。实现团队目标，需要整个团队的共同努力，而不是依靠某个"超级英雄""美国队长"的个人表演，团队成员要分工协作、平等相待、相互依存、休戚与共。

三、团队冲突管理

团队成员在性格秉性、价值观念、行为方式、利益诉求等方面都存在一定的差异性，团队冲突不可避免。团队冲突可分为破坏性冲突和建设性冲突。破坏性冲突导致团队"内耗""内卷"，影响团队的团结合作和士气，对团队目标的实现产生破坏性影响。建设性冲突是团队建设和管理的润滑剂和催化剂，它能促进团队成员的有序竞争、团队改革创新，更有利于团队目标的实现。

1. 团队冲突管理要点

职业经理人要构建团队冲突预警机制，尤其是对破坏性冲突要做到第一时间发现、第一时间处理。

（1）建立健全沟通机制。绝大部分的冲突是由于沟通不畅所引起的。有效的沟通不仅是团队成员信息的交流反馈，更是团队成员思想认识、情感态度的交流和交融，它能促使团队成员在思想认识、情感态度、行为方式等方面达成高度一致。反之，如果团队成员没有沟通或者沟通无效，就会产生隔阂、分歧、误解而引起团队"内耗""内卷"，或导致冲突升级、建设性冲突演变为破坏性冲突。因此，职业经理人在团队中要建立健全沟通机制，营造良好的沟通氛围，确保团队成员的沟通能够及时、有效。

（2）建立健全信息系统。冲突不可能在突然之间爆发，它必然有一个变化发展的过程，一定会有一些苗头性、倾向性、标志性事件的发生。职业经理人应当要建立健全信息系统，及时、准确掌握团队及成员在思想、工作、生活等方面的第一手信息，及时、准确地将目标任务、资源条件、职责分工、时间安排等团队信息传递给团队成员，发现问题及时妥善处理。

（3）确保公开公平公正。很多冲突是因为团队成员感觉不公开、不公平而产生的。因此，职业经理人思考问题、处理工作要做到公开公平公正，杜绝独断专行、徇私舞弊、偏袒偏护情况的发生，要积极消除误会、偏见、猜忌等不良情绪，提高满意度和公平感，营造公开公平公正的团队氛围。

（4）强化思想教育引导。很多冲突是因为团队成员思想认识不到位而产生的。因此，职业经理人要强化对团队成员思想认识的教育和引导，提高团队成员思想认识水平和心理承受能力，促使团队成员相互理解、相互宽容，主动化解分歧和误会，自觉避免破坏性冲突，适当强化建设性冲突。

2. 构建建设性团队冲突

当团队出现运转不畅、绩效不高、懒散拖拉、人浮于事等问题时，职业经理人应当引入建设性团队冲突，提高团队成员竞争意识、危机意识、合作精神、积极态度，增强团队凝聚力、协作力和创新力。

（1）定期审视团队。很多团队往往会沉溺、陶醉于以往的经验判断和惯性思维中，而漠视市场和环境的变化。职业经理人要定期审视团队内部发展变化和外部环境变化，审视团队与环境是否相适应、是否能够应对环境变化所带来的挑战。职业经理人要确保团队始终充满活力，始终能够应对各种风险和挑战。

（2）增强危机意识。生于忧患，死于安乐。职业经理人要增强团队危机意识、忧患意识和责任意识，不能安于现状、止步不前，不能自我满足、自我陶醉。职业经理人要带领团队建立风险预警机制，提高风险防范处置能力，于危机中寻求新机、开创新局。

（3）鼓励竞争合作。团队目标的实现，既离不开合作，也离不开竞争。一方面，职业经理人要鼓励团队成员在竞争中合作。因为没有竞争，合作就是"一潭死水"，没有活力；另一方面，职业经理人要鼓励团队成员在合作中竞争。因为没有合作，竞争就是"内耗"，就会产生破坏性影响。

（4）适度外部引入。职业经理人要适度从外部引进"新鲜血液"，主动制造"鲶鱼效应"，刺激增强团队成员的竞争意识、危机意识，营造"你追我赶""不甘落后"的竞争氛围。外部"新鲜血液"会带来新思想、新理念、新方法、新技术，可以推动团队的知识创新、技能创新、管理创新和服务创新。

（5）合理授权管理。在构建建设性团队冲突中，职业经理人要学会授权管理、乐于授权管理、善于授权管理。职业经理人要特别注重授权团队成员处理一些挑战性、创新性的工作，给他们搭建更大的舞台，以充分发挥他们各方面的才能，全面提升他们的工作的积极性、主动性和创造性。

第五节　小结

什么是领导？领导能力由哪些要素构成？国内外学术界都没有形成统一的结论。本章认为职业经理人的领导能力是职位权力与个人魅力的有机融合。职业经理人要提高个人的领导能力，既要获取更高的职位权力，也要不断提高个人的领导魅力。领导方式的选择，是职业经理人依据个人特质，充分考虑员工的基本特点和工作的主要性质，主动选择、主动作为的结果。新时代职业经理人要提高战略思维、历史思维、辩证思维、创新思维、底线思维、法治思维六种思维能力，提高把握方向、调查研究、科学决策、应急处突、群众工作五种履职能力。职业经理人是下属培养和员工培训的策划者、组织者和实施者，要具备教练的示范、训练、纠正、指挥、总结、激励六种能力，灵活运用教练的三种手段，掌握教练的四种方法，把握实施教练的五个步骤。职业经理人要善于授权，针对不同的事情和不同的人采取不同的授权策略，既要因事授权，也要因人授权。职业经理人要提高团队建设能力，明确团队建设五个方面的主要内容，掌握人情导向、角色导向、目标导向和共识导向四个团队建设的基本策略，正确认识和处理团队冲突。

思考题

1. 辩证来看，领导权力和领导魅力是怎样的关系？职业经理人应如何协调统一个人的领导权力和领导魅力？
2. 请结合所学知识思考职业经理人可训练提高员工的哪些知识和技能。
3. 结合授权基本过程和策略，谈谈职业经理人该如何提高授权的效率。
4. 结合团队建设内容和团队建设策略，谈谈职业经理人在团队建设中该如何加强团队精神建设。

第七章　职业经理人的组织能力

第一节　制定标准

　　无规矩不成方圆，缺乏标准的企业运作起来特别费劲。企业中的事情，可以分为两大类：一种是周期性、经常性、例行性的事情，如员工招聘、生产计划、质量检验等；另一种是特殊性、非例行性的事情，如建房子、电脑化等。职业经理人必须先把前一种任务尽快标准化，以利于组织正常运作，之后再集中精力处理特殊性的任务。许多企业未能将例行性任务进行规范化、标准化，从而占用了管理人员大量的心力，下属无所适从，企业大大小小的事情都要报告，导致效率不佳。制定标准的具体技能主要包括判别需要标准化的项目、工作分析、作业研究、评估与制定合理标准、形成书面材料以及展开标准化培训。

一、判别标准化项目的能力

　　标准是"对活动或其结果规定共同和重复使用的规则、导则或特征的文件"。因此，我们说需要标准化的项目的基本属性是重复性事物。什么是重复性事物？是指同一事物反复出现多次。例如，成批大量生产的产品在生产过程中的重复投入、加工、检验；同一类技术活动（如某零件的设计）在不同地点、不同对象身上同时或相继发生；某一种概念、方法、符号、标识被人们反复应用等。

　　职业经理人应具有准确的判断能力，对于企业的种种事务，要分辨出哪些是例行性事务、哪些是非例行性事务，企业的工作80%或者更多都是例行性事务，不论是招聘、培训、生产、采购、物流、仓储，还是开拓市场、服务客户；不论是各种例会，还是专题会；不论是老板主持，还是员工主持……一个企业的性质决定了它的多数工作都是有章可循的。只要花一些时间把自己企业的例行工作流程化，也就是用流程图表示，让新人一看就懂或者一教就会，就可以大大提高新员工培训的效率。老员工按流程办事，就可以大大减少扯皮推诿、减少请示报告。企业搞研发、做决策，这些看似复杂的工作也可以流程化。工作关系就是流程关系，比如说研发工作，一定是从市场调查收集信息开始，然后进行创意碰撞，接着立项论证、设计方案、方案评审、进入试制、样品评审、征求客户意见，最后进行产品定型、组织批量生产……几乎所有工作之间都有其内在的逻辑及先后顺序。

二、工作分析的能力

工作分析（Job Analysis），也叫职位分析或岗位分析，具体而言，就是对组织中某个特定工作岗位的目的、任务或职责、权力、隶属关系、工作条件、任职资格等相关信息进行收集与分析，以便对该岗位的工作做出明确规定，并确定完成该岗位工作所需要的行为、条件、人员的过程。工作分析的结果是形成工作描述与工作说明书。工作分析中主要涉及如下一些常见术语：

要素：工作活动中不能再分解的最小动作单位。

任务：为达到某一明确目的所从事的一系列活动的要素组合。

职责：组织要求的在特定岗位上需要完成的一个或多个任务。

职位：即岗位，是组织要求个体完成的若干相互联系的职责的集合。

职务：即工作，是由组织上一组主要职责相似的职位所组成。

职业：在不同组织、不同时间内工作性质类似的职务的总和。

工作分析通常包括两方面内容：一是关于工作岗位的内容分析，包括工作性质、工作内容、工作所规定的责任以及工作条件和环境说明等，对这些因素的系统表达，通常称之为工作描述（Job Descriptions）；二是关于工作岗位对员工的要求分析，主要是指从事该项工作的员工的素质、技术水平、独立完成工作的能力以及在工作中的自主权程度等，对这些因素的系统表达，通常称之为工作说明书（Job Specifications）。

在进行工作分析时，通常按照以下的步骤进行：

（1）明确工作分析的目的。

（2）确定需要进行分析的职位，并选择有代表性的职位。

（3）收集各种与职位有关的信息和资料，这包括一些背景资料，如现有的组织结构图、流程图，原有的岗位说明书等。

（4）分析收集到的各种资料。

（5）形成初步的岗位说明书。

（6）将初步形成的岗位说明书让大家讨论，收集大家的反馈意见。

（7）在反馈的基础上，对岗位说明书进行修正，形成比较正式和完善的岗位说明书。

获取工作分析信息的方法有许多种，常见的方法主要有观察法、访谈法、关键事件法、工作条件法、能力需求量表法、职位分析问卷法等，在实践中，这些方法往往是综合使用的。

三、作业研究的能力

作业研究是指运用系统分析的方法把工作中不合理、不经济、混乱的因素排除掉，寻求更好、更经济、更容易的工作方法，以提高系统的生产率，其基本目标是避免浪费，包括时间、人力、物料、资金等多种形式的浪费。职业经理人应当具有工作研究的能力，在既定的工作条件下，不依靠增加投资，不增加工人劳动强度，通过有效组合生产要素、优化作业过程、改进操作方法、整顿现场秩序等，消除各种浪费，节约时间和资源，从而提高产出效率、增加效益、提高生产率。

四、评估与制定合理标准的能力

要使标准化活动过程和程序更加规范化、科学化、系统化，从而确保标准化活动进行得正常有序，职业经理人应当具有评估与制定合理标准的能力，保证标准具有战略一致性、可操作性、客观性、可衡量性，且能将量化标准与非量化标准有效结合。

（一）使评估标准具有战略一致性

评估工作是组织控制系统工作的一部分，因此，评估标准应该围绕着实现组织的整体发展战略入手，通过对关键成功要素的层层分解，分别找出各层次上的评估标准。

1. 评估标准与组织发展战略要一致

组织的战略目标是组织发展的总方向，战略目标的实现需要全体员工的共同努力。因此，确定评估标准时，首先确定组织的发展战略并找出促成或影响组织成功的关键要素。

2. 组织战略目标要逐层分解

各个部门或团队的工作职责和要求是各自不同的，它们对实现组织战略目标的贡献也是不同的。因此，必须根据各个部门或团队的特点对战略目标进行逐层分解，确定符合各个部门或团队各自特点的目标，然后根据目标来确定各个部门或团队的评估标准。

3. 评估标准要符合岗位特点

组织的战略目标最终是由每个岗位的工作来实现的，因此，要对部门或团队的战略目标进行进一步分解来制订各岗位的工作计划书，然后以此为基础确定评估标准。

（二）使评估标准具有可操作性

确定评估标准时要考虑本公司搜集、分析与评价有关信息的能力。如果由于信息技术以及技术人员的能力有限，无法得到与评估标准相关的信息，那么这样的评估标准是没有可操作性的，评估工作也就无法达到预期目标。要想避免这种情况的发生、确保评估标准具有可操作性，以下几点在确定评估标准时应该引起职业经理人的重视：

1. 判断公司信息收集和分析能力

确定评估标准时，要考虑是否与公司跟踪和报告有关评估标准各类信息的能力相符合。公司的管理信息系统是否完善，即公司在收集信息和分析方面的能力将制约评估标准的确定。如果公司不能收集到相关的信息，那么此项评估标准就是无效的。

2. 分析相关人员的素质

确定的评估标准要与公司技术人员和管理人员的能力和素质相符合。人员素质的高低直接关系到评估工作能否取得预期的效果。对不合适的标准要进行修改，如果某一项标准与公司的评估能力不相符，就应该对该项评估标准进行修改。但是，如果该标准的实现与否对于公司的战略目标能否实现非常重要，那么就必须首先发展本公司在评估该标准上的能力，进行员工培训或购买必要的设备。只有制定的评估标准具有可操作性，评估工作才能够顺利地展开，并且取得预期的效果。因此，在制定评估标准时，确保评估标准具有可操作性是非常重要的。

（三）使评估标准具有客观性

评估标准的客观性是指依据此评估标准可以客观、公正地反映被评估者的实际情况，避免受个人主观臆断的影响。客观的评估标准对于评估工作的圆满完成非常重要。那么，怎样才能确保评估标准具有客观性呢？

1. 确定评估标准要坚持客观、公正的原则

尽可能地采用可验证的资料作为依据来确定评估标准。资料的真实和充分是评估标准具有客观性的前提和基础。

2. 定量评估标准和定性评估标准相结合

定量的评估标准可以用来对硬技能进行评估，定性的评估标准一般是对软技能进行评估。定量的评估标准和定性的评估标准并不矛盾，二者是可以结合使用的。在一个完整的评估体系中，既要有定量的评估标准，也要有定性的评估标准，二者有各自的侧重点。对于硬技能比较突出的岗位，定量评估标准在整个评估体系中的比重应该大一些；而对于那些软技能比较突出的岗位，定性的评估标准在整个评估体系中的比重应该大一些。

（四）使评估标准能被组织成员所接受

评估标准如果得到评估者和被评估者的共同认可，双方就会积极参与评估，评估工作就会顺利进行。那么，怎样才能使评估标准得到评估者和被评估者的共

同认可呢?

1. 评估者和被评估者共同协商来确定评估标准

管理人员与员工都应该同意该标准确实公平合理。员工认为这是自己参与制定的标准,自己应该达到这个标准,在评估工作中就会积极配合。

2. 评估标准要以职位说明书与工作规范为依据

职位说明书与工作规范是对员工工作职责的正式要求,因此在确定评估标准时要以此为依据。根据职位说明书与工作规范来确定评估标准是容易被评估对象所接受的。

3. 评估标准要经过调整并逐步完善

评估标准的确定工作往往要经历设计、试运行、调整、再次试运行等一系列的过程。评估标准要得到大家的认可,试运行和调整是必不可少的过程,这样逐步调整得到的评估标准更能被接受。在这个过程中,职业经理人和员工的沟通是很重要的。员工如果参与评估标准的制定,就不会对评估工作产生抵触情绪,反而会积极配合评估工作。因为这样制定出来的评估标准是容易被员工认可和接受的,这将会给评估工作的顺利展开打下良好的基础。

(五)使评估标准具有可衡量性

评估标准的可衡量性是指评估标准要具体明确、绝不含糊。这样可能和中国传统的理念、哲学思想、做事方法不一致,但是具体明确的评估标准比含糊笼统的评估标准更容易操作、更客观。评估标准的可衡量性可以在很大程度上减少评估过程中的主观倾向性。

1. 评估标准要尽可能具体

越具体的标准越容易衡量和控制。因此,要尽可能地把评估项目分解成可度量的、具体的指标。具体和详细的评估指标将会使整个评估工作顺利地达到预期目标。

2. 评估标准的描述要用精确的语言

评估标准的描述语言最好不要用形容词、副词,因为形容词、副词对不同的人有不同的意义。如果在评估标准中出现过多的形容词、副词容易出现理解上的偏差,从而导致评估的结果与实际情况不一致。

3. 评估标准尽可能简单而有意义

确定评估标准的时候,能用简单的标准就尽量避免采用很复杂、很模糊的评估标准,因为简单的标准易于理解和执行。同时,尽量使评估标准明确而不含糊,尽可能避免由于标准的含糊而导致评估主体和被评估者对评估标准出现不同的理解。

(六)平衡评估标准中的量化标准和非量化标准

任何一个组织的评估标准往往都包括各类量化标准,尤其是财务方面的指标，这些是与组织的盈利目标直接相关的、重要的评估标准。但是，量化标准不是唯一的评估标准，非量化标准也被广泛使用。

组织通过对评估量化标准的控制，其战略目标能够得到最直接的实现。但是，评估的量化标准侧重于考察过去的绩效，关注短期绩效，因而忽视了有利于组织长期发展的项目。非量化评估标准强调对于创新、学习能力、团队工作的有效性等方面的评估。但是，非量化评估标准不如量化标准易于对比和理解，评估结果可能会带有一定的主观性。要做到两种评估标准的协调一致，应该注意以下几点：

（1）量化标准和非量化标准都要与组织的战略目标相一致。组织的战略目标是制定评估标准的总方向，无论制定哪种评估标准，都要符合组织的战略目标。

（2）根据工作性质确定量化标准与非量化标准的比例。对于工作性质比较简单、易于操作和控制的岗位，其评估标准中量化标准的比重要大一些；而对于那些工作比较复杂、自主性较强的岗位，其评估标准中非量化标准的比重要大一些。

（3）量化标准与非量化标准互为补充，形成一个完整的体系，从而使被评估者得到全面评估。在一个评估标准体系中，不可能只有量化评估标准而没有非量化评估标准，也不可能只有非量化评估标准而没有量化评估标准，二者缺一不可。

（4）量化评估标准与非量化评估标准的结合使用，可以全面地对评估对象进行考核，更好地发挥评估工作的作用。因此，在一个完整的评估指标体系中，既要有量化评估标准，也要有非量化评估标准，二者应该互为补充。

五、形成书面材料的能力

在制定了科学的标准之后，职业经理人需要用书面将之确定下来，这是管理规范化的一个表现。对评估标准加以书面化以后，不会引起疑虑和争论，而且有利于目标检查和工作考核，此外，还便于对评估标准进行修订。评估标准书面化，一定要落实到专人专项，最好让下属自己将最终确定的评估标准进行整理，做出两份正式的书面材料，一份留给自己，作为后续的工作参照，另一份交给部门经理，以此对员工的工作进行检查。

六、展开标准化培训的能力

企业标准化是一项企业全员参加的工作，职业经理人将标准书面化之后，就必须对企业全员进行标准化培训，使企业全体员工意识到标准化的重要性，增强员工的认同感。使大家从被动地、盲目地、消极地、潜意识地开展标准化工作，变为主动地、自觉地、积极地、有意识地开展标准化工作。培训方法有讲授法、视听技术法、讨论法、案例研讨法、角色扮演法、自学法、互动小组法、网络培训法、场景还原法等。

第二节　成果管制

组织为了呈现有效的结果，不仅要有良好的决策，也需要执行的能力，在此期间，如何有效地管制质量、成本、进度与服务水平，有赖于职业经理人的高级技能。管制太多，处处绊手绊脚，士气低落、效率不高；管制不足，容易出现漏洞，成本提高，质量不保。一般而言，成果管制的能力主要体现为分辨该管与不该管的事、注重事前及事中控制、注重提升下属自主管理能力，其工具主要包含QC 老七大工具和 QC 新七大工具。

一、成果管制的具体技能

（一）分辨该管与不该管的事

古往今来，许多出色的经理人都是"大权独揽、小权分散"。用一句通俗的话说就是："该管的管，不该管的就让别人去管。"有些公司，经理人在时，大家就很努力；经理人不在时，这些人立刻就精神懒散，什么工作都停滞不前。在这种环境下，团体的力量就无法发挥。一个经理人能处理的工作量有限，即使再能干，顶多也只能做三倍的工作。所以，聪明的经理人应该尽量将工作适当地分配，这样一来，即使他不在公司，工作也能顺利进行。

1. 经理人要专注于"计划性"工作

经理人把事情交给下属，并不代表责任没有了，他还是要时常注意工作进展的。管理者将一些简单的工作交由下属处理，自己则必须在思考新企划案、改善现况方面下功夫，也就是说，要做一些"计划性"的工作。如果经理人整天忙于手头工作，而无法对将来做计划，那么什么事也做不好。所以，担任管理者的第一步就是必须先做整体考虑，然后再采取相应对策。

2. 经理人要善于使用分权术

善于使用分权术的经理人，才能腾出时间和精力去想全局、抓大事，才能创造出最佳的业绩。当然，如何授权也是很有讲究的。要根据下属的品德和才能授权，不要给下属一些鸡毛蒜皮的小权；要明确所授权限的范围，不要把授权当作推卸责任的挡箭牌；要定事定时授权，不可越级授权等。这一谋略不仅是所有经理人必须掌握和运用好的，也是所有从事商业经营的人必须从中悟出的经验，否则你将会从中失利。

一个优秀的经理人，就是一艘船的舵手和风帆，应该有运筹帷幄、决胜千里的大气和风范。如果为了一些琐碎小事而影响了整个团队的前进，实在是有些得不偿失。老子讲究"无为而治"，在这里"无为"应该理解为放权给下属，解放自己的精力和时间，不该管的事别管，去做一个决策者应该做的事情。这才是经理人的最高境界。

（二）注重事前及事中管理

单纯的事后处置存在严重的危害。首先，因为缺乏事中管理，生产下游环节无法及时向上游反馈整改意见。其次，因为上游环节间缺乏详细的标准，造成各部门间相互扯皮，影响凝聚力，大大降低了生产效率。再次，员工的质量意识、警惕性下降，造成质量事故频发。最后，严重的质量事故会影响信誉，造成严重经济损失。既然事前控制和事中控制如此重要，那如何提高事前控制和事中控制的执行力呢？

1. 从上到下应当有很强的全程质量管理意识

一般管理者都明白全程质量管理的重要性，但为什么在实际操作中容易疏忽过程控制呢？原因基本是追求一时的经济效益，放弃了对质量的控制。决策者一句"不出大问题就行，要力保本月产量"的话，就会立刻把好不容易培养起来的质量观念击垮。殊不知，决策者的错误决定会导致"失之毫厘，谬以千里"。这种决定是中层管理者和员工无论如何努力都无法改变的。可见决策者观念在质量管理中的作用有多重要。决策者有了全程质量管理意识，还要让中层和一般员工形成良好的全程质量管理意识。每个下游环节员工就是上游环节的质量监督员，出现质量问题要及时反馈给上游，杜绝不合格产品从自己手中流入下个生产环节。

2. 每个环节都制定详细的质量管理标准

从产品开发、工艺流程设计到原材料采购，从第一道工序到产品生产出来，从装箱到运输，每个环节必须制定详细的、可控制的管理标准。事前控制的重点放在产品开发和标准制定上。技术和标准一旦出现失误会给质量管理带来很大麻烦，因此应当从根本上尽量减少质量事故、降低质量管理难度。事中控制主要指从原料进厂到产品完工期间，按照工艺标准进行质量监督的过程，也是质量管理的核心工作。事中控制要求严格检查、及时反馈、及时整改。事后控制的重点是确保每个产品合格并把不合格产品及时反馈给制造部门进行返工。

3. 用业绩考核改变不利局面

之所以出现"重结果轻过程"现象的根本原因是质量工作没有真正与个人收入挂钩。业绩考核应当与个人收入挂钩，考核是质量管理的杠杆，不能放弃了对制造部门员工质量的考核。只考核制造部门人员的产量而不考核质量是绝对不行的。经理人应当根据实际状况制定制造部门人员的产量和质量权重系数，进行双重考核。如果缺乏中间制造环节的质量考核，势必把质量问题都丢给最后一个环节的品质部门。不但造成资源浪费，而且造成部门间的不和谐。

4. 客户和员工是最好的质量改善者

客户是产品质量的裁判，应当及时对客户反馈的意见进行调查和整改。客户的不满是企业改进的方向，提高客户的满意度和忠诚度是企业长盛不衰的法宝。员工是产品质量的一线情报员，他们熟悉制造环节的每一个细节，调动他们的积极性和主动性是改善质量的关键措施。

（三）注重提升下属自主管理能力

一个好的经理人，不一定所有事都手把手地教，他向下属传授的主要是一种思维、一种理念。"自己的事情自己做，不要依靠别人""这点小事儿不要请示我，你有权做主""放心大胆地做吧，做错了算我的"。因为他明白，不能怕员工出错，有了错要让他知道什么是对的；不要怕他独立工作埋没了领导的成就，员工的"功劳"是领导的；员工越独立，领导就越省心，工作也越轻松。

1. 告诉他应该做什么

制定职位说明书，说明岗位的基本情况、工作内容、职责、任职条件等。但很多企业的职位说明书对工作内容的描述模糊不清，员工拿到职位说明书后根本不知道做什么。所以，对于职位描述，必须做到以下几点：不需要人教导，任何一位新人拿到岗位说明书都知道做什么；在职位说明书中不要出现形容词，而要用数字；职位说明书不是三五条，而是三五十条，要非常具体和详细。

2. 告诉他做好的标准是什么

在职位说明书中，应针对职位描述设定关键绩效指标与考核标准，明确指出做好工作的重点是什么、标准是什么。不仅让他知道做什么，而且要知道最终做好的结果是什么。在设立评估标准时，一定要数字化、量化。

3. 训练他怎样才能做好

管理者就是训练者，承担着培养和开发下属潜能最直接的责任。下属了解该做什么以及做好的标准或结果后，管理者还应该针对如何达到标准，对下属进行有计划、系统性的训练。

4. 放手让他去做

经过前面三个步骤的准备工作，下属已经知道了该做什么、做好的标准以及达到标准的知识技能，接下来管理者就要放手让他去做，让他在实践中成熟和获得提升，真正达到自己顺利离场的目的。

5. 反复训练，直到你可以离场

放手让下属去做，在做的过程中不断纠正和训练，使他真正能胜任该岗位。通过在实际岗位上反复训练，使他掌握知识和技能。而衡量这一步的标准就是：即使你不在现场进行指导和监控，他仍然能达到你的要求，这时你就可以离场了。值得注意的是，在初期进行"离场管理"时，一定要在掌控范围内进行。

二、成果管制的主要工具

（一）QC 老七大工具[①]

1. 检查表

（1）概念。检查表法是利用统计表来进行数据整理和粗略原因分析的一种方法，也叫调查表法或统计分析表法。检查表法是最基本的质量原因分析方法，也是最常用的方法。

检查表用于多种目的，是一种预先设计的适当的规格用纸，以便于数据简单记录、提取及整理，且能够对检查、确认项目进行毫无遗漏的核对、检查。因此，设计合适的检查表可以将必要的数据整理归纳出来，收集情报并且有条不紊地对需检查确认的项目进行毫无遗漏的核对。

利用检查表可以迅速地将烦琐数据记录在纸上，方便地知道问题是什么、缺陷集中在什么地方，另外在作直方图、帕累托图时也经常使用检查表。需要注意的是，检查表必须针对具体的产品，需要设计出专用的检查表进行调查和分析。

（2）常用类型。缺陷位置检查表：若要对产品各个部位的缺陷情况进行检查，可将产品的草图或展开图画在检查表上，当某种缺陷发生时，可采用不同的符号或颜色在发生缺陷的部位上标出。示例如表 7-1 所示。

表 7-1　缺陷位置检查表（汽车车身检查）

名称			尘粒	日期	
代号		调查项目	流漆	检查者	
工序名称	喷漆		色斑	制表者	

（简图位置）

△尘粒
×流漆
●色斑

不良项目检查表：不良项目检查表用于检查产品质量发生了哪些不良情况及其各种不良情况的比率大小。示例如表 7-2 所示。

表 7-2　不良项目检查表（柴油机一次组装不合格检查）

名称	柴油机	项目数	7	日期	××××年 1~12 月
代号		不良件数	208 台	检查人	
工段名称	总装工段	检查数	310 台	制表人	

---

① 韩福荣. 现代质量管理（第四版）［M］. 北京：机械工业出版社，2018.

续表

返修项目名称	频数	小计	占返修活比率（%）
汽缸内径椭圆度超差		72	34.6
进水管漏水		46	22.1
凸轮轴超差		30	14.5
检爆阀座漏水		24	11.5
出水管漏水		12	5.8
栽丝漏水		10	3.8
其他		14	7.7
总计		208	100

2. 分层法

（1）概念。在实际工作中经常可发现产品质量因人、机、料、法、环、检测等不同时，会有差异存在。当不合格产品产生时，很可能是其中的一种因素有问题，如数据未能适当分层，往往在调查上浪费了大量的人力、物力、时间，有时甚至最终还是无法寻找到真正的原因。在收集数据时以个别特性加以分类、统计，这种方法就称为层别法（或分层法）。

（2）分层依据如下：

人员：可按年龄、工级和性别等分层。

机器：可按设备类型、新旧程度、不同的生产线、工具类型分层。

材料：可按产地、批号、制造厂、规格、成分等分层。

方法：可按不同的工艺要求、操作参数、操作方法、生产速度分层。

环境：可按照明度、清洁度、温度、湿度等分层。

测量：可按测量设备、测量方法、测量人员、取样方法、环境条件等分层。

时间：可按不同的班次、日期等分层。

其他：可按地区、使用条件、缺陷部位、缺陷内容等分层。

（3）本书列举了 3 个例子，具体如表 7-3、表 7-4、表 7-5 所示。

不合格项目：缸体与缸盖之间漏油 N＝50（套）。调查情况：三个操作者的操作方法不同；汽缸垫由两个制造厂提供。

表 7-3　按操作者分层

王师傅	6	13	32
李师傅	3	9	25
张师傅	10	9	53
共计	19	31	38

表7-4　按生产厂家分层

生产厂家	漏油	不漏油	漏油率（%）
A厂	9	14	39
B厂	10	17	37
共计	19	31	38

表7-5　按两种因素交叉分层

操作者		漏油情况	汽缸垫		合计
			A厂	B厂	
操作者	王师傅	漏油	6	0	6
		不漏油	2	11	13
	李师傅	漏油	0	3	3
		不漏油	5	4	9
	张师傅	漏油	3	7	10
		不漏油	7	2	9
合计		漏油	9	10	19
		不漏油	14	17	31
共计			23	27	50

如表7-5所示，按操作者和生产厂家两种因素交叉分层时，当操作者为王师傅且由A厂生产时，出现漏油情况；当操作者为李师傅且由B厂生产时，出现漏油情况；当操作者为张师傅时，A厂和B厂生产都会出现漏油情况。

3. 散布图

散布图也叫相关图，它是通过分析研究两种因素数据的关系，来控制影响产品质量的相关因素的一种有效方法。具体由一个纵坐标、一个横坐标、很多散布的点子组成。

（1）具体步骤为：①收集成对的数据（X_1，Y_1）、（X_2，Y_2）……整理成数据表。②找出X，Y的最大值与最小值。③以X与Y的最大值及最小值建立X-Y坐标，并决定适当的刻度便于绘点。④将数据依次画于坐标上，两组数据重复时用⊙表示，三组数据重复时用×表示。⑤判断（分析点子云的分布状况，确定是何种相关关系）。

（2）注意事项为：①是否有异常点，有异常点时不可任意删除，除非异常原因已确实得到掌握。②数据的获得常因操作者、方法、材料、设备或时间等的不同，使数据的关联性受到扭曲，应注意数据的分层。③散布图若与原有技术、

经验不相符时，应追查原因与结果是否受到其他因素干涉。

4. 直方图

（1）概念。直方图（Histogram）法就是从总体中随机抽取样本，对从样本中获得的数据进行整理，从而根据这些数据找出数据变化的规律，以便预测工序质量的好坏，估算工序不合格品率的一种方法。直方图是质量管理的常用工具。

（2）作用：①展示出用表格难以说明的大量数据。②显示了各种数值出现的相对频率。③揭示了数据的中心、散布及形状。④推断出数据的潜在分布。⑤为预测过程提供有用信息。⑥可以发现"过程是否能够满足顾客的要求"。

（3）直方图的绘制。本书通过示例对直方图的绘制加以说明。已知车削某零件外圆尺寸为 $\varphi_0^{+0.035}$ mm，为调查车削某零件外圆尺寸的分布情况，从加工过程中取 100 个零件，测得尺寸 φ_0^{+x} mm 的 x 值如表 7-6 所示。

表 7-6 直方图原始数据　　　　　单位：μm

25.10	25.17	25.22	25.22	25.10	25.11	25.19	25.32	25.43	25.25
25.27	25.36	25.06	25.41	25.12	25.15	25.21	25.36	25.29	25.24
25.29	25.23	25.23	25.23	25.19	25.28	25.43	25.38	25.18	25.34
25.20	25.14	25.12	25.34	25.26	25.30	25.32	25.26	25.23	25.20
25.35	25.23	25.26	25.25	25.23	25.22	25.02	25.30	25.22	25.14
25.33	25.10	25.42	25.24	25.30	25.26	25.26	25.35	25.40	25.28
25.25	25.15	25.20	25.19	25.26	25.22	25.22	25.42	25.40	25.28
25.31	25.45	25.24	25.22	25.26	25.19	25.19	25.29	25.22	25.13
25.18	25.27	25.11	25.19	25.31	25.27	25.29	25.28	25.19	25.21

直方图的绘制步骤如下：

求极差 R。原始数据中最大值 x_{max} 和最小值 x_{min} 的差值，即极差。

确定分组的组数和组距。一组数据分多少个子组，通常根据该组数据的数量多少而定，具体可参考表 7-7。

表 7-7 数据数量与分组数对应表

数据个数	分组数 K
50~100	6~10
100~250	7~12
250 以上	10~20

确定分组数 K 后，确定组距 h 的公式如下：

$$h = \frac{R}{K} = \frac{x_{max} - x_{min}}{K}$$

确定各组界限。先从第一组起，第一组的上下界限值为 $x_{min} \pm (h/2)$；第二组的上界限值就是第一组的下界限值，第二组下界限值加上组距就是第二组上界限值。以此类推，即可确定各组的组界。为了避免一个数据可能同时属于两个组，通常规定各组的区间为左开右闭。

作频数分布表。统计各组的数据个数，即频数 f。

画直方图。横坐标表示质量特性，纵坐标表示频数（或频率），在横轴上标明各组组界，以组距为底，频数为高，画出一系列直方柱，就得到直方图。

在直方图的空白区域记上有关数据的资料，如收集数据的时间、数据个数 n、平均值（$\bar{x}$、标准偏差 S 等。

（4）直方图的使用。直方图的常见类型如图 7-1 所示。

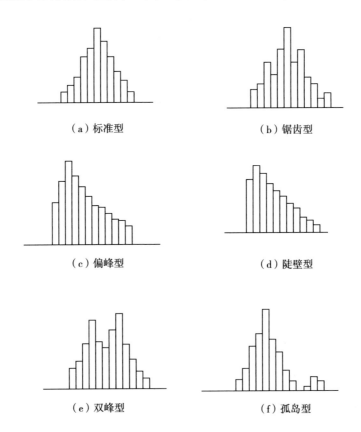

（a）标准型　　　　　　　　　（b）锯齿型

（c）偏峰型　　　　　　　　　（d）陡壁型

（e）双峰型　　　　　　　　　（f）孤岛型

图 7-1　直方图的常见类型

标准型：左右对称，这是正常情况下的形状。

锯齿型：数据分组过多或测量读数错误。

偏峰型：产品尺寸由于单侧公差，会对操作者的心理产生影响。

陡壁型：工序能力不足，进行了全数检验后的形状。

双峰型：均值相差较大的两种分布混在一起。

孤岛型：数据中混有另一分布的少量数据。

直方图与公差的比较。加工零件时，若有公差规定，应将公差限用两条直线在直方图上表示出来，并与直方图的分布进行比较。图 7-2 所示的是直方图与公差之间关系的五种典型情况，评价总体时可予以参考。

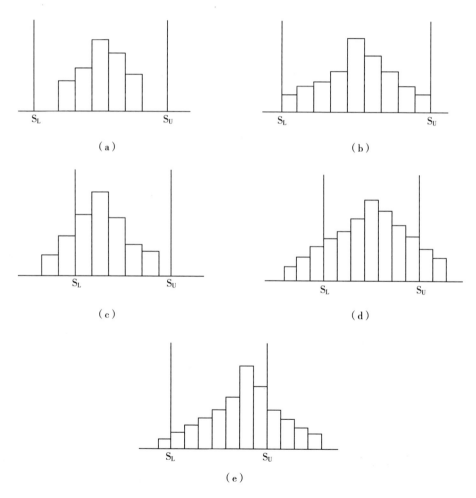

图 7-2　直方图与公差之间的关系

图 7-2（a）所示的情况不需要调整，因为直方图充分满足公差要求。

图 7-2（b）所示的情况能满足公差要求，但不充分。这种情况下，最好略微减少一些波动。

图 7-2（c）所示的情况必须采取措施，使平均值接近公差中心。

图 7-2（d）所示的情况要求采取措施，以减少波动。

图 7-2（e）所示的情况要同时采取以上两种措施，既要使平均值接近公差中心，又要减少波动。

5. 控制图

（1）概念。控制图是对过程质量特性值进行测定、记录及评估，从而检查过程是否处于控制状态的一种用统计方法设计的图。利用它可以区分质量波动究竟是由随机因素还是系统因素造成的。

（2）作用：①能及时发现生产过程中的异常现象和缓慢变异，预防不合格品发生，从而降低生产费用，提高生产效率。②能有效地分析判断生产过程生产质量的稳定性，从而降低检验、测试费用，包括通过供货方制造过程中有效的控制图记录证据，购买方可免除进货检验，同时仍能在较高程度上保证进货质量。③可查明设备和工艺手段的实际精度，以做出正确的技术决定。④为确立科学合理的生产目标和规格界限奠定了基础，也为改变不符合经济性的规格标准提供了依据。⑤使生产成本和质量成为可预测的参数，并能以较快的速度和较高的准确性测量出系统误差的影响程度，从而使同一生产批次内产品之间的质量差别减至最小，以评价、保证和提高产品质量。⑥最终可以保证产品质量，提高经济效益。

（3）分类。根据控制图控制的数据性质不同，控制图可以分为计量控制图和计数控制图。根据应用的样本统计量不同，计量控制图和计数控制图又分为几种不同类型，具体如表 7-8 所示。

表 7-8　控制图分类

常规控制图	计量值控制图	均值（$\overline{X}$）与极差（R）控制图	
		均值（$\overline{X}$）与标准差（S）控制图	
		单值（X）与移动极差（R_S）控制图	
		中位数（$\widetilde{X}$）与极差（R）控制图	
	计数值控制图	计件值控制图	不合格品率（p）控制图
			不合格品数（np）控制图
		计点值控制图	不合格数（c）控制图
			单位产品不合格数（u）控制图

根据控制图的用途和应用场合不同，控制图分为分析用控制图和管理用控制图。分析用控制图是在对生产过程控制之初，在对过程稳定与否未知的情况下，收集几组数据绘制而成的，主要目的在于判定过程稳定与否以及是否存在异常因素。当过程稳定且能满足技术要求时，将分析用控制图的控制界限作为控制标准，将分析用控制图转化为管理用控制图，延长控制界限，对过程进行日常监控，以便及时预警。

（4）具体步骤如下：①选择控制图拟控制的质量特性，如重量、不合格品数等。②选用合适的控制图种类。③确定样本容量和抽样间隔。④收集并记录至少 20~25 组样本的数据，或使用以前所记录的数据。⑤计算各组样本的统计量，如样本平均值、样本极差、样本标准差等。⑥计算各组统计量的控制界限。⑦画控制图并标出各样本的统计量。⑧研究控制线以外的点子和控制线内排列有缺陷的点子。⑨查找异常（特殊）状态的原因并采取措施。

6. 柏拉图

（1）概念。根据所搜集之数据，按不良原因、不良状况、不良发生位置等不同区分标准，以寻求占最大比率之原因、状况或位置的一种图形。1897 年，意大利学者柏拉图分析社会经济结构，发现绝大多数财富掌握在极少数人手里，这一发现被称为"柏拉图法则"。美国质量专家朱兰博士将其应用到品管上，创出了"Vital Few，Trivial Many"（重要的少数，琐细的多数）的名词，称为"柏拉图原理"。

（2）作用：①降低不良的依据；②决定改善目标，找出问题点；③可以确认改善的效果。

（3）柏拉图的绘制步骤如下：①确定所要调查的问题和收集数据。②设计一张数据记录表，将数据填入其中，并计算合计栏。③制作排列图数据表，表中列有各项不合格数、累计不合格数、各项不合格所占百分比以及累计百分比。④两根纵轴和一根横轴，左边纵轴，标上件数（频数）的刻度，最大刻度为总件数（总频数）；右边纵轴，标上比率（频率）的刻度，最大刻度为100%；横轴上将频数从大到小依次列出。⑤在横轴上按频数大小画出矩形，矩形的高度代表各不合格项频数的大小。⑥在每个直方柱右侧上方标上累计值、描点，用实线连接，画出累计频数折线（帕累托曲线）。

7. 因果图

（1）概念。所谓因果图（Cause and Effect Diagram），是一种分析质量特性（结果）与影响质量特性的因素（原因）之间关系的图。其形状如鱼刺，故又称鱼刺图（Fishbone Diagram）。通过对影响质量特性的因素进行全面、系统的观察和分析，可以找出这些因素与质量特性之间的因果关系，最终找出解决问题的办法。

（2）因果图的结构如图 7-3 所示。

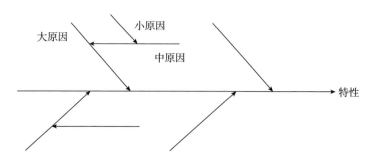

图 7-3　因果图的结构

（3）绘制步骤。绘制因果分析图最一般的方法是"大枝展开法"，这种方法是从大枝到中枝、中枝到小枝，按此顺序提出各种要因，这样往往可以将各种因素限制在预先确定的框架内，容易形成小而整齐的因果图。因果分析图的具体绘制一般按照下述步骤进行：①明确问题特性（结果）。②由左向右画一条宽箭头，指向质量问题。③分析造成质量问题的可能原因。④在主要原因基础上分析二、三层原因。⑤检查各个原因是否有错误。⑥标明各个原因的重要程度。

（4）应用因果图的注意事项如下：①确定原因时应集思广益，充分发扬民主精神，做到"重要的因素不要遗漏，不重要的因素不要绘制"。同时，确定原因应尽可能具体，否则对解决问题用处不大。②有多少质量特性，就要绘制多少张因果图。比如，同一批产品的长度和重量都存在问题，必须用两张因果图分别分析长度波动的原因和重量波动的原因。③若许多因素只用一张因果图来分析，势必使因果图大而复杂，无法管理，问题解决起来也很困难，无法对症下药。④如果分析出的原因不能采取措施，说明问题还没有得到解决。要想改进有效果，原因必须要细分，直至能采取措施为止。

（5）因果图实际应用的局限性为：①由于空间限制，图上的文字不得不尽量简化，无法表达复杂的意思。②当列举到第三层原因且每层原因的数目不超过4 个时，制作一个整齐美观的图形已十分困难。③手工作图或利用 Office 软件绘图功能制作这种图形的效率很低，而且很难应付增加或减少原因的场合。④很多时候，绘制一张直观的因果图意义并不太大。

（二）QC 新七大工具

1. 关联图法

（1）概念。关联图就是把关系复杂而相互纠缠的问题及其因素，用箭头连接起来的一种图示分析工具，从而找出主要因素和项目。

（2）作用：①制订、展开质量保证和质量管理方针。②制订质量管理的推进计划。③分析制造过程中不良品产生的原因，尤其是潜在原因。④提出解决市场投诉的措施。⑤有效地推进 QC 小组活动。⑥促进采购原辅材料、外构件的质量管理。⑦改进各职能管理工作的质量。

（3）特点：①适合整理原因非常复杂的问题。②容易取得成员的一致意见。③从计划阶段开始就能够以广阔的视野把握问题。④可准确地抓住重点。⑤不拘形式自由发表意见，便于探索问题的因果关系。⑥能打破成见。

（4）步骤如下：①制作原因、问题卡片。②排列卡片：依因果关系排列。③决定一次原因：将问题点与原因有直接关系的用箭头连接，因指向果。④将所有的卡片用箭头连接，形成关联图。⑤看关联图，明确因果关系的合理性。

（5）关联图类型有 3 种，分别是多目的型关联图、单目的型（单一目的）关联图、中央集中型（向外扩散）关联图，具体如图 7-4、图 7-5、图 7-6 所示。

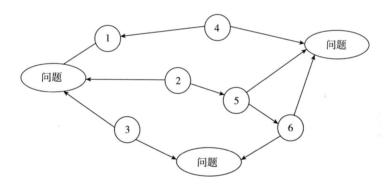

图 7-4　多目的型

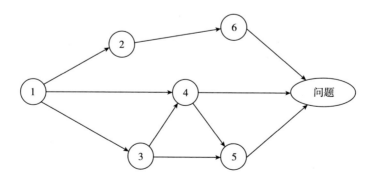

图 7-5　单目的型

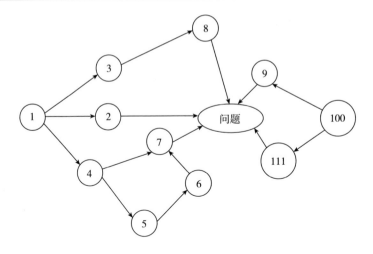

图 7-6　中央集中型

2. 亲和图法

（1）概念。亲和图又称 KJ 法，是就某一问题充分收集各种经验、知识、想法和意见等的语言文字资料，按彼此的亲和性归纳整理，做到明确问题、求得统一认识、帮助创意和协调工作的一种方法。

亲和图适合解决那些需要时间慢慢解决、不容易解决而又非解决不可的问题，不适用于简单而需迅速解决的问题。

（2）作用如下：

认识新事物。针对未知的事物或领域收集现有的资料，并从杂乱无章的资料中整理出事物的相互关系和脉络，从而达成共识。

打破常规，提出新的创意。由于以往的思维定式往往会阻碍或误导人们的认识，所以需要去除固有观念体系对人们的束缚，从而产生新的创意。

协调和统一认识。不同观点的人集中在一起很难统一意见，此时，为了共同的目的，小组成员可以分别提出自己的经验、意见和想法，然后将这些资料编成卡片并进行整理，在这一过程中逐步形成共识。

贯彻方针。向下级贯彻管理人员的想法，靠强迫和命令不会取得好结果，亲和图可以帮助人们彼此互动，从而有助于方针的理解和贯彻。

（3）绘制步骤如下：

第一，确定课题。按照客观事实，找出原始资料和思想火花，收集语言文字资料。在使用亲和图的过程中，收集资料是重要的一环。语言文字资料的收集方法将随用途与目的的不同而不同，具体如表 7-9 所示。

表 7-9　收集方法的选择

目的	直接观察法	文献调查法	面谈阅读法	头脑风暴法	回忆法	内省法
认识事物	●	○	○	○	◎	×
归纳思想	●	◎	●	◎	◎	●
打破常规	●	◎	◎	●	●	●
参与计划	×	×	×	●	◎	◎
贯彻方针	×	×	×	●	◎	◎

注：●常用；◎使用；○不常用；×不用。

直接观察法。直接观察法是指亲自到现场去听、去看、去感受，直接掌握情况，增强感性认识。全面质量管理是根据事实进行管理，十分重视掌握实际情况，而亲和图法更强调掌握事实的重要性，所以用直接观察法收集语言文字资料是非常重要的。

文献调查法和面谈阅读法。这两种方法包括查阅文献资料、直接征求别人的意见以及启发多数人产生新构思的集体创造性思考方法。因为，直接到现场去接触实物是有限制的，所以为了广泛收集资料，这种间接调查方法也是有效的。征求别人的意见或新构思也只能用这种方法。

头脑风暴法。头脑风暴法就是采用会议方式，引导每个参加会议的人员围绕某个中心议题广开言路、激发灵感，在自己的头脑中掀起思想风暴，毫无顾忌、畅所欲言地发表独立见解的一种集体开发创造性思维的办法。

回忆法和内省法。这两种方法又称"个人头脑风暴法"，是指个人就过去的经验进行回忆，探索自己内心状态的方法。采用这种方法时，要边思考边把想到的东西记在纸上，再反复阅读来扩展思路，获得启发。

可以根据亲和图法的不同用途和目的，收集不同类型的语言资料，具体如表 7-10 所示。

表 7-10　收集资料类型的选择

目的	事实资料	意见资料	设想资料
认识事物	●	×	×
归纳思想	◎	●	●
打破常规	●	◎	●
参与计划	○	●	○
贯彻方针	○	●	◎

注：●常用；◎使用；○不常用；×不用。

第二，将语言文字资料制成卡片。将收集的语言文字资料按内容进行逐个分类，并分别用独立、简洁的语言写在一张张卡片上。注意不要用抽象化的语言表述，而应尽量采用形象生动的、大家都能理解的语言来表述。否则，如果过于抽象化，这些卡片在下一阶段就会失去作用。

第三，整理综合卡片。将卡片汇总在一起以后，逐张展开，用一定的时间反复阅读几遍。在阅读卡片的过程中，要将那些内容相似或比较接近的卡片汇总在一起，编成一组。

第四，整理卡片时，将无法归入任何一组的卡片孤立地编为一组。

第五，制图。卡片编组整理后，将它们的总体结构用容易理解的图形来表示。

3. 系统图

（1）概念。系统图就是把要实现的目的与需要采取的措施或手段系统地展开，并绘制成图，以明确问题的重点，寻找最佳手段或措施的一种方法。

（2）系统图的类型主要有两种，分别是对策展开型和要素展开型。

对策展开型：将问题对象所构成的要素系统地展开，使关系明确，即上一级手段成为下一级手段的行动目的。具体如图 7-7 所示。

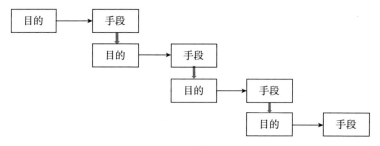

图 7-7　对策展开型

要素展开型：将目标及实现目标所需的手段层层展开，以此来掌握问题的主貌，明确问题的重点，找到实现预定目标的最佳方法。具体如图 7-8 所示。

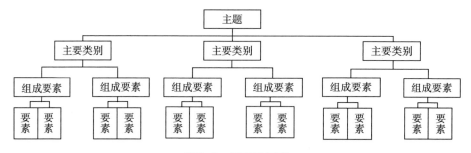

图 7-8　要素展开型

（3）绘制步骤如下：①确定目标或目的。②提出手段或措施。③确定所设定目标的限制条件。④确定评价手段和措施。⑤第一次展开，讨论出达成目的的手段。⑥第二次展开，再展开，直到不能再展开，或认为可具体实施为止。⑦制作实施手段的评价表。⑧绘制措施卡片，作成系统图。⑨确认目标是否能够充分地实现。

4. 矩阵图法

（1）概念。从问题事项中，找出成对的因素群，分别排列成行和列，找出其间行与列的关系或相关程度的大小，探讨问题点的一种方法。

（2）矩阵图类型分别为 L 型矩阵图（见图 7-9）、T 型矩阵图（见图 7-10）、Y 型矩阵图（见图 7-11）、X 型矩阵图（见图 7-12）。

B \ A	A		
	a1	a2	a3
b1			
b2			
b3			

图 7-9 L 型矩阵图

			a4			
			a3			
			a2			
			a1			
b3	b2	b1		c1	c2	c3

图 7-10 T 型矩阵图

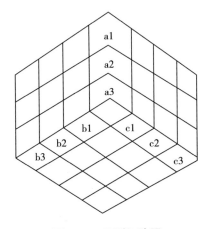

图 7-11 Y 型矩阵图

			A3			
			A2			
			A1			
B3	B2	B1		C1	C2	C3
			D1			
			D2			
			D3			

图 7-12　X 型矩阵图

（3）绘制步骤如下：

第一，根据选定的矩阵图模式，将待分析的因素群安排在相应行、列（或纵）的位置上，并依据事先给定的顺序填列各个因素。确定表征因素之间关联关系的符号，通常用："◎"表示两个因素之间存在密切关联关系；"○"表示两个因素之间存在一般关联关系；"△"表示两个因素之间可能存在（或存在较弱）关联关系。

第二，对隶属于不同因素群的各个因素之间可能存在的关联关系进行分析，并用既定的表征符号进行标识。

第三，解释矩阵图特征。通过分析矩阵图，确定最迫切需要解决的问题（或现象）、最可能的引发原因以及导致这些原因的最可能的根源。

第四，数据统计寻找着眼点。针对矩阵图中的问题（或现象）因素群，进一步收集数据并绘制柏拉图，以确定主导因素。针对主导问题，就矩阵图中的原因因素群，进一步采集数据绘制柏拉图，以确定主导原因。就矩阵图中的加工过程（工序）因素群，进一步采集数据并绘制柏拉图，以确定主导工序。

第五，制定针对问题根源的纠正措施。

第六，验证所采取的措施的有效性。

5. PDPC 法

（1）概念。PCDC（即 Process Decision Program Chart 的缩写）法，是为了完成某个任务或达到某个目标，在制订行动计划或进行方案设计时，预测可能出现的障碍和结果，并相应地提出多种应变计划的一种方法，又称重大事故预测图法。

（2）PDPC 法分为两种形式，即顺向进行式（见图 7-13）、逆向进行式（见图 7-14）。

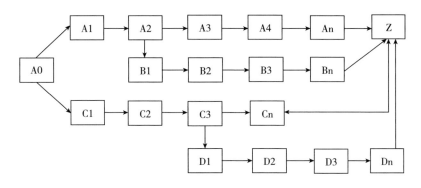

图 7-13　顺向进行式

图 7-14　逆向进行式

（3）顺向进行式 PDPC 法做法如下：①确定所要解决的课题，明确起点与最终目标。②提出达到理想状态的手段、措施、步骤。③对提出的措施，列举出预测的结果及遇到困难时应采取的措施和方案。④将各措施按紧迫程度、所需工时、实施的可能性及难易程度予以分类，提出解决对策。⑤决定各项措施实施的先后顺序，逐项展开，并用箭头朝理想状态方向连接起来。⑥落实实施负责人及实施期限。⑦在实施过程中，根据新情况，不断修订 PDPC 图。

（4）逆向进行式 PDPC 法做法如下：①确定课题，明确初始状态和最终预期结果。②充分考虑、设想达到最终结果过程中可能发生的重大事故。③列出图标，描述可能发生重大事故的经过。④针对可能发生的重大事故，提出应对措施、决策。⑤研究措施，按紧迫程度、所需工时、实施的可能性及难易程度予以分类。⑥决定各项措施实施的先后顺序，并用箭头朝理想状态方向连接起来。⑦在实施过程中，落实实施负责人，根据新情况，不断修订 PDPC 图。

6. 箭条图

（1）概念。箭条图是把推进计划所必需的各项工作，按其时间顺序和从属关系，用网络形式表示的一种"矢线图"。一项任务或工程，可以分解为许多作业，这些作业在生产工艺和生产组织上相互依赖、相互制约，箭条图可以把各项作业之间的这种依赖和制约关系清晰地表示出来。通过箭条图，能找出影响工程进度的关键和非关键因素，因而能进行统筹协调，合理地利用资源，提高效率与效益。

（2）绘制步骤如下：①明确主题。②确定必要的作业和（或）日程。③按先后排列各作业。④考虑同步作业，排列相应位置。⑤连接各作业点、标准日程。⑥计算作业点和日程。⑦画出要经线。

（3）举例：有一个部件，它由两个部分组成，由四个工序完成。为了节省时间，加工管子和加工盘子可以同时开始，如果用 A 表示加工管子，B 表示加工盘子，C 表示钻孔，D 表示焊接，则每个工序之间的关系可以表示为图 7-15。

工序	先行工序	时间
A	—	30 分
B	—	20 分
C	B	25 分
D	AC	30 分

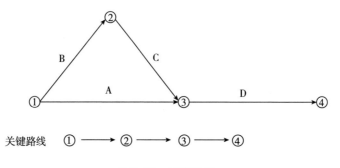

图 7-15　工序关系

7. 矩阵数据分析法

（1）概念：矩阵图上各元素间的关系如果能用数据定量化表示，就能更准确地整理和分析结果。这种可以用数据表示的矩阵图法，叫作矩阵数据分析法。在 QC 新七种工具中，数据矩阵分析法是唯一一种利用数据分析问题的方法，但其结果仍要以图形表示。与矩阵图法相比，矩阵数据分析法不是在矩阵图上填符号，而是填数据，形成一个分析数据的矩阵。

（2）作用：①分析含有复杂因素的工序。②从大量数据中分析不良品的原因。③从市场调查的数据中把握要求质量，进行产品市场定位分析。④感官特性的分类系统化。⑤复杂的质量评价。

（3）具体步骤：①确定需要分析的各个方面。②组成数据矩阵。③确定对比分数。④计算行和列的总分。⑤依据权重计算各行的加权得分及加权总分。

第三节 绩效考核

员工期望自己的努力得到应有的鼓励与报酬，组织中的士气也受到考核公正与否极大的影响，要让员工短期内有好的表现，威胁与利诱都可以做得到，但如果想要持续提高绩效，则需要有公正合理的考核办法与激励机制，这样才能促使员工为未来而努力。绩效考核牵涉到企业文化，即要奖励哪种类型的人；组织形态，即企业的事业是生产型、服务型还是创新型、成本型；组织的能力，即管理成熟度、财务能力、股东支持度等。绩效考核技能包含从战略高度确定关键绩效指标的能力、将战略目标转换成为员工行为的能力、绩效反馈面谈沟通能力、绩效诊断与指导修正的能力以及激励不同性格员工的能力，工具与方法方面需要用到平衡计分卡、360 度反馈考核法、目标管理法等。

一、绩效考核的具体技能

（一）从战略高度确定关键绩效指标的能力

关键绩效指标（Key Performance Indicator，KPI）是对组织及其运作过程中关键成功要素的提炼和归纳，是衡量组织战略实施效果的关键指标，它是组织战略目标经过层层分解产生的可操作性的指标体系，是组织绩效管理的基础。关键绩效指标的目的是建立一种机制，将组织策略转化为内部过程和活动，不断增强组织的核心竞争力，使组织能够得到持续的发展。KPI 的内涵包括：①KPI 是衡量组织战略实施效果的关键指标。KPI 一方面是战略导向的，另一方面又强调关键性，即对组织成功具有重要影响的方面。②KPI 体现的是对组织战略目标有增值作用的绩效指标。KPI 是连接个人绩效和组织战略目标的一个桥梁，因此基于KPI 的绩效管理，可以保证员工的努力方向与组织战略目标方向具有一致性，使真正对组织有贡献的行为受到鼓励。③KPI 反映的是最能有效影响组织价值创造的关键驱动因素。KPI 制定的主要目的是明确引导管理者把精力集中在能对绩效产生最大驱动力的经营行为上，及时了解、判断组织运营过程中产生的问题，采取提高绩效水平的改进措施。④KPI 是用于评价和管理员工绩效的可量化的或可行为化的标准体系。KPI 是一个标准体系，它必须是定量化的，如果难以定量化，那么也必须是可行为化的，如果定量化和可行为化这两个特征都无法满足，那么该指标就不是符合要求的关键绩效指标。那么如何从战略高度确定 KPI 呢？

1. 头脑风暴法

头脑风暴法是由美国创造学家奥斯本于 1939 年首次提出的一种激发性思维

方法。采用头脑风暴法组织群体决策时，要集中有关专家召开专题会议，主持者以明确的方式向所有参与者阐明问题，说明会议的规则，尽力创造融洽轻松的会议气氛。主持者一般不发表意见，以免影响会议的自由气氛。参与会议的有关专家完全放开思维，随心所欲地发表自己的看法。在这一过程中，鼓励一切思维，包括看起来不可能的想法，而且暂时不允许对任何想法做出评论和批评。头脑风暴法一般遵守庭外判决、自由鸣放、追求数量和取长补短的原则。

采用头脑风暴法确定 KPI，能反映来自多方面的想法和意见，适合针对某些具体问题提出具有针对性的关键指标。但该方法实施的成本（时间、费用等）很高，且对参与者的素质要求也比提高。

2. 鱼骨图分析法

鱼骨图也叫石川图，其最早是由日本人石川馨发明的一种解决质量问题的方法。鱼骨图分析法是一种透过现象看本质的分析方法。这种方法是用鱼刺图形的形式分析特定问题或状况以及它产生的可能性原因，并把它们按照一定的逻辑层次表示出来的一种管理工具。

运用鱼骨图的步骤如下：

①确定一个讨论主题（结果）。②用头脑风暴法讨论造成问题原因的主要种类。③在挂纸或白板的正中写下问题，在问题周围画框，然后画一个水平的箭头指向它。在主头的旁边画上分支，表示原因的分类。④用头脑风暴法找出所有可能的原因。问"为什么会这样"，有了答案后就在对应的原支上记下来。如果有多重关系，子原因可以写在几个地方。⑤再对子原因问"为什么会这样"，然后在子原因的分支下记下它的子原因。继续问"为什么"，以找出更深层次的原因。分支的层次表示原因的关系。⑥当找出了所有原因后，集中讨论原因较少的部分。

鱼骨图的精髓在于利用头脑风暴法充分发挥集体的智慧，通过逻辑性很强的"剥洋葱"方法逐步找出分析主题的关键因素，是一种找出问题"根本原因"的方法。

比如，某企业的战略目标是"在同行业处于领先地位"，用鱼骨图的形式表示如图7-16所示。

3. 关键成功因素法

关键成功因素法（Critical Success Factors，CSF）是由哈佛大学教授威廉·泽尼（Willam Zani）于1970年提出的以关键因素为依据来确定系统信息需求的一种信息系统总体规划的方法。所谓关键成功因素，就是对组织成功起关键作用的因素。这种方法认为，在现行的信息系统中，总存在着多个变量影响信息系统目标的实现，其中总有若干个因素是关键的和主要的（即成功变量）。通过对关

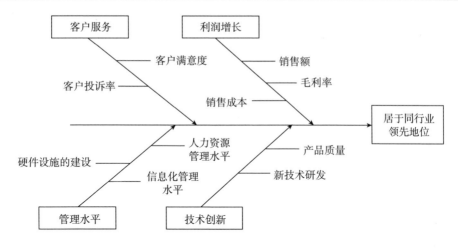

图 7-16　战略目标及 KPI 鱼骨图

键成功因素的识别，找出实现目标所需的关键信息集合，围绕此因素来确定系统信息需求，就能确定系统开发的优先次序和实现系统总体规划。

　　运用关键成功因素法建立 KPI 的基本思路是：首先分析组织获得成功或取得市场领先的关键领域（Key Result Areas，KRA）；其次把这些关键成功领域层层分解为关键绩效要素（Key Performance Factors，KPF）；最后为了便于对这些关键绩效要素进行量化考核和分析，将要素细分为各项关键绩效指标（见图 7-17）。

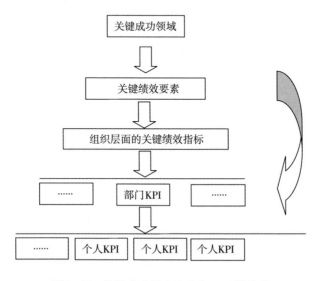

图 7-17　关键成功因素法确定 KPI 的流程

确定关键成功领域，需要明确诸如"企业的成功因素是什么""过去的哪些成功因素能使企业未来持续获得成功""未来成功的关键因素是什么"等问题。关键绩效要素是对关键成功领域进行的解析和细化，确定关键绩效要素需要回答诸如"每个关键成功领域包含的内容是什么""如何保证在该领域获得成功""成功的关键措施和手段是什么""成功的标准是什么"等问题。关键绩效指标又是对关键绩效要素的进一步细化，关键绩效指标包括组织层面的KPI、部门KPI和个人KPI。组织层面的KPI分解到相应的部门，形成部门KPI；个人KPI是在组织层面的KPI和部门KPI确定后，对部门KPI进行分解或承接形成的。

4. KPI 价值树模型

关键绩效指标的确定过程非常强调因果逻辑关系。KPI 价值树模型是一个强调因果逻辑关系的分析工具，它从以前的单一"财务价值树"逐步发展成为"财务与非财务结合的价值树"，详尽地反映了价值创造的过程。比如由美国杜邦公司首创的利用几种主要的财务比率之间的关系来综合地分析企业的财务状况的杜邦分析法，就是强调因果逻辑关系的财务价值树。

（二）将战略目标转化为员工行为的能力

没有战略的企业是没有发展前途的企业，但有战略却没有认真执行的企业也不是一个具有竞争优势的企业。职业经理人要把企业战略目标落实到每位员工的具体行动中，需要做到以下几点：

1. 提高战略的透明度

让企业每位员工都了解企业战略，清楚公司未来方向是什么。而企业中高层管理人员参与战略制定也是非常重要的，这样他们才能真正了解企业的战略目标，在部门与员工的考核目标设定中，就不会与企业战略偏离。而战略的及时宣传和培训也非常重要，这样能让普通员工心中有数，使自己的行为符合企业规范，而不会像以前那样"只埋头拉车，不抬头看路"。当然战略透明度的前提是战略的可行性，战略是在科学分析、知此知彼，确立企业的关键成功要素基础上建立的。战略错了，方向错了，任何完美的绩效考核体系发挥的作用都是有限的。

2. 建立企业的目标体系

确立了企业的战略后，需要把企业战略细化，从而转化为各个指标，这就需要建立企业的目标体系。企业目标体系建立的过程是一个系统思考的过程，不仅要考虑企业的财务数据，还要考虑客户、研发、管理等各个方面的协调发展。一项目标的形成，除了需要斟酌目标自身外，还要确定各相关目标之间的因果关系和前后一致性，考虑企业其他方面所付出的代价以及企业总体收益是否最佳等。

而要达到这些要求，"三维"的企业目标体系是必不可少的，它是由纵、横及战略三个维度构成的企业综合目标框架。三维目标体系的核心是公司战略和公司级目标，是企业所有目标的出发点：横向的是部门目标系统，是公司级目标的分解和支撑；纵向的是员工目标，是战略的最终落脚点；三维目标体系的建立，把企业中许多看似不关联的竞争要素综合起来，实现公司各类资源的有效配置，确保企业实现良性的可持续发展。

3. 横向协调，纵向一致

建立三维目标体系框架后，就需要把战略目标进行细致的分解，把它落实到具体的部门和人身上。其中横向目标分解要注重协调性，纵向目标分解要注重一致性。这是把战略转化为员工行为的关键环节。

在横向目标的分解过程中，部门和部门之间目标的协调是首要考虑的方面，尤其要避免各部门为了自己的利益而争执不休，而忽视了企业总体目标的实现。通常来说，在企业高层决策会议上进行目标讨论和分解是一种非常可行的办法，各个部门人员都可以根据公司战略目标发表自己的看法，同时，听取其他部门为实现公司战略而对自己部门提出的意见和要求、需要的支持等，经过充分的磨合，这样分解的各部门目标就不会被推诿、扯皮。如图 7-18 所示，围绕公司创新战略，所有部门都有相关的指标来保证，而且各个指标相互协调、相互促进。

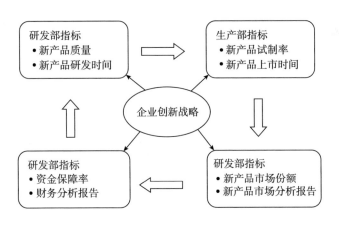

图 7-18　横向协调的各部门目标

公司战略目标分解到具体的部门后，就需要把部门目标再进行纵向分解，把目标落实到每个人身上。个人目标要与部门目标保持一致，部门经理的目标就是下属目标制定的指导原则，而且个人目标要在部门目标的基础上更进一步进行细化，使之更具有可操作性。如图 7-19 所示，公司实行创新战略，分解到销售人员身上的就有不同地区新产品销售增长率的硬指标，这样，创新战略成了销售人员实实在在的行动。

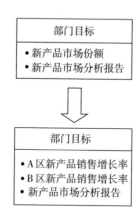

图 7-19　纵向一致的部门和个人目标

4. 组织匹配度

战略的有效实施是建立在合理的组织匹配基础上的。有什么样的战略，就有什么样的组织结构与之相匹配。如实行创新战略，企业组织结构就要相对扁平、灵活，层级要少，具有敏锐的市场反应能力。而成本领先则需要加强控制，结构层级分明，职位描述清晰。如果组织结构臃肿，层级众多，职责交叉重叠严重，那么它就成了拦在企业战略与员工之间的一座大山。许多企业的战略经过不合理的组织结构传递后，被严重扭曲变形，执行起来自然就走样。因此，确定企业战略后，相应的组织结构匹配度就成了必须梳理的一个重要任务。

对于企业来说，建立人力资源考核体系就是为了实现战略目标，如果体系的运行与这个目标还存在一定的距离，企业战略并没有完全转化为员工工作的原动力。那么，企业就有必要从战略角度进行全面系统思考，通过战略性考核体系的设计升级，把战略落实到每个员工的行为中，使企业的资源重新进行聚焦，这样，全体人员的工作形成合力，企业战略目标就会很快得到实现。

（三）绩效反馈面谈沟通能力

绩效反馈是战略性绩效管理系统的最后一个环节，其目的是通过良好的沟通使员工了解自己在绩效周期内的绩效表现，并针对绩效方面存在的问题采取相应的措施，从而提升绩效水平。绩效反馈是对评价对象整个绩效周期内的工作表现及完成情况进行的全面回顾，有效的绩效反馈对绩效管理起着至关重要的作用。绩效反馈面谈沟通技巧包括反馈技巧与批评技巧。

1. 绩效反馈面谈过程中的反馈技巧

　　对绩效结果进行描述而不是判断。在对员工进行绩效面谈时，不是对结果进行判断，而是对绩效结果进行描述。例如：要描述员工的某项工作没有完成、完成了多少、有多少差错、与工作目标有多大距离，而不是说"你这工作做得很差，你的工作能力很差"之类的话。

　　正面评价的同时要指出不足。正面的评价要真诚、具体、有建设性，以帮组员工获得更大提高和改进。反面反馈：具体描述员工存在的不足，对事而不对人，描述而不是判断。你不能因为员工的某一点不足，就做出员工如何不行之类的感性判断。"对事而不对人，描述而不判断"应该作为重要的原则加以特别注意。

　　要聆听员工的声音。从员工的角度、以聆听的态度听取员工本人的看法，听员工怎么看待问题，而不是一直喋喋不休地教导，多提出开放性的问题，引导员工参与面谈，作为经理人，要注意以下方式：呈现恰当而肯定的表情；避免出现隐含消极情绪的动作；呈现出自然开放的态度；不要随意打断下属；多问少讲；沟通的重心在"我们"；反馈应具体；对事不对人；把握良机，适时反馈。

　　通过问题解决方式建立未来绩效目标。与员工共同商定未来工作中如何加以改进，并形成书面内容。在面谈的过程中，要注意观察员工的情绪，适时进行有针对性的调整，使面谈计划稳步进行。不管反馈面谈在什么时间、场所，以何种方式进行，过去的行为已不能改变，而未来的业绩与发展则是努力的目标。

　　2. 绩效反馈面谈过程中的批评技巧

　　批评是针对员工绩效反馈经常要用的一种方法，恰当的批评可以促进绩效的改进，但如果批评得不恰当，反而会影响以后工作的开展。因此，管理者在批评员工时，要掌握好批评的技巧。当你需要对下属提出批评时要特别注意批评的方式，应能够使下属维护他们自己的尊严和价值观。

　　宽以待人。俗话说："金无足赤，人无完人。"每个人在走向成功的路上都会充满挫折和失败，没有人能走出一条没有失误的道路来。处理错误的黄金法则就是不要以惩罚为目的，而应以对错误的改进为基础。员工在工作中出错，是因为他们工作得不够完善，并不是因为他们想受惩罚。

　　从观点一致的问题谈起。和管理者一样，员工也希望自己工作出色、多拿奖金，也多为企业做贡献。谈企业对员工的期望，谈员工对企业的意义，使员工逐步赞同经理人的意见，达到经理人的要求，在不知不觉中接受批评。

　　批评也要注意员工的面子。如果需要对员工进行批评教育，也要注意保留员工的面子和自尊，不能把员工批评得一文不值。特别要注意的是：批评应该尽可能在私下进行，同时提出有建设性的建议，对事不对人，分析为什么发生、如何加以避免。

对事不对人。批评应指向员工的行为，而不是员工的一些人格化特征。经理人只需要将员工犯错的事件清楚地陈述出来，并说明此事对集体绩效的负面影响。

不要翻旧账。有些经理人在长篇大论的讲话中喜欢把这个员工以前所有的陈芝麻烂谷子的事情统统都翻出来，进一步说明自己批评得多么正确、员工做得多么的糟糕。尽管这位经理人的工作是认真的，对员工也是苦口婆心，但是员工会从心底里产生反感。

（四）绩效诊断与指导修正的能力

所谓绩效诊断（Performance Diagnosis），就是指管理者通过绩效分析和绩效评价，判断组织绩效水平，识别低绩效的征兆，探寻导致低绩效的原因，找出可能妨碍评价对象实现绩效目标的问题及症结的过程，它是一项复杂、多维度的活动。我们可以把绩效诊断看作一个寻找机会的方法，通过这种方法，一方面可以确定组织各个层面的现实绩效与期望绩效之间的差距，另一方面可以制定出改进绩效的具体干预措施。

绩效诊断和分析是绩效改进的第一步，也是绩效改进最基本的环节。在绩效反馈面谈中，经理人和员工通过分析和讨论评价结果，找出关键绩效问题及其产生的原因，这就是绩效诊断的关键任务。

1. 绩效诊断的方法

三因素法。所谓三因素法，就是从员工、经理人和环境三个方面来分析和诊断绩效问题的方法。在员工方而，造成有些绩效问题的原因可能是员工所采取的行动本身就是错误的或者是员工应该做而没有去做，这既可能是因为员工知识和技能不足，也可能是员工缺少动机等所致。在经理人方面，可能是经理人做了不该做的事情，比如监督过严、施加不当的压力；也可能是经理人没有做该做的事情，比如经理人没有明确工作要求，没有对下属的工作给予及时、有效的反馈，对下属的建议不重视，不授权给下属，不给下属提供教育和培训的机会等。在环境方面，对绩效产生影响的主要因素是下属的工作场所和工作气氛，比如工具或设备不良、原料短缺、工作条件不良、人际关系紧张、工作方法或设备的改变给下属带来了困难等。

四因素法。四因素法是指从知识、技能、态度和环境四个方面分析诊断绩效不佳的原因。知识既包括员工所具有的从事某方面工作的理论知识，也包括经验和实践知识。技能主要指运用知识和经验的能力和技巧。态度则反映了员工对工作的评价和行为倾向，是员工表现的心理和价值观基础。环境则更多地反映了造成绩效问题的外部不可控因素和障碍。

在绩效诊断实践中，为了更加透彻、全面地分析绩效问题，通常把上述两种方法结合起来使用，在管理者和员工充分交流的情况下，对产生绩效不良的原因达成一致意见，把三因素法和四因素法结合起来进行绩效诊断的诊断表如表7-11所示。

表 7-11　绩效诊断

影响绩效的维度		绩效不良的原因	备注
员工	知识		
	技能		
	态度		
主管	辅导		
	其他		
环境	内部		
	外部		

2. 绩效诊断的过程

绩效诊断过程一般包括五个步骤：确立初始目标、考量绩效变量、细化绩效考评、确定绩效需求、拟订绩效改进方案。具体如图7-20所示。

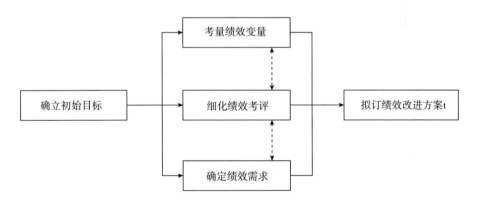

图 7-20　绩效诊断过程

确立初始目标。确立初始目标就是要明确绩效诊断的目标，把绩效问题转化为与组织绩效类型、绩效层次相吻合的绩效诊断目标。要确立初始目标，首先，要确定绩效问题的初始征候。绩效问题的最初症候往往来源于某组织的负责人，也就是这个问题的发起人，这些初始绩效症候的形成最典型的是围绕着某个关键事件、某个人或某种外部条件的变化。其次，确定绩效问题的类型。绩效问题的类型可以划分为三种：当前的绩效问题、对当前绩效问题的改进、将来的绩效需求。将绩效问题归纳为三种类型中的某一种，有助于分解多维的绩效问题，并且有助于使组织诊断的目的变得更加清晰。再次，确定绩效目标的层面。明确绩效诊断的目标所需要考虑的另一个问题就是绩效目标的层面，绩效层面一般分为组织层面、流程层面、团队层面和个人层面。最后，在确定组织绩效类型和绩效层次的基础上明确绩效诊断的目标。

考量绩效变量。所谓绩效变量，就是指一种能从根本上作用于系统绩效的因素。绩效问题通常可能由以下五个绩效变量中的一个或多个引起，它们分别是：使命/目标、系统设计、产能、激励和专业技能。考核绩效变量要通过扫描各个绩效变量的现有数据来了解各个绩效变量在所诊断的组织中目前的运作状况，这就要求分析人员运用有关绩效的层面、绩效需求以及绩效质量的所有相关知识，来探寻这些数据与五个绩效变量之间可能的关联。贯穿四个层面（组织、流程、团队、个人）的五个绩效变量为绩效诊断提供了一个框架，绩效诊断矩阵如表 7-12 所示。

表 7-12　绩效诊断矩阵

绩效层面	组织层面	流程层面	团队层面	个人层面
使命/目标	该组织的使命/目标与经济、政治及文化方面的社会现实相适应吗	该流程的目标与整个组织及个人的使命/目标相吻合吗	该团队的目标与工作流程及个人的目标相协调吗	该组织员工专业人士的个人目标/使命与组织目标相一致吗
系统设计	该组织系统是否具备支持期望绩效的结构和政策	该流程是不是以系统的工作方式来设计的	该团队的工作方式是否有助于合作和提高绩效	个体员工是否清楚可能遇到阻碍工作绩效的障碍
产能	该组织是否具备完成其使命/目标的领导力、资本及基础建设	该流程是否具备足够的产能（数量、质量、时限）	该团队是否具备快速高效地完成绩效目标的综合能力	个体员工是否具备工作所需要的智力、体力和情商
激励	该组织的政策、文化及奖惩体系是否支持期望的绩效	该流程是否具备持续运作所需要的信息及人力因素	该团队是不是在彼此尊重、相互支持的原则下工作	个体员工是否在任何条件下都愿意工作
专业技能	该组织是否建立并保持了员工遴选和培训制度及其相关资源	专业技能开发的流程是否能满足该流程不断改进不断变化的需求	该团队是否具备团队运作流程的相关技能	个体员工是否具备工作所需要的专业知识和技能

细化绩效考评。在绩效诊断中，具体的绩效考评包括三个步骤：首先，要确定组织相关层面的绩效系统产出；其次，选择适当的可衡量的绩效考评单位，一般可选择"时间""数量""质量"和"成本"指标作为绩效单位；最后，对这些绩效单位的适合性给出确认。

确定绩效需求。对绩效需求的确定，首先，根据绩效层面和类型进行绩效需求的分类。理查德·A. 斯旺森（Richard A. Swanson）根据系统理论把绩效分为五个层次：理解、操作、排疑解难、改进、创新。这种分类通常被划分为两个系统：维持系统和变革系统。绩效要么表现为维持组织系统的运作，要么表现为变革组织系统。其次，确认绩效层面和类型的划分，形成关键问题矩阵。最后，根据绩效层面和类型细化绩效需求，找出绩效差距。

拟订绩效改进方案。前四个绩效诊断步骤提供了绩效改进方案所需的诊断信息。拟订绩效改进方案的流程主要包括草案拟定、预测绩效收益和提交方案并待批。一份完整的绩效改进方案至少应包括绩效差距、绩效诊断、措施推荐和收益预测四个要素。

3. 绩效改进的应用

绩效改进是绩效管理的后续应用阶段，是连接绩效管理和下一个循环计划目标制定的关键环节。在绩效管理过程中，绩效评价只是从反光镜中往后看，而绩效改进则是往前看，以便在不久的将来能获得更好的绩效。事实上，绩效管理的目的不仅是作为确定员工薪酬、奖惩、晋升或降级的标准，员工能力的不断提高以及绩效的持续改进才是其根本目的，而实现这目的的途径就是绩效改进。绩效改进目标的实现形式多种多样，通常都是通过制订并实施绩效改进计划来实现。绩效改进计划的内容主要包括四个方面：第一，员工和直接上级的基本情况、改进计划的制订时间及实施时间；第二，根据绩效评价结果和绩效反馈情况，确定该员工在工作中需要改进的方面；第三，明确需要改进和发展的原因，通常会附上该员工在相应评价指标上的得分情况和评价者对该问题的描述或解释；第四，明确员工现有的绩效水平和经过绩效改进之后要达到的绩效目标。

在完成绩效改进计划的制定之后，经理人还应通过绩效监控，实现对绩效改进计划实施过程的控制。这个控制过程就是监督绩效改进计划能否按照预期的计划进行，并根据被评价者在绩效改进过程中的实际工作情况，及时修订和调整不合理的改进计划，管理者应主动与员工沟通，了解员工在绩效改进过程中遇到的困难和障碍，并为员工克服这些困难和障碍提供必要的帮助。

（五）激励不同性格员工的能力

（1）完美型。面对这样的员工，管理人员要做的与其说是激励工作斗志，还不如说是缓和此类型员工的心理压力，缓解其人际关系。适时地了解这类员工的真实意图，并且提醒他们从积极的方面阐述自己的想法。在平常与其交流的过程中也可以委婉地提出在交流方面的建议才能帮助他们成功。另外，在团队中可以让完美型的员工担任一些领导的角色，不仅因为大部分完美主义性格的人都是优秀的组织人才，而且这样做会让其他同事更容易接受他们的意见，使他们在工作中更加得心应手，从而也就达到了良好的激励目的。

（2）助人型。作为二号性格者的管理者，应该首先学会接受他们的关心和付出，对于他们的帮助要及时给予反馈。在团队工作中可以尽量让助人型性格的员工处于人际交往的核心关系中，让他们感受到自己的重要性以及别人对于他们帮助的依赖。另外，因为二号性格者对于成功者心理上的特别依赖，管理者要恰如其分地扮演好这种成功者的角色。在拒绝二号性格者帮助的时候要特别小心，拒绝之前最好先说明原因并表达谢意，让二号性格者充分感受到管理者对于他的关注。

（3）实干型。对于三号性格者来说，领导的夸奖针对的是他的工作而非个人，所以基本上是虚无缥缈的东西。想要激励三号性格的员工务必给予实质性的鼓励。对于他们来说只有薪金和头衔才能证明他们的能力和体现他们的价值。鼓励实干型的人需要给予他们所需要的荣誉。有了这样的动力，他们往往就全身心地投入到工作中并且能量充沛，感觉幸福。

（4）自我型。四号性格者通常比较适合一些和艺术、创意、设计等有关的工作。要让自我型的员工忠于公司并努力工作就要让他们感觉受到了公司特别的重视。这种重视不只是金钱和名誉上的奖励。自我型性格的人倾向于忽视小权威而特别尊敬大的权威。激励自我型性格的员工最好的方式就是以"精英"人士的地位来称赞他们的特别和与众不同之处，并且表示对其的欣赏。另外，四号性格者也非常重视目标的宏伟性，如果能够为他们的未来规划好一个远大的、能激发他们斗志的奋斗方向，自我型性格者会为了实现他们真正的理想而愿意与人竞争，努力工作。

（5）思考型。五号性格者非常独立，他们需求很少甚至可以说是无欲无求，他们思维理性往往能从精神生活中得到巨大的乐趣，他们过度强调自我控制并且感情延迟——如果看不到不温不火的表面下蕴藏的巨大的潜能，而只是一味地提出要求的话他们很可能会离开你。跟思考者在情感上建立联系通常是起不到作用的，因为他们根本不会向外人展露他们的情感世界；用金钱的利益诱惑他们也常常无功而返，因为满足了基本的生活需要后，金钱对于他们只是数字而已。对于思考型的员工来说，最吸引他们的莫过于适合他们并且让他们感兴趣的工作，并且这个工作是在一个不被打扰并且自由开展的环境之下。思考型的员工擅长独立分析和策划项目，他们的优势在于无与伦比的理性思维和超然脱世的态度，他们往往能够不被感情所累。

（6）忠诚型。对于六号性格者来说，他们喜欢在工作中接受一系列非常清楚的指示，被赋予义务和责任会减少他们内心的疑虑。六号性格者对处于压力和困境中的组织特别忠诚，甚至愿意做出英雄般的牺牲。如果能够在六号性格者的印象中塑造一个高大的、值得尊敬的领导者形象，那么对他们的激励将会容易得多。六号性格者对于他们信任的权威会表现得特别的忠诚，给他们明确的目标，他们就会尽心尽力地完成。对于六号性格的人来说，越大的压力反而会使他们产生越多的力量，他们习惯于通过反对世俗、反对体制、反对权威来获得个人力量，所以说对于六号性格者来说，表面上看来越不可能完成的任务越能够激发他们的斗志并使他们努力工作。

（7）欢乐型。在企业中，七号性格员工有很多独特的优点。他们最擅长带动团队的整体情绪：令人愉快的安排、似乎无所不知的存在、积极的态度、良好的表达能力。像三号性格员工一样，七号性格员工拥有充沛的精力，但前提是做感兴趣的事情。七号性格员工还是社交方面的能手，他们能够把自己的项目介绍给大众，并且吸引他人来注意自己的观点。对于领导者来说，要想让七号性格员工充分地发挥长处为公司带来效益，在职位的安排上要慎重，七号性格员工不适合死板的工作，在规范的工作环境中他们会充当破坏纪律的那一群人。

（8）领袖型。在工作中面对领袖型性格的员工如果领导者能够坦诚相待，或者有什么办法可以激发他们的欲望，那么他们会变得十分合作。能够让八号性格者得到最佳表现的工作就是让他们去负责把一个有趣的想法付诸实践。如果八号性格者能在机构中拥有独立的小空间，并让他们获得完全的控制权，他们的效用会更大。

（9）和平型。在机构中，作为员工的九号性格者与权威的联系完全是组织结构的关系，当任务明确、奖惩分明时，这种关系的状态是最好的。不管自己是否会去积极地争取什么奖励，九号性格者都希望这样的机会存在。在工作中，九号性格者是出色的调停者，他们能与所有的观点产生共鸣，知道每个与会者心里想要的是什么。在公开冲突之前让他们参与其中，他们会发挥非常有效的调和作用。对于领导者来说，如果手下有九号类型性格的员工，适当地给予他们工作规划方面的点拨，使其能够合理地安排工作进度，同时又是在有条不紊的工作环境中的话，那么九号性格者的潜力将会得到最大的发挥。

二、绩效考核的工具

（一）平衡计分卡

平衡计分卡（BSC）以企业战略为导向，通过财务、客户、内部业务流程和学习与增长四个方面及其业绩指标的因果关系，全面系统地对企业总体业绩进行综合评价。从一定意义上来讲，平衡计分卡既是绩效评价系统，也是企业战略管理系统。平衡计分卡中四个维度的目标和指标来源于企业的总体发展战略，它们把企业的使命和战略转化为具体可衡量的指标，通过这些指标确保战略可执行和可操作。

1. 平衡计分卡主要维度

财务方面：主要明确企业财务管理目标，通过财务体现企业战略实施和执行力是否符合企业的预期经营目标。

客户方面：明确企业参与竞争的目标市场客户，明确如何提升市场份额获得客户的认可、如何有效提升客户满意度。

内部经营管理方面：明确影响企业经营战略目标实现的内部经营管理的关键成功要素（KSF），明确如何从顶层管理架构入手改善企业内部运营效率、改进和优化管理流程，最终实现客户满意度的持续提升。

学习和成长方面：明确企业可持续发展的动力来源，如对员工知识和能力的投资、对人才的培养，这些都是企业未来可持续发展的基础。

2. 平衡计分卡的实施步骤

确定企业发展战略。企业要建立愿景与战略，使每一个部门都可以采用一些绩效衡量指标去完成企业的愿景与战略。另外，可以考虑建立部门级战略。同时，成立平衡计分卡小组或委员会去解释企业的愿景和战略，并建立财务、客户、内部流程、学习与成长四个方面的具体目标。

绩效指标体系的设计与建立。本阶段的主要任务是依据企业的战略目标，结合企业长短期发展的需要，为四类具体的指标找出最具有意义的绩效衡量指标，并对所设计的指标自上而下、从内部到外部进行交流，征询各方面的意见，吸收各方面的建议。通过这种沟通与协调使所设计的指标体系达到平衡，从而全面反映和代表企业的战略目标。

加强企业考核指标的内部沟通。利用各种不同的沟通渠道，如定期或不定期的刊物、公告栏、会议等，让各层管理人员了解和掌握企业的愿景、战略、目标与绩效衡量指标。

确定每年、每季、每月绩效衡量指标的具体数据，并与企业的计划和预算相结合，注意各类指标间的因果关系、驱动关系与连接关系。

绩效指标体系的完善与提高。首先对于平衡计分卡，在该阶段应重点考察指标体系设计得是否科学、是否能真正反映本企业的实际。其次在采用平衡计分卡后，要发现绩效评价中的不全面之处，以便补充新的测评指标，从而使平衡计分卡不断完善。最后对于已设计的指标中的不合理之处，要坚决取消或改进，只有经过这种反复认真的改进才能使平衡计分卡更好地为企业战略目标服务。

（二）360度反馈考核法

360度反馈考核法也可以称为全方位考核法、多源考核法，它区别于自上而下、由上级领导直接考核员工的方式，而是除了上级领导之外，与员工工作发生关联的同事、下属、客户、合作伙伴等都可以作为评价者。这是一种全方位、多维度、从不同层面的人员都能获取考核信息的方式。具体如图7-21所示。

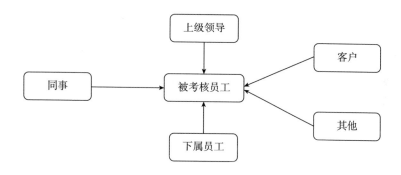

图7-21 360度反馈考核法

这种考核方式强调的是不单一通过员工上级进行考核，而要从与员工发生工作关系的各个方面的主体获得被考核员工的情况，综合进行考核评价。

1. 360度反馈考核法的实施流程

确定考核范围：要明确被考核员工，同时需要与被考核员工进行充分沟通，明确这种考核模式的价值和意义，确保员工对考核标准已经达成共识，避免考评结果受到考评成员个人主观因素的影响。

确定360度反馈考核方式：除员工自评外，360度反馈评价还要分别由上级领导、同事、下属员工以及客户等按各个维度进行评估，要注意考核方法的有效性。对于同事、下属员工以及客户等的评估最好采用匿名评价形式并对评估者填写的评估报告进行保密，这样评估者在匿名情况下才会做出更真实的评价。当然，考核要有所侧重，重点要体现直接上级的评价。

实施360度反馈考核：按照多维度考核视角，收集考核结果并进行初步分析，发现明显不公平的考核要与考核者进行有效沟通，必要时需要落实相关证据。

统计评估结果：对不同维度的评价结果进行汇总。

考核结果反馈：向被考核员工提供反馈是一个非常重要的环节。通过来自各方的反馈（包括上级领导、同事、下属员工、客户等）可以让被考核员工更加全面地了解自己的优缺点，以及自己目前的工作与上级和相关联同事等存在的差距。

2. 360 度反馈考核法的优缺点分析

优点：更多和更有效的信息评价渠道；兼听则明，评价信息互相验证；排除团队消极分子的有效手段；多维度引导促进员工全面发展。

缺点：数据收集和处理成本非常高；对于一些数据很难辨别真伪，需要大量精力去研究；考核过程可能导致企业内的气氛紧张；可能导致团队内部钩心斗角、互相猜测和不信任。

（三）目标管理法

目标管理（Management By Objectives，MBO）的出现源于著名管理学家彼得·德鲁克幼年的学习经历。彼得·德鲁克幼年时转到修道院读书。修道院的修女在每学期开始时确定本学期的学习目标，在日常学习中强调对她们学习的动态指导与反馈，并在每个学期末对学期的学习成绩进行测试、评价，最后还将回报激励与学期的成绩挂钩。德鲁克在这段学习经历中因为这种学习的方式而受益，当他步入管理的殿堂后，成功地将这种做法应用到企业管理之中，提出目标管理的方法论。

1. 目标管理的特征

目标管理作为实现组织目标的有效措施，与其他传统管理方法相比具有许多鲜明的特征，概括起来主要有以下几点：

（1）强调目标及目标体系。目标管理重视"目标"在管理中的作用，整个管理过程中的所有活动都是围绕"目标"展开的。同时，重视目标体系的构建。目标管理将组织的整体目标逐级分解，转化为各个部门、每个员工的分目标。这些分目标方向一致，环环相扣，相互配合，形成协调系统的目标体系。这样，每个人尽自己所能完成自己的分目标，组织的总目标也就得以实现。

（2）强调权、责、利的明确。目标管理通过对总目标的逐级分解，将总目标分解转换至部门和员工身上，与此同时对目标责任人赋予相应的权限、责任，并对其工作成果制定有针对性的奖惩办法，使权、责、利比以往更加明确，避免了企业传统组织结构带来的信息传递的漏洞，有助于在保持有效控制的前提下，使组织内部更加具有活力。

（3）重视工作成果。目标管理所奉行的是以成果导向为基础的管理思想，它对工作提出的要求不在于工作本身，而在于工作成果。目标管理以制定目标为起点，以目标完成情况的考核为终结。工作成果是评定目标完成程度的标准，也是人事考核和奖评的依据，是评价管理工作绩效的唯一标志。至于完成目标的具体过程、途径和方法，上级并不过多干预。所以，在目标管理制度下，监督的成分很少，而控制目标实现的能力却很强。

（4）强调"自我控制"。目标管理不是用目标来控制，而是用它来激励下级。德鲁克认为，员工是愿意负责的，是愿意在工作中发挥自己的聪明才智和创造性的。目标管理作为一种强调民主的管理方法，把个人的需求和组织目标结合起来，强调自我控制，用自我控制管理代替压制性的管理。

（5）强调参与管理。参与管理意味着目标的实现者同时也是目标的制定者，即由上级和下级一起共同确定目标。首先确定总目标，然后对目标进行分解和逐级展开，通过上下协商，制定出各部门直至每个员工的目标。这种做法打破了传统的金字塔式的组织结构和部门壁垒，使员工感到上级对自己的信任和重视，从而感受到自己的利益与组织发展密切相关，由此产生强烈的责任感和成就感。

2. 目标管理的过程

从程序上看，目标管理一般可分为三个阶段：第一阶段为目标设置；第二阶段为目标执行；第三阶段为目标评价与奖惩。

（1）目标设置阶段。目标设置阶段是制定组织总目标、分解总目标以及协调目标体系和组织体系的过程。制定组织总目标是推行目标管理的出发点，只有总目标确定了，组织才能对其进行层层分解并予以实施。对目标的协商与分解就是管理者和目标执行者在共同参与和平等协商的基础上，将组织总体目标层层分解，形成每个部门、每个小组以及每个员工工作目标的过程，其结果是组织的总体目标被分解成一个方向一致的目标体系。在此过程中，不管是采取自上而下还是自下而上的分解方法，目标执行者的参与和平等协商都是必须坚持的原则。

在目标分解之后，目标设置阶段的任务并未完成，管理者还需要对目标体系和组织体系进行诊断。一方面确保组织目标被完整分解，且无过多重叠；另一方面检验组织现行的结构、运行体制以及岗位职责设置等是否能保障目标体系的顺畅执行。在完成对目标体系和组织体系的调整之后，上级和下级需要就资源分配、权力授予以及目标实现后的评价奖惩等事宜达成一致，并签订目标协议。

（2）目标执行阶段。目标执行阶段是目标执行者凭借自我控制，独立自主地执行目标计划、完成工作目标的过程。在这个过程中，管理者需要适当授权，除了必要的绩效汇报、绩效辅导之外，员工主要靠自我管理和自我创造来开展自己的工作。当然，这并不意味着管理者不再需要过问员工的目标执行情况，相反，管理者需要与员工不断地保持绩效沟通，随时了解目标的执行情况，为员工提供必要的支持和帮助，并在条件发生变化时与员工共同对目标进行修正。在整个目标执行过程中，由于员工的个人目标和各级管理人员的策略目标都是以组织战略目标为依据的，当员工的个人目标和各级管理人员的策略目标实现时，组织目标就能得以实现。

（3）目标评价与奖惩阶段。目标评价与奖惩阶段是在目标实施过程结束后，评价主体将目标执行者所取得的工作成就与原先确定的标准进行比较，确定目标执行者的绩效水平，并以此为依据对组织成员进行适当的奖励或惩罚的过程。在这个阶段需要完成目标结果评价、反馈总结和奖惩三项任务。目标结果的评价通常首先由目标执行者进行自我评价，然后提交直接主管进行评价，而对执行者和直接主管无法达成一致的内容，则需要由评价仲裁人员来协助完成。在这个过程中，以目标执行者的自评为主，直接主管的评价次之，仲裁人员考评为辅，这突出反映了目标管理自我管理、自我激励的理念。反馈总结是指管理者和员工双方分别对自己在目标管理过程中的经验和教训进行总结和反思，制订下一步的改进计划，并在平等的基础上进行沟通和意见交换，然后就下一个目标管理循环中的授权、协作、指导和协调等事宜达成一致。这样做一方面可以帮助员工了解自己的优点和不足，为下一步的改进提高奠定基础；另一方面可以帮助管理者改善目标管理技能，提高管理水平。奖惩主要是根据绩效评价结果来进行，包括对员工薪酬、职务等进行调整，满足员工对物质、职业发展等方面的需求。

思考题

1. 职业经理人在制定工作标准时需要具备哪些方面的能力？
2. QC 新老七大工具分别指什么？二者有何区别？
3. 绩效诊断的基本过程包括哪些？
4. 绩效考核的主要方法有哪些？这些方法各有何特点？

第八章　职业经理人的协调能力

协调是指通过减少摩擦、降低内耗、化解矛盾等手段，促使两个或者两个以上的部门或个人步调一致、密切配合、相互补充的行为过程。协调的目的是实现动态平衡或相对均衡。协调能力是职业经理人的核心素质之一。正人先正己，职业经理人的协调能力首先表现为个人的自我管理能力，即实现自我平衡以及自我与环境的平衡的能力。从企业经营管理角度而言，职业经理人的协调能力主要体现为沟通能力，即能够积极主动而高效地与上司、同级、下属进行沟通，提高表达、倾听以及反馈的能力与技巧，完善沟通机制，提高沟通效率。

第一节　职业经理人的自我管理

一、职业经理人的时间管理

（一）时间及其特征

时间是一个较为抽象的概念，是物质运动的持续性、顺序性的表现，是人类用以描述物质运动过程或事件发生过程的一个参数。时间是一项独特的资源，是人们从事任何工作所必须依赖的基本要素。

时间具有五个基本特征：

（1）供给毫无弹性：时间的供给量是固定不变的，在任何情况下都不会增加，也不会减少，每天都是 24 小时，所以我们无法开源。

（2）需求无法取代：任何一项活动都有赖于时间的堆砌，也就是说，时间是任何活动都不可缺少的基本资源。因此，时间是无法取代的。

（3）无法截留蓄积：时间不像人力、财力、物力和技术那样能被积蓄储藏。不论愿不愿意，我们都必须消费时间，所以我们无法节流。

（4）无法失而复得：时间无法像失物一样失而复得。它一旦丧失，则会永远丧失。花费了金钱，尚可赚回，但倘若挥霍了时间，任何人都无力挽回。

（5）具有独特价值：时间具有独特的价值，每一天、每一小时、每一分钟都有很大的价值。从企业经营管理的角度来看，浪费时间就意味着增加成本、减少利润。

（二）时间管理内容

时间管理，是指时间支配者通过形成科学高效的工作方式和生活习惯，减少时间浪费，提高时间利用效率，以便有效地完成既定目标。可见，对于职业经理人而言，时间管理的对象并不是"时间"本身，而是职业经理人自身。时间管理的目的不是让时间增多或减少，而是减少对目标毫无贡献的时间消耗，提高时间利用的效率。时间管理的基本内容包括确定目标、工作分析、时间分配、减少浪费。

1. 确定目标

时间管理的首要问题是确定目标，没有目标，也就无所谓时间管理。确定目标，也就是明确在一定时间内所要完成的任务或要达到的目的。设定目标的基本原则之一就是要有时间限定，要明确完成任务、实现目标的具体时间。目标确定后，就要对目标进行分解，将总目标分解为若干个分目标，或将长远目标分解为若干个阶段性目标，目的在于制订详细的工作计划，以便有计划、有组织地实现目标。

2. 工作分析

这里的所谓的工作，既包括计划内的具体工作任务，也包括计划外的临时工作任务或需要消耗时间的各类突发情况。对待这些工作，要进行工作分析，也就是要根据工作目标分清楚工作的轻重缓急。我们可以根据工作的重要程度和紧急程度将工作分为四种类型：重要而紧急的工作、重要不紧急的工作、不重要但紧急的工作、不重要也不紧急的工作（见图8-1）。

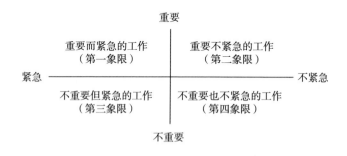

图8-1　工作分析矩阵

3. 时间分配

时间分配就是要根据工作分析安排工作的先后顺序和占用时间的多少。一般来说，紧急的工作首先处理或立即处理，不紧急的工作按照计划正常进行或稍后处理，重要的工作占用时间多，不重要的工作占用时间少。

安排工作的先后顺序要遵循 4D 原则（见图 8-2），即立即做（Do it）、稍后做（Delay it）、授权做（Delegate it）、可不做（Drop it）。

	紧急	不紧急
重要	I 立即做 （Do it）	II 稍后做 （Delay it）
不重要	III 授权做 （Delegate it）	IV 可不做 （Drop it）

图 8-2　时间分配 4D 原则

安排工作所占用时间的多少要遵循二八原则（见图 8-3），即第二象限"重要不紧急的工作"占用 65%~80%的时间，而第一象限"重要而紧急的工作"占用 15%~30%的时间，第三象限"不重要但紧急的工作"占用 15%左右的时间，第四象限"不重要也不紧急的工作"占用少于 1%的时间。

	紧急	不紧急
重要	I 15%~30%	II 65%~80%
不重要	III 15%	IV <1%

图 8-3　时间分配二八原则

4. 减少浪费

所谓时间浪费，是指对既定工作目标毫无贡献的时间消耗。一般来说，导致时间浪费的主要原因有拖延滞后、杂乱无章、不懂授权、过度休闲娱乐、过多零碎时间以及时间冲突。时间管理就是要尽量减少这些时间浪费。

（1）拖延滞后。拖延是时间的第一杀手。"反正还有时间""以后再说吧""明天吧""再考虑吧"……时间总是在拖延中流逝了。工作分析矩阵图中的第二象限"重要不紧急的工作"往往会成为拖延的对象，拖延的后果是将"不紧急的工作"变成了"紧急的工作"，而我们就要"四处救火"紧急处理这些工作。

（2）杂乱无章。杂乱无章的表现有很多方面：一是工作无计划或计划不周，随心所欲，想到什么做什么，碰到什么做什么；二是工作无主次，不分轻重缓急，大部分时间都浪费在了次要工作或不重要工作上；三是工作生活无规律，看似忙忙碌碌，但缺乏必要的自我约束，很多时间都浪费在碌碌无为之中；四是物品摆放杂乱无章，很多时间都浪费在找东西上。

（3）不懂授权。由于不懂授权或不愿授权，凡事亲力亲为、事必躬亲，导致职业经理人要花很多时间做分外之事。

（4）过度休闲娱乐。适度的休闲娱乐可以愉悦心身、养精蓄锐，从而提高工作效率，但过度休闲娱乐就是浪费时间。

（5）过多零碎时间。不可能所有的时间都是连续的，但如果零碎时间过多，或者对零碎时间利用率不高，就会导致时间浪费。

（6）时间冲突。导致时间冲突的主要原因是事先沟通不到位，使自己的时间与别人的时间没有取得协同，从而造成时间浪费。如拜访某人，而没有提前预约，到地方后才发现此人不在，白白浪费了时间。

（三）时间管理矩阵图

我们可以利用时间管理矩阵图（见图8-4）对时间进行管理。

第一象限"重要而紧急的工作"：主要包括危机处理、紧急状况、限期完成的工作等，处理的主要原则是"越少越好"，处理的最好方式是"立即去做"。

第二象限"重要不紧急的工作"：主要包括工作规划、工作计划、规章制度的建立，人际关系的建立，个人能力的提高等，处理的主要原则是"集中精力处理"，处理的最好方式是"按计划进行"。

第三象限"不重要但紧急的工作"：主要包括临时任务、突然的电话、所谓的紧急事件等，处理的主要原则是"适当放权"，处理的最好方式是"交给别人"去做。

第四象限"不重要也不紧急的工作"：主要包括娱乐休闲、琐碎之事、逃避性活动、等待性活动等，处理的主要原则是"劳逸结合"，处理的最好方式是"尽量少做"。

	紧急		不紧急	
重要	I	内容：危机处理等 原则：越少越好 方式：立即去做	II	内容：工作规划等 原则：集中精力处理 方式：按计划进行
不重要	III	内容：临时任务等 原则：适当放权 方式：交给别人	IV	内容：娱乐休闲 原则：劳逸结合 方式：尽量少做

图8-4 时间管理矩阵

二、职业经理人的学习管理

学习是获得知识和技能的过程，是提升思维认知水平、思想道德境界和为人处世能力的过程。联合国教科文组织（UNESCO）将学习定义为4L，即Learn to know（学会认知）、Learn to do（学会做事）、Learn to live together（学会共同生活）、Learn to be（学会生存）。学习是一种能力，管理学把这种能力定义为学习力。学习力由知识、提问、行动和反思四个要素组成，其公式是：$L = P + Q + A + R$，其中L代表学习力（Learning），P代表知识（Programmed knowledge），Q代表提问（Questioning），A代表行动（Action），R代表反思（Reflection）。学习力是一个人或一个组织学习的动力、毅力和能力的综合体现，是把知识资源转化为知识资本的能力。学习，是一个提高知识总量、知识质量、知识流量和知识增量的过程。知识总量取决于学习内容的宽广程度和开放程度，知识质量取决于学习者的综合素质、学习效率和学习品质，知识流量取决于学习的速度和吸纳、扩充知识的能力，知识增量取决于学习成果的创新程度以及学习者把知识转化为价值的程度。

知识改变命运，学习成就未来。职业经理人要不断学习、善于学习、终身学习，将学习当作是一种习惯、一种健康的生活方式。职业经理人要努力提高各方面的知识素养，要自觉学习科学文化知识和企业经营管理技能，主动加快知识更新速度、优化知识结构、拓宽眼界和视野，不断增强应对新情况、新问题、新挑战的各种本领，以学习赢得主动、赢得优势、赢得未来。

（一）职业经理人的学习内容

作为一名职业经理人，其学习掌握的知识技能应该是全面而系统的，应该与工作岗位和职责相匹配。职业经理人是企业管理者，从事企业经营管理工作，应学习掌握所在行业的知识和技能、经济管理类知识和技能、政治法律类知识和技能、人文科技类知识和技能。

（1）所在行业的知识和技能，即本企业所在行业的专业性知识。如在汽车制造公司，职业经理人就必须知道汽车的结构、型号、材料、工艺流程、性能和发展动态等专业知识。当然，职业经理人不一定是这方面的专家，但是不懂这方面的知识，职业经理人就无法把握企业的发展方向，无法跟企业内部的技术专家、员工进行沟通。

（2）经济管理类知识和技能。职业经理人从事企业经营管理工作应了解市场经济规律、管理基本原则及方法。一般来说，职业经理人应学习掌握的经济管理类知识和技能包括经济法、经济学、管理学、组织行为学、战略管理、人力资源管理、营销管理、生产与运作管理、财务管理、资本运营、创新管理、企业国际化经营等。

（3）政治法律类知识和技能。政治及其相关政策关系到企业的发展方向，决定着企业和行业的兴衰。职业经理人只有学政治、懂政治、讲政治，才能够洞察世界经济形势的变化，准确把握国家宏观经济的方针、政策，准确把握市场发展规律和社会发展需求。同时，当代社会是法治社会，所有组织和个人都必须在法律许可的范围内行为处事。企业作为市场竞争的主体，必须遵守市场经济规则和各种法律法规，在法律允许的范围内开展生产经营活动。职业经理人如果没有相应的法律意识和法律知识，不能用法律规范自己的行为和保护自己的利益，轻则损害公司和个人利益，重则走向违法犯罪。

（4）人文科技类知识和技能。职业经理人要学习文史知识，特别是中华优秀传统文化，以学益智，以学修身，树立正确的世界观、人生观、价值观。职业经理人要了解一些文学知识，通过提高文学鉴赏能力和审美能力，陶冶情操，培养高尚的生活情趣。职业经理人要了解一些科技知识，了解科技发展最新成果，掌握科技发展动态，以把握市场需求变化和发展趋势。

（二）职业经理人的学习障碍

（1）环境障碍。社会环境、工作环境、生活环境在客观上影响和制约了职业经理人的学习。

社会环境。当今社会是信息技术时代、知识经济时代，各种新知识、新理论、新技术、新方法层出不穷，各种知识相互叠加、相互交融，知识更新速度加快。知识的数字化、网络化、信息化对知识学习、知识共享、知识产出提出了更高要求，人类社会由学历型社会转变为学习型社会，由个人学习社会转变为团队学习社会，由线性学习社会转变为知识网络型社会。市场竞争日益深度化、繁杂化，公司竞争聚焦于知识竞争、技术竞争和人才竞争。一方面，职业经理人普遍存在强烈的知识恐慌、本领恐慌，对自身学习也提出了更高的目标和更高的要求。另一方面，受网络全面覆盖、现代通信技术和智能移动终端等因素影响，职业经理人的学习呈现出碎片化、娱乐化特征。另外，面对数量庞大、良莠不齐的所谓的网络知识、新知识，职业经理人也往往感到真伪难辨、无所适从。

工作环境。一是学习氛围不浓厚，很多公司片面强调业务工作，对学习的重要性认识不到位，导致职业经理人疲于应付事务性工作、业务性工作，而没有时间和精力用于学习提高。二是学习机制不健全，很多公司虽然意识到学习的重要性，但对学习缺乏制度性安排和常态化措施，学与不学一个样、学多学少一个样、学好学坏一个样，学习目标不明确、学习标准不统一、学习激励不到位。三是学习效果不佳，很多公司组织了各种学习、培训，但只是为了学习而学习，缺乏对公司问题的研究判断，学习缺乏针对性、实用性，员工思想和行为没有得到实质改进。

生活环境。职业经理人除了应付工作之外，还要花大量的时间和精力用于经营家庭和社会交往，这也导致职业经理人无力学习、无心学习。

（2）个人障碍。有的职业经理人不思进取、安于现状，学习动力不强，不愿学。有的职业经理人认为自己学历高、职务高、经验足、能力强，学习需求不高，不屑学。有的职业经理人热衷于应酬、忙碌于事务、沉溺于娱乐，学习毅力不足，不勤学。有的职业经理人附庸风雅、装点门面、走秀作样，学习目的不纯，不真学。有的职业经理人心浮气躁、浅尝辄止、流于表面，学习作风不实，不深学。有的职业经理人食而不化、学用脱节，学习脱离实际、脱离思考，学习方法不优，不善学。有的职业经理人不懂授权、不善于时间管理，凡事亲力亲为、四处扑火救灾，学习时间不多，不能学。

（三）职业经理人学习策略

1. 知识学习策略

知识经济时代，伴随着广泛而深刻的社会变革和突飞猛进的科技发展，知识更新的周期大大缩短，各种新知识、新情况、新事物层出不穷。职业经理人既要学习理论、掌握新知、认识真理、探索规律，提高企业经营管理的能力，又要加强思想道德锻炼，提高自身修养，改造主观世界。职业经理人知识学习不能无的放矢、泛泛而学，而要坚持兴趣导向、问题导向、短板导向和提升导向。

（1）兴趣导向。兴趣是激励学习的最好老师，是最大、最持久的学习动力。"知之者不如好之者，好之者不如乐之者。"兴趣导向，一方面强调职业经理人要选择自己最感兴趣的知识来学习，另一方面也要求职业经理人将学习当作是自己最大的乐趣，将学习作为一种追求、一种爱好、一种健康的生活方式，做到好学乐学。有了学习的浓厚兴趣，职业经理人就可以变"要我学"为"我要学"，变"学一阵"为"学一生"。

（2）问题导向。"学而不思则罔，思而不学则殆。"职业经理人要带着问题向书本学习、向实践学习、向群众学习。只有带着问题学习，职业经理人才能找到解决问题、做好工作的办法。首先，职业经理人要增强问题意识，要善于发现问题、勇于面对问题、乐于研究问题、着力解决问题，要善于找出工作中的共性问题和个性问题，把问题的成因、症结、危害等找出来、找准确。其次，职业经理人要增强解决问题的能力，要从各项工作中存在的突出问题入手，把解决问题的过程当作学习的过程，将问题各个击破，把矛盾逐个化解，从而提高企业经营管理能力。

（3）短板导向。"尺有所短，寸有所长；物有所不足，智有所不明；数有所不逮，神有所不通。"人或事物各有长处和短处，职业经理人的学习要做到强优势补短板。职业经理人尤其需要根据个人在工作中的短板和弱项进行有针对性的学习提高。首先，职业经理人要准确地找到自己的短板和弱项，不怕自曝其短、自揭伤疤，就怕自护其短、不懂装懂。其次，职业经理人要努力学习提高，补齐自己的短板，强化自己的弱项，要坚持干什么学什么、缺什么补什么，有针对性地学习掌握做好企业经营管理工作、履行岗位职责所必备的各种知识，努力使自己成为真正的行家里手、内行领导。

（4）提升导向。"学无止境，行以致远。"职业经理人要树立通过知识学习提升个人企业经营管理能力和职业发展竞争能力的理念。能力不会凭空获得，必须通过刻苦学习和训练才能获得。尤其是面对日益复杂的企业内外环境、客户员工的各种新需求、层出不穷的管理方法和技术手段，职业经理人要有能力不足的"本领恐慌"和自我提升的"强烈欲望"，不断学习企业经营管理的新理念、新方法、新技术、新手段，努力提升个人职业能力。同时，职业经理人还要努力在知识学习和实践锻炼中提升个人思维认识水平和思想道德境界，树立正确的世界观、人生观和价值观，努力提高个人修养和人生境界，不断增加个人的领导魅力。

2. 行动学习策略

"纸上得来终觉浅，绝知此事要躬行。"职业经理人要把研究和解决现实问题作为学习的根本出发点，坚持干中学、学中干，坚持学以致用、用以促学、学用相长，不断增强企业经营管理工作的本领、提高解决实际问题的水平。行动学习策略就是实现工作学习化、学习工作化、学习生活化，坚决打破学习与工作、生活的壁垒，将学习、工作、生活三者融为一体，利用一切机会最大限度地扩大学习成果，并在第一时间将学习成果应用到工作和生活的实践当中。

（1）坚持行动第一。知行合一，但知易行难。只有积极行动起来，才有可能成功。职业经理人不能等学好了再行动，不能坐而论道没有实际行动，而是要在行动中进行学习，要把行动摆在第一位，坚持干中学、学中干。

（2）坚持检视反思。职业经理人在工作过程中要善于检视反思自己存在的问题、短板、弱项，要找准问题的症结、根源所在，通过检视反思进一步明确自己今后学习和努力的方向。同时，职业经理人要善于总结反思别人的失误和教训，避免发生同样的情况，从他人身上汲取成功的经验；对自己的成功要居"功"思危，检讨成功中可能隐藏的不足与危机。

（3）坚持共享共赢。"两个人相互交换一个苹果，每个人所得还是一个苹果；两个人相互交流思想，每个人都会获取两个思想。"职业经理人的学习要善于共享共赢，通过沟通与分享打破人和人之间的隔阂，在交流中产生新的思想、认识、方法、手段，使每个人都能获得整个团队的集体思想和智慧，从而提高学习效率。

（4）学习无所不在。朱熹曾经说过，"无一事而不学，无一时而不学，无一处而不学"。职业经理人要做到时时学习、事事学习、处处学习，实现学习无所不在。职业经理人要善于在日常工作和生活中全时空、全方位地抓住一切可以学习的时间和机会来学习，在工作实际中长见识、增才干。

3. 标杆学习策略

标杆学习是企业学习和改进战略管理实践的一种方式。标杆学习的目的在于将自己的产品、服务及管理等与典范企业、标杆企业作比较，找出差距，借鉴他人的先进经验和好的做法，补齐短板、强化弱项、弥补漏洞，从而提高企业竞争力。标杆学习的实质是模仿、学习和持续改进。职业经理人将标杆学习运用到个人学习之上，也就是将个人的工作理念与态度、工作方法与技能、工作业绩与效果等与标杆人物、标杆理念、标杆企业进行比较，找出自身差距、短板和弱项，学习、借鉴、模仿他人先进经验和先进做法，持续改进个人学习状态和效果，全面提高个人能力和素质。

（1）向标杆人物学习。榜样的力量是无穷的。职业经理人要向社会、行业公认的标杆人物学习，给自己树立一个全面学习的榜样，从他们身上汲取前进的力量和获得企业经营管理的方法手段。"三人行，必有我师焉""三百六十行，行行出状元"。职业经理人还要向自己身边的人或熟悉的人学习，学习他们的工作技能和技巧，学习他们的优点和长处。

（2）向标杆事件学习。向标杆事件学习就是学习做人做事的方式方法，就是借鉴处理某件事情的成功经验和好的做法，如某次危机事件的成功处理、某次会议的成功主持、某次成功的市场开拓等。

（3）向标杆企业学习。向标杆企业学习就是学习模仿标杆企业的经营管理方法，并将这样的经营管理方法运用到自己的实际工作中来。标杆企业可以是行业内的，也可以是行业外的；可以是存在竞争关系的，也可以是不存在竞争关系的。

4. 团队学习策略

《淮南子·兵略训》中说："千人同心，则得千人之力；万人异心，则无一人之用。"独乐乐不如众乐乐，独自学习不如团队学习。团队学习可以形成统一的思想理念、价值取向、行为规范、评价标准，团队学习能力的大小决定了企业竞争能力的大小。职业经理人不但要强化个人学习，更要强化团队学习。团队学习是一个发现问题—强化学习—改变行为—总结反思的循环过程。①发现问题。团队成员发现、研究影响工作绩效的各种因素，探索、寻找改进工作的新思路、新方法，确定团队学习的主要任务。②强化学习。团队成员针对工作中所发现的问题，学习掌握新知识、新技能，并在工作中不断进行强化训练。③改变行为。团队成员根据实际工作情况，重新审视团队目标、工作流程，根据新知识、新技能调整和改进个人行为及团队行为，形成新的良好习惯。④总结反思。通过团队反思和个人反思的形式，总结反思团队学习中的成功经验和失败教训，形成新的学习理念、学习方案和学习行动，开始新的团队学习循环。

职业经理人团队学习要坚持"三个面向"：一是面向团队智力的提高。团队经常要解决一些新的、复杂的问题，不可能依靠少数人的智慧和知识来解决，其依赖的是团队的力量。团队学习面向团队整体智力的提高，强调团队所有成员都学习掌握新知识、新技能。二是面向团队执行力的提高。学习不是目的，目的在于学以致用，解决团队和工作中存在的问题。团队学习聚焦于团队目标任务的正确认知和理解，聚焦于运用所学知识和技能解决实际问题，聚焦于提高团队的整体执行力。三是面向员工的全面发展。一方面要鼓励员工立足岗位勤奋学习，成为岗位能手、业务尖兵，另一方面要鼓励员工面向新的职位和更高的工作要求努力学习，为企业和社会做出更大贡献。这就要求职业经理人一方面要重视员工在本团队的作用，另一方面要重视员工在其他团队中所扮演的角色和所产生的影响。

三、职业经理人的健康管理

"身体是革命的本钱"，健康是最宝贵的财富。没有健康，所谓的名誉、地位、金钱、爱情、家庭等都是空中楼阁。职业经理人工作任务繁重、工作压力巨大，尤其需要注重自身的健康管理。职业经理人的健康管理主要包括树立正确的健康管理理念、养成良好的生活工作习惯、心理健康的自我调适、疾病预防与控制、健康监测与风险评估、保健养生等，在此只分析前三点。

（一）树立正确的健康管理理念

（1）健康必须放在第一位。人们都能认识健康的重要性，但实际上却很难将健康放在第一位。因为我们总是抱有侥幸心理，总是能够找到各种理由说服自己：这项工作太重要了，就熬一次夜，应该没有太大关系；这个客户太重要了，就陪他喝一杯酒，应该没有太大关系；工作太辛苦了，抽根烟解解乏……

（2）健康需要科学管理。健康管理是一门科学。从医学角度来说，健康管理就是通过运用信息和医疗技术，在科学的健康保健、医疗基础上，建立完善的个性化服务程序与自我管理机制，其目的在于通过维护健康、促进健康等方式帮助健康人群及亚健康人群建立有序健康的生活方式，降低健康风险，远离疾病；而一旦出现临床症状，则通过就医服务的安排，尽快地恢复健康。可见，健康是能够进行管理的，也是必须进行科学管理的。

（3）健康是全方位、全过程的。首先，健康不仅包括生理健康，也包括心理健康。生理健康是心理健康的基础，心理健康是生理健康的重要标志，生理健康与心理健康相互作用、相互影响。其次，健康是过去、现在、将来长期作用的结果。现在的不健康，都是过去的不健康方式所造成的；现在不注重健康，必然导致将来的不健康；现在加强健康管理，才能确保将来的健康。最后，健康影响的不仅仅是个人，还会影响家庭、工作，甚至影响社会。

（二）养成良好的生活工作习惯

（1）习惯的作用是巨大的。一个习惯养成一种品格，一种品格决定一种命运。养成良好的习惯，是我们健康的保障，也是我们终身最宝贵的财富。而不良的生活习惯，如缺乏运动、过度劳累、过多的应酬、吸烟、过量饮酒或咖啡、睡眠不足、睡眠质量差等，都会危害人体健康。不良的工作习惯，如久坐、运动不足、长期使用计算机等，会导致腰肌劳损、颈椎病、腰椎间盘突出、便秘、痔疮、皮肤损害等病症。

（2）习惯都是养成的。习惯是一种行为定式，无论是好习惯还是坏习惯都是养成的。养成好习惯难，而形成坏习惯容易。所以，我们都要努力改掉坏习惯，努力养成好习惯。

（三）心理健康的自我调适

1. 心理健康的标准

所谓心理健康，是指能够积极采取有效措施，不断调整自身的不良情绪与行为，以适应所处环境及其变化的一种状态。一般来说，心理健康最重要的标准有以下几个方面：

（1）智力正常，即具备正常的观察能力、记忆能力和思维能力。

（2）情绪乐观，即心胸开阔、情绪稳定并乐观，热爱生活，对未来充满信心，遇到困难能够自我战胜，能从不良情绪中调整过来。

（3）自我意识明确，即能够客观认识和评价自己，了解自己的优点、缺点及各方面的条件，做力所能及的事情，能够根据环境调节自己的行为。

（4）人际关系和谐，即能够与大多数人建立良好的人际关系，在人际交往中能够保持独立而完整的人格，在与人的交往中积极态度多于消极态度。

（5）适应环境及其变化，即能够正确认识环境，并能随着环境的变化而及时调整自己，能够合理处理人和环境的关系，遵守各种社会规范，与社会同步发展。

2. 心理健康的影响因素

影响职业经理人心理健康的因素主要有人际关系紧张、心理压力过重、个性特征不良、挫折与失败、思维方式不正确、消极情绪。

（1）人际关系紧张。职业经理人往往都会注重人际交往，在意他人对自己的评价和态度，希望尽快与他人建立良好的人际关系。积极良好的人际关系可以促进心理健康的发展和工作的顺利开展。但是，职业经理人在人际交往中会因为身份地位、价值观念、处世原则、个性特征、现实需要、环境制约等造成人际关系紧张。紧张的人际关系会导致人的心理失调、心情压抑，长此以往就会影响人的心理健康，导致各种心理和生理的疾病。

（2）心理压力过重。职业经理人总是要承受巨大的心理压力。一定的心理压力可以使人产生紧迫感、危机感，有助于人们充分调动各种积极因素，从而提高工作效率。但是，长期过重的心理压力会使人的大脑长期处于高度紧张之中，会导致生理和心理机制失衡，从而影响心理健康或产生心理疾病。

（3）个性特征不良。性格外向、情绪稳定的职业经理人更容易调整自身状态和适应环境的变化，而性格内向、神经质的职业经理人容易受外界刺激并难以调适。傲慢、自以为是、以自我为中心的职业经理人难以与人融洽相处，往往会导致人际关系紧张，容易导致身心障碍。争强好斗、急躁易怒的职业经理人难以控制个人情绪，容易导致心理缺陷。

（4）挫折与失败。挫折与失败在所难免，它带来的负面感受直接影响人的心情。如果职业经理人的这种负面感受长期得不到缓解，就会造成焦虑、紧张、冷漠、抑郁、攻击等心理疾病。

（5）思维方式不正确。职业经理人的思维方式不仅影响其行为方式，还会对心理健康产生深远影响。机械的、片面的、僵化的思维方式会使职业经理人陷入误区，走上歧途，从而导致进入偏执状态，久而久之产生某些心理疾病。

（6）消极情绪。愤怒、憎恨、忧愁、悲伤、恐惧、焦虑、痛苦等消极情绪会使职业经理人心理失衡或生理机能失调，如果消极情绪非常强烈或持续时间较长，将会引起职业经理人的心理疾病或生理疾病。

3. 心理健康的自我调适

职业经理人要积极应对个人心理健康问题，要根据自身状态和环境变化不断进行调适，以达到心理和生理的动态平衡。职业经理人心理健康的自我调适包括自我意识调适、角色心理调适、心理压力调适、决策心理调适、挫折心理调适。

（1）自我意识调适。职业经理人可以从自我认知、自我体验、自我调节三个方面进行自我调适，以达到生理自我、社会自我和心理自我的动态平衡。①正确认知自我。从相貌、能力、品行及人际关系等多方面认识自己，认知维度越多，自我认知越准确。②客观评价自我。准确而客观地进行自我评价，既不自以为是，也不妄自菲薄；既能看到自己的长处，也能看到自己的不足。③积极悦纳自我。无论自我认知和自我评价结果如何，都欣然接受自己，并更加关注自身优势、成就、闪光点。④不断提升自我。强化学习，强化训练，积极克服自我障碍，不断提升自我。⑤持续关注自我。通过自我监测、自我反思、外界反馈等方式持续关注自身心理和生理的状态及变化趋势，并不断重复进行自我调适。

（2）角色心理调适。职业经理人需要扮演多重角色，并在各种角色中不断转换，难免会出现角色不清、角色紧张、角色冲突等角色失调问题。职业经理人角色心理调适的主要内容为：①正确认识角色扮演。职业经理人要客观认识自己的社会生活、工作环境、家庭生活和个人发展等各种情况下所扮演的不同角色，要避免角色边界上的模糊不清和角色定位上的混同混通。②合理设置角色活动。职业经理人要合理设置各种角色活动的时间和精力的投入，正确处理各种角色关系，顾此不失彼，实现社会、工作、家庭和个人的和谐发展。③积极调节角色冲突。职业经理人要充分认识角色冲突产生的内外原因，对可能存在的角色冲突要有充分的心理准备，要统筹兼顾、胸怀全局，要抓大放小、化解矛盾，要换位思考、打破定式，要分门别类、层次递进。

（3）心理压力调适。人人都会有压力，职业经理人要比常人承受更多、更大的心理压力。职业经理人的心理压力调适主要包括：①认识压力源。职业经理人要正确认识自己的压力源，对其进行分类分析，明确哪些压力是由外界环境因素造成的、哪些压力是个人内心冲突所造成的，并采取有针对性的措施加以解决。②调整认知状态。职业经理人要学会主动调整自己的不合理认知，从而减轻自己的心理压力，如面对痛苦烦恼学会自我安慰、面对他人能够将心比心、遇到困难问题不夸大其词、说话办事不走极端、积极处理问题，这些都助于我们调整认知状态。③调整情绪状态。职业经理人要学会控制自己的情绪，沉着应对压力。在情绪波动时，学会采用放松训练法、移情别恋法等进行情绪调节。④增强应对技能。职业经理人要增强压力应对技能，如提高工作效率技能、改善人际关系技能、自身放松调整技能等。⑤调整生活方式。职业经理人要合理调节工作节奏，兼顾工作和生活，做到劳逸结合。职业经理人要养成健康的行为习惯和生活方式，保证饮食合理、睡眠充足，并进行适当的体育锻炼。

（4）决策心理调适。职业经理人决策的心理调适包括决策心理调节和决策失误应对。职业经理人决策心理调节主要包括：①调节决策认知，避免认知失调。②调节决策情绪，避免情绪干扰。③优化决策个性，避免个性倾向。导致职业经理人决策失误的心理原因主要有价值观念偏误、识人用人不当、自我管理不良等。决策失误后，职业经理人的最佳应对策略是坚决果断地立即停止执行此决策，并采取有效措施尽量挽回损失和消除不良影响。同时，职业经理人要正确认识决策失误，不能因此就否定自己，要将失误当作一种磨砺、一个学习提高的机会，要吸取教训、总结经验，以便在今后的决策中提高自己的决策能力和心理承受能力。

（5）挫折心理调适。挫折在所难免，职业经理人遇到挫折时应当进行积极的心理调适。①提高思想认识，正确对待挫折。挫折是普遍的、客观的，每一个人都不可避免地要遇到挫折，我们要勇于直面挫折。挫折是两面的，积极面对挫折，它就是我们的磨刀石；消极面对挫折，它就是我们的拦路虎。我们要学会换个角度看待我们所遇到的挫折，学会转移我们的注意力，对挫折产生的原因进行正确的分析。②总结经验教训，合理利用挫折。总结经验教训要看目标是否过高、方法是否得当、路径是否可行、环境是否支持、付出是否尽力等。总结经验教训是为了避免下一次犯同样的错误，提高成功率。③合理设置期望，尽量避免期望过高、超出自己的能力水平。④采用合理的调节措施，如自由的情绪发泄可使受挫者达到心理平衡，建立和谐的人际关系可以得到同情、安慰、鼓励和支持等。

四、职业经理人的情绪管理

（一）情绪及其特点

心理学家利珀认为情绪是一种具有动机和知觉的积极力量，它组织、维持和指导行为，它是人类心理活动和精神生活的重要组成部分。人的需要是情绪产生的基础，需要是否被满足、满足程度有多大，就会产生各种具体的情绪。人的认知是情绪产生的中介，对事物、事件的客观认知不会直接产生情绪，具有评价性质的认知才会产生情绪。

情绪具有以下几个基本特点：

（1）情绪具有客观性。情绪是一种客观存在，本身没有对错，只有当人无法驾驭情绪的时候，才会出现错误的情绪——坏情绪。

（2）情绪具有短暂性。与情感和心态比起来，情绪具有短暂性，即受到外部的刺激，会在瞬间爆发。

（3）情绪具有夸大性。人们常常会表现出与事实有距离的情绪，特别是负面情绪，为了表达自己的不满、引起他人的重视，我们常常会夸大其词，放大自己的感受。

（4）情绪具有周期性。人的情绪激昂、情绪平稳、情绪低落交替产生，并具有周期性的张弛规律。如果这种规律被打破，或者长期处于激昂情绪或低落情绪中，人们往往就会认为此人的情绪出现了问题。

（5）情绪具有表情性。不同的情绪，会有不同的面部表情、肢体语言和语言表达。同样一句话或一种行为，配以不同的情绪表情，表达的就是不同的情绪。例如，你把一本书轻轻地放在桌子上，表达的是平静的情绪；而把这本书重重地摔在桌子上，表达的就是生气的情绪。

（二）情绪管理的基本内容

情绪是可控的，是可以管理的。心理学家弗洛伊德曾说过：学习掌握自己的情绪，是成为文明人的基础。所谓情绪管理，是指对人们的情绪进行控制和调节的过程。加强情绪管理，有助于保持生理和心理健康，有助于建立良好的人际关系，有助于提高工作效率和生活品质，有助于促进个人价值的实现。如果我们对情绪不加以管理控制，甚至放任某种情绪长期存在或错误表达情绪，都会导致我们的身心健康受到损害，也会导致工作受挫、人际关系失调等一系列问题。

情绪管理的基本内容包括：细心体察情绪、正确接纳情绪、合理表达情绪、驾驭不良情绪。

（1）细心体察情绪。就是要明确自己是一种什么样的情绪状态以及导致这种情绪的根源。找到情绪产生的根源有利于我们进行情绪管理，便于我们对症下药。

（2）正确接纳情绪。情绪无所谓对错，我们也无法消除情绪，只能控制和调节情绪。无论是积极情绪还是消极情绪，我们都要正确面对，喜、怒、哀、乐、爱、恶、惧，我们都要承认和接纳。

（3）合理表达情绪。情绪表达的方式和时机要恰当，表达情绪要有尺度和分寸，要口气委婉、措辞合理，要行为节制、适可而止，要分清场合、分清对象。

（4）驾驭不良情绪。作为职业经理人，在工作、生活中要努力驾驭和控制愤怒、紧张、急躁、消沉这些不良情绪。

（三）如何驾驭不良情绪

1. 驾驭愤怒情绪

愤怒是一种进攻型的情绪，对职业经理人的个人形象、威信和工作成效等具有十分明显的影响。职业经理人在工作生活中要善于驾驭和控制愤怒情绪，要合理表达愤怒情绪，而不被愤怒情绪所左右和控制。

职业经理人毫无节制地乱发脾气或无法控制自己的愤怒情绪，对己对人都会产生较大的危害性和消极作用。但是，我们不能把愤怒、发脾气简单地看作是情绪失控、行为举止失态，有时合理地表达愤怒情绪、偶尔发一发脾气也是具有积极作用的。例如，在涉及政治立场、国家利益、民族尊严、社会公平正义、人民根本利益等大是大非、原则性、根本性问题时，或为坚持真理立场、反对错误思想路线，或遇到歪风邪气、丑恶现象时，职业经理人应当表现出自己坚定的原则立场、高尚的道德品质、坚定的职业操守，应当挺身而出、拍案而起、义正词严地表明自己的立场和态度。

合理表达愤怒情绪，是职业经理人智慧、情感、经验、意志、素养和气质等多种因素创造性运用和发挥的结果。职业经理人表达愤怒情绪要把握以下几个基本原则：

　　（1）怒而有理。职业经理人不要因为小事情发怒，不要因为自己的私事、私利而发怒，不要因为下属的小问题而发怒，不要因为非原则性问题而发怒。职业经理人要充分考虑是不是值得发怒、发怒后是否可以达到预期的效果和目的。

　　（2）怒而有节。职业经理人要把握发怒的强度，要将愤怒情绪控制在合理可控的范围之内。可怒可不怒时，就不要发怒；可大怒可小怒时，小怒即可。

　　（3）怒而有别。职业经理人要注意发怒对象的差异性，充分考虑发怒对象的年龄、性别、性格、心理承受能力、社会地位等各种因素，不可毫无顾忌。

　　（4）怒后致歉。职业经理人要采取补救措施来减少和消除因发怒而带来的不良影响和后果，真诚地向对方道歉能平息对方的怒火。

　　职业经理人要成为愤怒情绪的驾驭者，其根本是要不断加强自我修养，关键是要进行自我控制调节。职业经理人加强自我修养要有远大的理想、宏大的格局和宽阔的胸怀，要树立正确的世界观、人生观和价值观，要修身养性、陶冶情操，要塑造宽容大度、温文尔雅、性情温和、不急不躁的良好形象。

　　职业经理人要加强自我控制调节，主动控制自己的情感冲动和行为方向。职业经理人可采取的克服愤怒的技巧有：

　　（1）拖延忍耐。当感觉到愤怒时，职业经理人要学会忍一忍、拖一拖，在事实没有明确之前不妄下结论、不乱发脾气，平静之后就发现其实没有必要发脾气。冲动发脾气，还不如积极想办法解决问题。

　　（2）回避转移。遇到愤怒之事，不如先回避一下或将注意力转移到其他事情之上，这样可以避免激发矛盾，也可以使怒气烟消云散。

　　（3）宣泄释放。在工作生活中，与人产生矛盾，可直接坦率地表达自己的不满或意见，或向自己的朋友、家人倾诉，或借助音乐、书籍、体育锻炼等方式进行宣泄，以释放自己的怒气。

　　（4）微笑面对。当愤怒情绪出现时，一定要冷静、克制，要努力微笑面对，这时身体和神情的紧张得以舒缓，愤怒的情绪得以缓解。

　　（5）回顾反思。将近段时间以来发怒的情形一一列出来，深入分析思考发怒的原因、发怒的表现以及发怒的后果，反思一下有没有必要发怒、有没有其他应对方式、是否在自己的理智控制之内、下次该如何避免发怒，如此可克服愤怒的发生。

　　（6）调节饮食。科学研究表明，食物能对人们的心理状态和情绪产生影响，多吃牛奶、奶酪、鱼干、虾皮等钙质丰富的食物，会使人的脾气变得越来越好。

2. 克服紧张情绪

从产生的原因来看，紧张情绪可分为一般性紧张和职业性紧张。一般性紧张来源于生活环境的对抗，如失业、生病、事故、离异等；职业性紧张来源于工作环境的对抗，如工作任务的完成、工作困难的克服等。

（1）职业经理人职业性紧张的原因。个性心理、领导工作的性质和工作环境因素都会使职业经理人产生一定程度的紧张情绪，而认识问题和处理手段的偏差，如强烈的权力欲望、过高的预期目标、超常的工作强度、频繁的社交活动等则会导致职业经理人过度紧张。

强烈的权力欲望。当权力欲望很强烈而又得不到满足时，就会产生紧张情绪。如现有职位缺乏实权，会损害职业经理人对领导工作及其自我成就的认可，从而导致职业经理人产生紧张情绪。另外，职务升迁过慢或过快，都会导致职业经理人失去对自己的清醒判断而产生紧张情绪。

过高的预期目标。预期目标与环境条件、自身能力等客观现实之间的差距越大，越容易引起紧张情绪。特别当预期目标过高，而职业经理人又不切实际地不断驱使自己去实现这个目标时，更容易产生过度紧张情绪。

超常的工作强度。工作强度越高，越容易产生紧张情绪。如突发的危机事件、经常的长时间加班、艰难的商务谈判等都会导致职业经理人产生紧张情绪。

频繁的社交活动。频繁而无规律的社交活动会使职业经理人疲于应付，容易引起紧张情绪。

（2）过度紧张的危害。缺乏适度的紧张，容易导致职业经理人麻木松懈、不思进取、懒散怠慢、碌碌无为。而长期的、过度的紧张则会损害职业经理人的身心健康和影响工作的开展。

1）过度紧张损害身体健康，如诱发高血压、冠心病、胃溃疡等生理疾病，或诱发焦虑、恐惧等心理障碍。

2）过度紧张容易导致工作失误，如出现决策判断失误、目标制定不切实际、工作流程不合理、破坏规则等。

3）过度紧张影响工作进度。欲速则不达，过度紧张容易导致工作出现混乱、差错反而会影响工作的正常进度。

（3）职业经理人克服过度紧张的方法如下：

1）改变认知方式，树立正确的世界观、人生观和价值观，制定切合实际的生活目标和工作目标，正确认识和处理好权力、地位、金钱、名誉、待遇等问题。

2）改善物质环境，如改善个人生活或工作环境的色彩搭配、温度湿度、采光照明、噪声干扰等可以缓解紧张情绪。

3）改善心理环境，即消除或改善导致矛盾、冲突、挫折等问题的心理环境，如改善家庭、工作、邻里等人际关系，适当降低期望，主动对生活或工作降压等。

4）提高应付能力，通过学习和锻炼提高个人适应环境、克服困难、完成任务的能力，也可通过强化训练而改进个人的个性特征。

5）养成良好习惯，合理饮食，保证充足的睡眠，经常进行体育锻炼，参加健康文明的娱乐活动，进行放松训练等。

6）加强情感沟通，与家人和朋友保持温馨和睦的关系，得到他们的理解体贴和支持帮助。

3. 避免急躁情绪

（1）职业经理人急躁情绪产生的原因。急躁是一种急不可耐、焦躁不安、缺乏理性的情绪。职业经理人的急躁情绪是由社会环境、职业特点和性格特点所造成的。"股票热""房地产热""培训热""直播热"等所谓的社会热潮以及跟风心理，导致了职业经理人"不甘落后"的急躁情绪，"有权不用，过期作废"等不正确的权力观、急于得到老板和上司的认可和重用、急于证明自己的能力，导致了职业经理人"急功近利""急于求成"的急躁情绪。职业经理人由于在社会生活中具有才能出众、地位较高的优越感而容易产生过分争强好胜的偏执型性格，这种性格类型的人容易自命不凡、固执己见、敏感多疑、挑剔不满，偏执型性格容易导致急躁情绪的产生。

（2）急躁情绪的危害。急躁情绪会导致职业经理人心神不宁、惴惴不安，不能心平气和地对待工作和生活，更加难以处理复杂问题和紧急状况。具有急躁情绪的职业经理人往往不能在事前进行周密的安排布置，习惯于仓促上阵，经常打乱工作秩序和节奏。急躁的职业经理人办事情图快，缺乏必要的耐心和韧劲，往往是虎头蛇尾，工作质量不高。急躁情绪还会导致职业经理人在挫折失败面前灰心丧气，或导致职业经理人急而发怒冲动、急而悲伤忧郁。

（3）职业经理人避免急躁情绪的方法如下：

1）目标适当，计划合理。职业经理人要给自己设定一个适当的目标，既不过低，也不过高，并为实现目标制订合理的行动计划，做好长期努力奋斗的思想准备和保障支持，不急不躁，循序渐进，一步一个脚印。

2）进退有节，张弛有度。职业经理人在安排上要充分考虑时间的弹性，要留给充足的时间让自己辗转腾挪，不能不留余地。同时，职业经理人在工作生活中要学会劳逸结合、张弛有度，不要整天忙忙碌碌、紧张兮兮。

3）三思而行，谋定而动。职业经理人要遇事冷静、处变不惊，特别是在遇到急事、难事之时，一定要保持头脑清醒，在行动前一定要充分考虑、周密安排，不打无把握之仗。

4）修身养性，平心静气。职业经理人克服急躁情绪的根本方法是修身养性、静心静气，如精心阅读、练习书法、临摹画作、下棋弹琴等可磨炼心性。职业经理人要针对自己的性格特点进行专门的磨炼，并持之以恒。

4. 摆脱消沉情绪

消沉情绪是指职业经理人在工作、生活中所表现出来的消极、沉闷、涣散等情绪状态，比较典型和普遍的消沉情绪有冷漠、消极、保守、封闭、遁世、沉沦等。消沉情绪不仅影响职业经理人个人的前进步伐，导致职业经理人丧失机遇、断送前程或者产生变态心理，还会对职业经理人所在的团队和下属带来严重的消极影响，如影响团队及下属的敬业精神、进取精神、团结力量、原则立场等。

职业经理人该如何摆脱消沉情绪呢？

（1）培养健康心理。培养健康心理是职业经理人摆脱消沉情绪的根本。职业经理人要培养四种健康心理：①培养积极心理，凡事都保持浓厚的兴趣，积极参与，充分肯定，多加赞赏，激发奋发向上的积极情绪。②培养热情心理，对事物充满热爱、好奇，充满挑战困难的勇气和耐心，在工作和生活中享受乐趣。③培养开放心理，乐于接受外界信息，渴望与外界沟通交流，始终保持视野开阔、心胸豁达、思维敏捷，对新生事物充分敏感。④培养成就心理，充分认识和肯定自己所取得的成就，树立新的奋斗目标，遇到挫折困难时勇敢面对，积极想办法解决问题，始终对前途充满信心。

（2）树立精神支柱。树立强大的精神支柱是职业经理人摆脱消沉情绪的动力。职业经理人要有坚定的理想信念和远大的人生目标，要不断提升自身的精神境界。理想信念是精神上的"钙"。有了坚定的理想信念，站位就高了，眼界就宽了，心胸就开阔了，就能坚持正确的方向，在面对胜利和顺境时不骄傲、不急躁，在面对困难和逆境时不消沉、不动摇，经受住各种风险和困难考验，自觉抵制各种腐朽思想和消沉情绪的侵蚀，永葆职业经理人本色。职业经理人的人生目标不能只为金钱、名誉、地位、权力等个人私利，更要以天下为己任，为国家和人民的根本利益而不懈奋斗。

（3）提高适应能力。提高适应能力是职业经理人摆脱消沉情绪的法宝。①职业经理人要深化对社会环境的理性认识，充分认识社会环境的复杂性、多样性和动态性，正确认识成功之路的曲折性、艰辛性和持久性，从而摆脱消沉情绪。②职业经理人要调整个人目标，将工作和生活等方面的期望值调整到力所能及的范围之内，避免好大喜功和不切实际，以减轻心理压力，保持乐观向上的积极情绪。③职业经理人要讲究领导方法和艺术，要善于处理各种复杂矛盾和突发状况，要善于抓主要矛盾、关键问题，要善于识人用人，要从琐碎事务中摆脱出来，始终保持积极乐观的情绪和轻松愉快的心情。

第二节 职业经理人的沟通管理

一、职业经理人如何表达

（一）明确沟通对象

（1）明确沟通对象的特性。职业经理人要面对各种各样的沟通对象，有上司、本部门同事、其他部门同事，有客户、经销商、政府工作人员、社会公众，他们每一个人的身份地位、脾气性格、教育背景、工作经历、兴趣爱好等都不一样，面对不同的沟通对象，表达的方式方法要不一样。

（2）明确与沟通对象的关系。从工作角度来看，职业经理人与沟通对象的关系主要有上级关系、同级关系、下级关系、对外关系以及中立关系等。工作关系不一样，表达的方式方法也就不一样。

（3）选择沟通对象的原则。从管理的角度来说，选择沟通对象要遵循两个基本原则：一是按工作衔接关系进行沟通，也就是要同与自己有直接工作往来关系的上级、同级、下级或外部人员进行沟通，不能越位沟通；二是与当事人进行沟通，也就是说是谁的问题就找谁，不能缺位沟通。

（二）明确沟通内容

（1）沟通对象不同，沟通内容就不同。职业经理人应该根据沟通对象正确选择沟通内容（见表8-1）。

表8-1 不同沟通对象的沟通内容

沟通对象	主要沟通内容
与上司沟通	工作汇报与请示，提出意见和建议，经验总结和心得体会，工作生活探讨交流等
与同级沟通	部门存在的问题和需要得到的支持，部门协调机制，部门关系处理，共同参与的工作任务，工作生活探讨交流等
与下属沟通	布置工作任务，听取工作汇报，开展工作培训和指导，提出工作意见和建议，批评或表扬，工作生活探讨交流等
对外沟通	国家法律和公司章程规定的必须对外公布的信息，公司产品或服务信息，公司公众形象的塑造等

（2）做好充分准备。无论面对什么样的沟通对象、进行什么内容的沟通，都必须要进行充分的准备。一方面，沟通的内容必须观点明确、数据翔实、条理清晰、简明扼要。另一方面，必要时要准备好书面材料、电子材料，装订成册的文件、彩色打印的图表、图片、音频、视频、PPT等。

（三）明确沟通方式

（1）沟通方式的多样性和组合性。根据是否按照工作关系进行沟通，可分为正式沟通和非正式沟通；根据参与人数的多少，沟通可分为一对一沟通、一对多沟通、多对一沟通、多对多沟通；根据沟通媒介的不同，沟通可分为书面沟通、口头沟通、多媒体沟通、"工作群"沟通；根据是否见面，沟通可分为面对面沟通和不见面沟通；根据是否与外界联系，沟通可分为内部沟通和对外沟通。同时，任何一种沟通都不可能是单一的某种方式，它必然是各种沟通方式的组合。

（2）选择沟通方式的原则。一是问题导向，沟通目的不同，所选择的沟通方式就不同；二是效率导向，选择解决问题效率更高的沟通方式；三是成本导向，选择沟通成本最低的沟通方式；四是情感导向，选择大家都乐于接受的沟通方式；五是内外有别，内部的事情内部解决，外界的事情专人解决。

（四）明确表达要点

（1）目标明确。沟通具有明显的目标性。职业经理人在沟通中要传递什么样的信息、表达什么样的情感、达到什么样的目的、取得什么样的效果，在沟通时必须是明确而清晰的。

（2）准备充分。职业经理人在表达之前应该做好充分的准备工作，主要包括表达内容的准备和表达辅助手段的准备，如表达的提纲或完整文本、图片、音视频和PPT等。有些沟通比较随意，我们也要把握好表达如何开始、如何展开、如何深入、如何结束等问题。

（3）把握时机。职业经理人要准确把握表达的时机，选择恰当的时间确保表达有足够的时间，选择恰当的地点确保表达必要的环境氛围，还要把握好对方的情绪特点确保表达能达到预期效果。

（4）针对需求。职业经理人应该根据对方的具体需求进行表达，不能将自己的想法和需要强加于人，选择对方更感兴趣的内容和更乐于接受的方式。

（5）言简意赅。职业经理人在表达时要注意语言的精准、精练，表达要确切、简明、扼要和完整，要把握表达的进程和节奏，该强调的地方要强调，该停顿的地方要停顿，该重复的地方要重复，该停止的地方要停止。

（6）表情到位。职业经理人要确保自己的表情与语言表达的一致性，要结合适当的面部表情、肢体语言以及语音表情来进行表达，切忌毫无表情或表情错误。

（7）仔细观察。职业经理人在表达过程中要仔细观察自己、对方和环境的变化，并及时做出调整，特别是要仔细观察对方是否在认真听、是否听明白、有什么样的反应。

二、职业经理人如何倾听

（一）倾听及其层次

职业经理人花在倾听上的时间，是所有沟通行为中最多的。倾听是沟通的基础，它是了解对方、掌握信息、建立信任和进行反馈的前提。听人说话，从低到高有五个层次，即漠不关心地听、装模作样地听、有选择性地听、专注投入地听和设身处地地听。

（1）漠不关心地听。这件事情跟我没关系，或者是我很烦不想听，你讲吧，我在听，你说了什么，我却不知道。

（2）装模作样地听。不想听，但出于礼貌、害怕等心理，或出于工作职责、环境制约等种种原因不得不听；听不懂，不懂也要装懂。

（3）有选择性地听。因注意力集中时间有限或关注点的不同，人们往往只会有选择性地听自己感兴趣的内容、有关自己切身利益的内容、认为对自己有用的内容等，而对于其他内容则听而不闻。

（4）专注投入地听。认真听取对方的讲话，身体上和表情上与讲话者有一定的互动，甚至还会认真地做笔记，要求讲话者重复自己没有听到或听懂的内容。

（5）设身处地地听。站在对方的角度和立场用心地听并做出回应，认真理解讲话的内容、目的和情感，结合自身所思所想产生新的思考和想法，反思如果换成自己将会有什么样的感受、反应等。

（二）倾听的主要障碍

（1）时间干扰。我很忙，我没有时间，下次吧；我抽空听一下，给你五分钟时间；我没有时间，你自己看着办吧。

（2）环境干扰。这是什么地方，我不想听；这里太吵了，我听不到；为什么在这里说这样的话，是有什么问题吗？

（3）情绪干扰。我很高兴，你继续说；我很烦，你不用说了；我很累，下次再说；我很痛苦，根本听不进去；我很紧张，不知道你说了什么。

（4）个性干扰。你有完没完，我已经听够了；你什么都不懂，还在这里没完没了；我就是这样，你说什么都没有用。

（5）经验干扰。你说的，我都知道；你先别说，我以前是这样做的；你的想法太肤浅了；你的想法太超前了；你的想法没有任何新意。

（6）立场干扰。你不用说了，我是绝对不会让步的；你不用说了，你讲的什么都是错的；你不用说了，你只会替自己考虑。

（7）主意干扰。你不用说了，我已经有我自己的主意了；还用你说，我早就想好了。

（三）倾听技巧

（1）积极主动倾听。职业经理人的倾听应当是一种主动行为，而不是被动接受。第一，要主动去倾听，不能一心坐在办公室而两耳不闻窗外事，要主动倾听上司的意见、同事的建议、下属的需求，将倾听作为自己工作的重要组成部分。第二，要敢于说"不"，避免在"听"上面浪费时间。没必要听的，与其"漠不关心地听""装模作样地听"，不如果断终止；不想听的，要学会"装模作样地听""有选择性地听"；不能听的，坚决不去听，即使听到了也要"充耳不闻"。第三，必须要听的，一定要"专注投入地听""设身处地地听"。

（2）排除干扰因素。职业经理人在倾听前要做好充分的准备，排除个人干扰因素。倾听时要集中精力，选择适宜的时机和环境，营造轻松积极的沟通氛围，要不戴"有色眼镜"、不设"前提条件"，要有听到"不同声音""不同意见"的思想准备，不能中途打断对方，不能急于下结论或终止倾听。

（3）准确理解真义。职业经理人倾听的目的就在于了解对方要表达的准确信息和真实情感。一要听全，听清对方全部的信息，不能听到一半就心不在焉，更不能匆匆忙忙下结论。二要听细，在听的过程中要注意整理对方表达出来的关键点和细节，并时时加以回顾。三要听音辨色，既要注意听取的内容，又要善于听取语音、语调和语速及其变化，并由此判断对方的立场、感情色彩。四要听到背后的话，要充分了解谈话者可能因为一些"背景"因素而不便直接说出来的话，如观点不同不便说的话、情绪不满不想说的话、个性使然不愿说的话、环境制约不能说的话等。五要克服惯性思维，准确理解对方的真义，要客观而理性，不能被自己的惯性思维和情绪而左右。

（4）积极回应反馈。职业经理人要想听到更多、更翔实的内容，就必须不断地进行回应和反馈。一要积极使用肯定性、鼓励性的语言，如"说得对""说得好""说得有意思""说得有价值"等，慎用或不用否定性、打击性的语言，如"你说错了""你说的都没有用""你说得太没有水平了"等。二要恰当使用同情性、关切性的语言，如"我理解你的心情""我同情你的遭遇""我能为你做点什么"等，切忌冷漠性、排斥性的语言，如"我觉得你是自作自受""这没有什么大不了的""这些跟我有什么关系"等。三要恰当提出问题，激发对方继续说话的兴趣和欲望，或给予对方必要的提示。四要恰当使用肢体语言和面部表情，如微笑、点头、鼓掌等。

三、职业经理人如何反馈

（一）反馈及常见问题

反馈是指在沟通过程中及时回应对方，告诉对方自己所接收到的信息、自己的理解和自己需要进一步得到的信息，它是沟通的必要组成部分。为什么沟通需要进行反馈呢？那是因为沟通过程中存在"你知我知"的公开区域、"你知我不知"的盲点区域、"我知你不知"的隐蔽区域和"你不知我不知"的未知区域（见图8-5），我们在沟通中就是要通过主动反馈、主动寻求反馈和积极接受反馈而尽量扩大公开区域，尽量缩小或消除盲点区域、隐蔽区域和未知区域。

	你知道	你不知道
我知道	I　公开区域 信息状态：你知我知 反馈要求：把我不知道的告诉你 　　　　　把你不知道的告诉我	II　隐蔽区域 信息状态：我知你不知 反馈要求：把我知道的告诉你 　　　　　把你不知道的告诉我
我不知道	III　盲点区域 信息状态：你知我不知 反馈要求：把我不知道的告诉你 　　　　　把你知道的告诉我	IV　未知区域 信息状态：你不知我不知 反馈要求：把我知道的告诉你 　　　　　把你知道的告诉我

图8-5　沟通的四种区域

职业经理人在沟通中常常会存在不反馈和消极反馈的问题。许多职业经理人将沟通看作是"我说你听"或"你说我听"的过程，常常有意或无意忽视反馈环节。不反馈有两种表现：一是会导致表达者无法确认倾听者是否准确地接收了信息以及是否需要增加新的信息；二是会导致倾听者无法确认是否准确地接收了信息以及是否还需要新的信息。消极反馈有两种表现：一是将表达自己的意见误认为是反馈，如"我的意见是……""我认为……""我准备……"等；二是反馈中没有就对方信息进行确认和澄清，如仅仅表示"收到""我知道了""我懂了""我没有问题"，但具体收到什么、知道了什么、懂得了什么、什么方面没有问题都没有进行确认和澄清。消极反馈导致的后果是非但不能起到确认和澄清对方信息的作用，反而会造成双方的误解。

（二）如何给予反馈

职业经理人在沟通中要积极给予反馈。所谓积极，是指要主动、积极地给予对方反馈，而不是等对方要求反馈时才被动地给予反馈，或者是等到出现问题了才补救式地给予反馈。积极给予反馈，有以下几个要点：

（1）针对需求。反馈要站在对方的角度和立场思考问题，要设身处地地考虑对方的需求。如技术部经理向人力资源部经理反馈新进工程师的试用期表现时，仅仅反馈新进工程师的试用期表现还是不够的。因为从人力资源部经理的角度来看，他不仅需要得到关于新进工程师试用期表现的反馈，还需要得到技术部经理关于新进工程师是否通过试用的具体意见。因此，作为技术部经理，应该从试用期表现和是否通过试用两个方面向人力资源部经理进行反馈。

（2）明确而具体。反馈必须是明确而具体的，并最好能提供实例。如人力资源部经理希望得到关于工资改革方案的反馈意见，相关部门就不能仅仅反馈"收到"，而是要反馈是同意还是反对，具体同意哪些条款、反对哪些条款。

（3）有利于接受。反馈不能全是否定的、批评的，而是要尽可能多一些正面的、富有建设的意见和建议。如职业经理人向下属反馈自己对他近段时间的表现的看法，如果仅仅一味批评下属这也没做好那也没做好，结果只会让下属无所适从或不以为意。职业经理人应当一方面指出该下属存在的问题并提出改进的建议，另一方面也要针对该下属做得好的方面提出表扬和建议。

（4）把握好时机。反馈的时机要恰到好处，也要讲究天时地利人和。如总经理正在会上强调团队建设的重要性，你此时站起来说某某要辞职，这显然是不合时宜的。

（5）聚焦于改进。反馈要聚焦于对方可以改进的地方。如人力资源部提出工作改革方案，你提出所有中层干部的工资翻一番，这样的反馈有作用吗？这显然不是人力资源部可以做主的事情。

（6）对事不对人。反馈要针对人们所做的事情、所说的话进行反馈，表明你对这件事情、这句话的看法，而不是针对这个人，更不是对这个人的能力大小、品行高低等进行评论。如"你的意思是不是说要降低一线员工的工资，你的人品太差了"，可以改为："你的意思是不是说要降低一线员工的工资，你的依据是什么呢？如果大家都反对该怎么办呢？"

（三）如何接受反馈

职业经理人既要积极给予反馈，也要善于接受反馈。接受反馈的要点有以下几个方面：

（1）认真听完，不打断。接受反馈，首先就是要认真倾听，不打断对方，让对方按照自己的思路和节奏将所要传递的信息和情感充分表达完整。同时，职业经理人还可以使用一些鼓励性的语言、表情和动作，鼓励对方充分表达，如"你慢慢说，我在认真听"。要避免过度自卫，尤其是在接受批评性、建议性反馈意见时，一定不能带有情绪，不要急于解释或转移话题。

（2）准确理解，不曲解。一要准确理解对方进行反馈的目的，并暂时放下自己的目的，把焦点集中在对方想要实现的目标上，如此才能真正完全理解对方。二要准确理解对方的表情和肢体语言，要善于捕捉话外之音、言外之意。三要询问实例，特别是对于一些存在疑问的问题、不好理解的问题，可以向对方询问一些具体的事例、数据，以便自己正确理解，如"我不太明白，你能举一例子吗？"

（3）回顾总结，不遗漏。在对方反馈结束之后，职业经理人要就自己接收的信息进行回顾总结，并向对方确认你总结的要点和关键点是否准确而完整、是否有遗漏之处，如"你刚刚说了以下几个方面的问题……是这些问题吗？你还有什么要补充的吗？"

（4）表明态度，不盲从。表明态度，不是立即表态赞成或反对刚刚接收到的反馈，而是表明自己的行动态度，或者说给出一个行动方案。例如：你的意见我已经知道了，我马上向总经理进行汇报；你的建议非常好，我马上组织人力资源部进行讨论修改；你的问题公司非常重视，我们将从以下几个方面展开工作。

四、职业经理人的日常沟通技巧

（一）职业经理人如何汇报工作

向上司汇报工作，是下属职业经理人的日常工作之一。如何才能确保工作汇报达到预期效果呢？下属职业经理人要正确认识自己与上司存在的差异，并正确把握向上司汇报工作的要点。

1. 下属职业经理人与上司的差异

（1）信息掌握的差异。上司掌握的主要是关于决策和战略的宏观方面的信息，包括：公司发展战略及其调整情况，董事会、股东会的关系及其对公司的期望和要求，与相关政府部门、行业管理部门的关系，公司的产权结构及其调整情况，公司资本运营情况，公司的资产、负债和现金流量情况，公司的重大人事调整事项，公司新部门的设立、新业务的开拓等。下属职业经理人掌握的主要是关于工作的具体执行、过程等方面的信息，包括：本部门下属的情况，本部门客户的情况，本部门的专业技术、信息，部门计划的进展状况，在开展业务时遇到的具体困难和问题，与各部门在配合和协调中所产生的问题，自己的工作状态等。

（2）关注焦点的差异。下属职业经理人更加关注工作过程，期望通过工作汇报说明自己和部门是如何完成工作的，遇到了什么困难，是如何克服的，为此付出了多少辛劳，希望上司能够给予理解和肯定、给予积极的评价。而上司更加关注工作进度和结果，期望通过工作汇报了解下级是否能够按照原定计划完成任务、达到预定的工作目标，考虑是否给予新的信息或指示，上司只会从原定的工作目标来审视工作的进度和结果，并进行工作评价。因此，下属职业经理人希望上司能多给些时间好好听自己汇报，特别是在没有达到预期目标时希望上司能体恤自己；而上司则希望下属的汇报简明扼要，直接汇报工作进度和结果。

（3）评价标准的差异。上司更容易发现下属在工作中的不足，特别是对自己所期望的方面更为关注，如果下属没有实现预期目标，得到的评价会很低。因此，上司的评价标准更倾向于工作结果是否达到预期目标。而下属职业经理人则更容易突出自己在工作中的努力与付出，对自己的工作过程给予较高的评价，即使自己在某些地方没有做好，或者没有实现预期目标，也希望上司对自己的工作态度和所付出的努力予以积极的评价。

2. 职业经理人汇报工作的要点

下属职业经理人向上司汇报工作要正确使用各种沟通技巧，同时还要注意以下几个方面的问题：

（1）简明扼要。下属职业经理人向上司汇报工作一定要做到简明扼要、准确无误，切忌漫无边际、废话连篇。

（2）把握重点。下属职业经理人要首先汇报工作进度和结果，然后简明汇报一下工作的主要过程，必要时汇报存在的问题以及希望得到上司哪些帮助，或自己的下一步工作打算。下属职业经理人必须针对原定工作计划和目标以及上司所期望的方面进行汇报，切忌偏离正题。

（3）摆正心态。一要摆正成绩观，要肯定成绩来自大家的共同努力和上司的领导有方，切忌邀功求宠、居功自傲。二要摆正责任观，要客观评价工作中遇到的困难和出现的问题，要主动承担工作失误的责任，切忌将责任推给他人或客观条件，更不能将责任推给上司。

（4）尊重上司。尊重上司对你工作的评价，特别是在上司的评价低于你的期望值时，不要争论，要向上司虚心请教。

（5）寻求反馈。下属职业经理人在向上司汇报工作之时，一定要积极地向上司寻求反馈，得到上司的意见和建议，明确上司对下一步工作的具体指示。

（6）补充说明。在汇报完后，一般上司会给予评价，他的评价其实就是一种反馈，从中可以知道上司对哪些地方不是很清楚，下属职业经理人可以补充介绍，或提供补充材料，加深上司对所汇报工作的全面了解。

（二）职业经理人如何与同级沟通

1. 同级职业经理人沟通障碍

同级职业经理人没有隶属关系，各自在所在部门履行管理职能，但又存在着密切的工作联系，因此加强同级职业经理人的沟通与合作，才能确保公司的正常运行，才能确保公司目标得以实现。但实际工作当中，同级职业经理人之间沟通相当困难，主要原因有：

（1）地位上的平等性。同级职业经理人之间在地位上是平等的，双方不存在上下级关系，不能使用命令、批评等强迫性手段。失去了权力的制衡，也就不能掩盖沟通不善的问题。

（2）利益上的利我性。所有部门都会认为自己部门在全公司是最重要的，其他部门都应该围绕自己部门而运转，为自己部门的工作提供各种便利。职业经理人在与同级的沟通过程中会全力追求本部门和本人利益，会忽视甚至损害其他部门的利益。

（3）责任上的归他性。各个部门都会认为自己部门是对的，是没有责任的，公司出现问题，是因为其他部门没有做好，责任都在其他部门。同级职业经理人之间经常会出现"踢皮球"的现象，不愿主动承担责任。

2. 同级职业经理人沟通要点

总体而言，同级职业经理人之间的沟通要采取积极方式，而不是退缩方式或侵略方式，即在不侵害其他部门和个人利益的前提下，积极主动进行沟通，维护本部门和自己的利益。同级职业经理人沟通的要点有：

（1）坚持平等原则。职业经理人只有坚持平等原则，才能正确维护本部门和自身利益，才能设身处地、站在对方立场思考问题以维护其他部门利益。坚持平等，就是既不高高在上、趾高气扬，也不卑躬屈膝、委曲求全。坚持平等，就是按照岗位职责和公司规定来行事，就是找到双赢的解决办法共同将工作做好。

（2）提出正当要求。职业经理人与同级进行沟通，要直截了当、开诚布公地提出自己的正当要求。所谓正当要求是指基于岗位职责和公司规章制度应当完成的工作任务或给予的工作支持，而不是基于个人感情或私人利益而提出的请求。不可否认，良好的人际关系更有利于同级职业经理人的沟通，但从公司管理角度来看，凡事都建立在个人感情和私人利益之上，那公司的规章制度将被看作是不重要的"摆设"或没有人际关系重要，从而导致人人只讲感情，而不讲工作职责和公司规章制度。

（3）拒绝无理要求。职业经理人与同级进行沟通，要勇于和善于拒绝对方的无理要求，不能因碍于面子或担心关系恶化而无奈接受超出自己职责范围或能力范围的事情。职业经理人拒绝别人的无理要求要讲究方式方法：一要直截了当、态度鲜明，不可模棱两可、犹豫不决；二要表示歉意，但也不必过度道歉；三要说明理由，不可毫无道理；四要给出合理化的建议。

（4）赢得对方好感。职业经理人与同级进行沟通，恰当的言行举止和良好的为人处世风格可以赢得对方好感。一要言语谦和，切忌威胁式、质问式、命令式、批评式等侵略性语言，切忌得理不饶人；二要遇事多商量，要给对方自己做主的权力和余地，切忌擅作主张或将自己的想法和要求强加于人；三要对事不对人，特别是在提出不同意见时，要摆事实、讲道理，不针对任何个人；四要换位思考，积极询问对方的想法、感受、意见和期望，切忌毫不顾及对方。

（三）职业经理人如何布置工作

布置工作，是作为上司的职业经理人的日常工作之一。职业经理人布置工作，仅仅告诉下属要做什么事情还远远不够，要在准确而清晰明了地布置工作任务的基础上，进一步确认下属是否准确理解了工作任务，要激发下属完成工作目标的强烈意愿，要授予下属必要的权力和为下属提供必要的支持以便下属能够顺利地完成工作任务。

（1）遵循 5W2H 原则。职业经理人给下属布置工作任务，要做到准确而清晰明了，就是要遵循 5W2H 原则（What——工作内容，Why——工作背景，Who——工作对象，When——起止时间，Where——工作地点，How much——可用资源，How judge——评价标准）。工作任务布置得越准确、越清晰明了，越有利于下属认识、理解和接受工作任务，越有利于下属顺利完成工作任务。

（2）确认下属理解。职业经理人布置工作，要积极寻求反馈，确认下属是否真正理解了工作任务。确认下属是否理解的方法有：复述法，让下属复述工作任务的 5W2H；提问法，让下属回答工作任务中的相关问题；讨论法，让下属主动提出问题讨论。

（3）激发下属意愿。下属领走了工作任务，但他的真实想法是什么？这是他想做的事情吗？他会全力以赴做好这件事情吗？这些问题都是需要职业经理人进一步考虑的问题。也就是说，职业经理人要想方设法激发下属完成这项工作任务的主动性和积极性。

（4）授予下属权力。职业经理人在布置工作任务的同时就要授予下属相应的权力。从某种程度上来说，职业经理人布置工作任务其实就是一个授权的过程，下属其实是在代表职业经理人完成相关工作。

（5）提供必要支持。职业经理人布置工作任务一定要让下属明确，这件事情虽然我交给你去做了，但并不代表我就不管不问了，你只管大胆开展工作，我会为你提供所有的支持资源，我会为你解决后顾之忧。

第三节　职业经理人的会议管理

一、常见的会议管理问题

会议是一种常见的沟通方式，也是一种基本的管理手段。会议管理到位，可以起到沟通信息、讨论问题、统一认识、做出决定、协调行动以及监督反馈等积极作用。而如果会议管理不到位，反而会起到浪费时间、影响工作、破坏团结等消极作用。日常工作中，常见的会议管理问题主要有以下几个方面：

（一）会前研判不到位

会议有成本，开会有风险，开会要慎重。职业经理人在开会之前，一定要认真研究判断以下几个方面的问题：会议是否有必要、会议主题和目的是什么、会议形式是什么、会议人员有哪些、会议时间地点是什么、会议流程是什么、会议评价标准是什么、会议费用是多少等。有的职业经理人是为了开会而开会，会议没有一个明确的主题，没有清晰的目的，没有具体的问题。有的职业经理人什么事情都喜欢开会，不管这件事情是重要还是不重要，无论此事是应该个人决策还是必须集体决策。有的职业经理人是"以会议落实会议""以会议代表执行"，认为上级布置的工作任务只要开会传达或布置安排就算是完成任务了。有的职业经理人"以会议规避责任"，将所有的决策问题都推脱为集体决策，个人绝不承担任何责任和风险。种种问题的出现，就在于职业经理人在开会之前没有对会议进行科学的研究和判断。

（二）会前沟通不到位

会议是组织沟通的一种常见方式。相对于个人沟通而言，会议沟通具有多人参加、公开进行、程序固定、集体决策等显著特点，参会人员可能存在认识不统一、意见不一致、保留意见、保持沉默、明确反对、拒不执行等问题。种种问题的出现，根源就在于会前沟通不到位。会前沟通是一个交流信息、统一思想的过程，是一个沟通感情、体现尊重的过程，是一个征求意见、完善方案的过程，还是一个利益平衡、利益交换的过程。为了确保会议达到预期效果，职业经理人在开会之前必须要与相关人员深入地进行沟通交流，一方面将自己的想法告知对方；另一方面了解掌握对方的想法和需求，征求对方的意见和建议。小型会议，会前进行一定的个人沟通即可。大型会议，除了要进行个人沟通之外，还要以会议的方式进行事前沟通，以确保正式会议能够顺利进行并达到预期目标。会前沟通越到位，会议效果就越好。

（三）会中掌控不到位

会议主持是一种艺术。会议过程中可能会出现各种各样的问题，作为会议主持人的职业经理人必须要牢牢掌控会议，以确保会议达到预期目的。有的职业经理人会议时间把控不严、开会不准时、个人发言超时、整个会议超时。有的职业经理人不严格执行会议流程，想到哪里说到哪里。有的职业经理人发言不围绕会议主题展开，满嘴跑火车现象严重。有的职业经理人不把控会议氛围，该严肃时不严肃，该活泼时不活泼。

（四）会议纪律不到位

参加会议是职业经理人的工作职责之一，要认真遵守会议纪律。但有些职业经理人并没有认识到认真参加会议的重要性和必要性，总认为参加会议是浪费时间，于是在参加会议时总是不遵守会议规则和会议纪律。有的职业经理人开会"不带资料"，会前不做任何准备。有的职业经理人开会"不带纸笔"，对会议内容不做任何记录。有的职业经理人开会"不带手表"，开会迟到、早退，会议发言超时。有的职业经理人开会"不带耳朵"，会议内容根本就没有听进去。有的职业经理人开会"不带嘴巴"，该说话时一句话都不说。有的职业经理人开会"不带屁股"，坐立不安或随意走动。

（五）会后跟进不到位

开会不是目的，目的是要解决会议讨论的问题和执行会议形成的决议。会后跟进是否到位，是会议能否达到预期目的的关键。职业经理人进行会后跟进，一要看与会人员的认识和态度在会前会后有什么变化；二要看会议精神传达是否准确到位；三要看会议决议是否得到贯彻落实。有的职业经理人并没有进行会后跟进，往往将本次会议看作是这项工作的终点，向下不传达会议精神、不安排布置新的工作任务，向上不反馈会议认识情况和执行情况。有的职业经理人拒不执行会议决定，特别是对那些自己不同意的事项或损害个人利益的事项，坚决不执行或变相不执行。

二、职业经理人如何准备会议

凡事预则立，不预则废。会议准备是否充分，是会议是否成功的关键。职业经理人在召开会议之前一定要做好充足的会议准备工作。

（一）确定会议主题及任务

明确会议主题，就是要研究判断有无必要召开会议，明确会议的主要任务是什么、通过会议要解决什么问题。根据会议主题和任务的不同，会议可分为综合性会议、决策性会议、布置性会议、总结性会议、研究性会议、告知性会议、学习性会议、仪式性会议等。一般而言，很多会议都是综合性的，如总结工作的同时还会进行新的工作任务的布置安排，新员工举行入职仪式的同时可能会举行岗前培训。职业经理人召开任何一个会议都必须要有一个明确的主题，不能为了开会而开会，召开一个会议就要至少解决一个问题，不能流于形式或应付了事。很多公司都会召开"例会"，再小的例会、再频繁的例会，都要有明确的主题。

（二）确定参会对象及分工

职业经理人要根据会议主题和任务确定参会对象及其分工，不能要求所有人员——无论是相关还是不相关的人都来参加会议。首先，根据会议的重要性及会议任务确定什么人参加会议、是主要负责人还是副手或一般直接工作人员参加，做到会议级别与参会人员的身份相匹配、会议任务与参会人员的职责相对应。其次，根据会议任务和流程确定各个参会人员的分工，有的参会人员要做主题发言，有的参会人员要参与会议讨论，有的参会人员要投票表决，有的参会人员就是参会听会。确定参会对象之后，要提前发出会议通知和任务要求、重要事项或重要参会人员，还要单独提前沟通，以便参会人员根据各自任务提前做好相关准备，以免导致参会人员毫无准备而措手不及。

（三）确定会议流程及时间

根据会议任务确定会议流程。有的会议流程是固定不变的，职业经理人一般都应该按照既定流程组织开会，如一些仪式性会议。绝大部分的会议流程都是可以根据实际情况进行调整的。职业经理人可根据事项的重要性确定先后顺序，重要的事情一般都放在前面。职业经理人也可以根据参会发言人员的身份来确定会议流程，身份较低的参会人员一般先发言；身份最高的参会人员要么放在最前面要么放在最后面发言，一般不在会议中间发言。会议流程要形成书面材料，并提前发放给每一位参会人员。职业经理人要确定会议开始时间和会议结束时间，严格控制会议总时长。会议总时长可根据会议议题的多少和讲话内容的重要程度来确定。职业经理人要提前与发言人进行沟通，告诉每一位发言人的时间限制，以免发言超时。

（四）确定表决方式及规则

职业经理人要明确会议是否要形成决议以及要形成什么样的决议。有的会议不需要形成决议，会议目的是发布信息、宣布决定，或征求意见、集思广益，由上级做出决定。有的会议则需要形成决议，这就需要职业经理人提前确定形成决议的方式和规则。一般来说，形成决议的方式有权威决定和民主表决两种。权威决定一般由会议主持人或决策者组织会议讨论，充分听取大家的意见和建议，最后做出决定。权威决定的优点是速度快、效率高，缺点是容易造成决策者的独断专行，或导致绝大部分参会人员并不认可这个决定。民主表决包括举手表决、投票表决等方式，会议决议由得票结果而确定。民主表决的最大特点是少数服从多数，尊重绝大部分参会人员的意见，决策过程充分体现民主。但是，民主表决一般耗时较长，且容易造成个别正确意见无法采纳，或出现集体决策而集体免责的情况。

（五）准备会议资料及场地

职业经理人要围绕会议议题提前准备好相关会议资料，如会议主持词、发言材料、学习材料、日程安排表、服务指南、注意事项、选票等。职业经理人要提前准备和布置好会议场地。第一要根据会议礼仪确定座位安排，如果参会人员较多还应划分座位区域。第二要提前准备并调试好话筒、音响、电脑、投影仪、灯光、投票箱、投票器、计时器等会议器材，条件允许时要准备备用设备。第三要根据会议主题对会场进行布置，如制作会场背景、宣传横幅、背景音乐，用鲜花等装饰主席台和发言席等。第四要视情况准备茶水或茶歇。会议资料的准备和场地布置一般由相关工作人员负责，但职业经理人要及时跟踪，督促检查到位，切不可做"甩手掌柜"。

三、职业经理人如何主持会议

会议主持人是会议现场的组织者、会议过程的控制者、会议氛围的调节者、会议秩序的维护者。会议是否成功，主持人的作用至关重要。职业经理人主持会议要做到以下几个方面：

（一）到位的开场白

开场白是职业经理人主持会议的开始，也是一次会议的开始。职业经理人主持会议的开场白是否精彩、是否到位，不仅体现了职业经理人的能力水平，也直接影响会议是否能够取得预期效果。一般而言，会议开场白应包含以下几个方面：

（1）介绍参会人员要到位。职业经理人要准确、全面、礼貌地介绍参会人员。一要准确把握介绍对象，领导嘉宾要首先介绍、重点介绍，一般参会人员可笼统介绍，台上台下都要兼顾、不可遗漏。二要准确把握介绍顺序，遵循先外后内、先高后低、先老后幼、先女后男等基本礼仪。三要准确把握介绍内容，领导嘉宾的介绍一般由对方单位全称、职务、姓名以及敬词构成，一般参会人员无特殊情况不详细介绍。

（2）介绍会议情况要简明。职业经理人一般要简明扼要地介绍一下会议的背景、目的、意义、议程及时间安排等方面的内容，让参会人员明确本次会议是在什么样的背景下召开的、要解决什么样的问题、主要的内容是什么、持续时间有多长。

（3）强调会议规则要严明。纪律和规矩要摆在前面，该强调的要强调，该提醒的要提醒。一要强调会议纪律，如手机调静音或关机、不可随意走动等。二要强调议事规则，是自由发言还是必须发言，是顺序发言还是随机发言。三要强调时间控制，主题发言时间、自由发言时间、问询提问时间、答辩回复时间等各是多长要逐一明确和强调。

（4）表达感谢敬意要诚恳。职业经理人在开场白中诚恳地感谢所有参会人员，既是对大家的一种尊重，也是营造一种友好和谐的会议氛围的做法。

（二）控制会议进程

会议开始时间、会议议程等问题，一般在会前都会进行确定。但是，会议节奏的快慢、议程的推进、结束的早晚等都掌握在职业经理人的手中，都与职业经理人控制会议进程的能力有关。如何才能准确控制会议进程呢？

（1）严格执行会议议程。会议议程是在会前根据会议目标和任务已经确定好的，是各方沟通协调的结果，是会议如何进行的依据，也是会议能否达到预期效果的关键。因此，职业经理人应当严格执行会议议程，不可随意调整顺序，不可擅自增加或减少议程。

（2）随时提醒发言时间。很多会议发言人不会严格遵守发言时间的规定，往往会有超时现象的出现。因此，职业经理人有必要在事先提醒时间限制，当时间快到时要及时提醒，对超时行为要及时制止。

（3）准确把握会议节奏。一是主持词串联恰到好处，语言精练、逻辑清晰、层次分明、承上启下。二是充分调动参会人员发言的积极性，充分听取不同参会人员的意见，不出现冷场情况。三是合理安排发言人员。有些会议的发言人是会前指定的，大家按照会议议程进行发言。有些会议需要即兴发言，会议主持人就需要根据会议需要和时间限制，合理安排相关人员按照一定顺序发言。

（4）减少无关讨论争辩。有的会议发言人可能会增加一些议题之外的话题而引发不必要的讨论或争辩。这样的讨论或争辩不但不能解决会议问题，反而会引发对立情绪，甚至导致会议中止或不欢而散。职业经理人应立即打断这些人的发言，提醒他们可以在以后的其他场合再进行讨论，让话题重新回到既定议题。

（5）帮助理清发言思路。有的参会人员在发言时可能会出现跑题偏题、思路混乱、表述不清、心情紧张、情绪激动等现象，职业经理人应当在适当的时机帮助这些发言人理清思路、调整情绪，以便他们能够清晰、完整、充分地表达自己的观点和意见。

（三）调节会议气氛

会议气氛是一场会议的总基调，是会议能否实现预期目标、达到预期效果的必要条件。职业经理人要根据会议主题和预期效果把控和调节会议气氛。

（1）会议气氛要符合主题。会议主题决定会议气氛，会议气氛影响会议效果。职业经理人在主持会议时要随时把控和调节会议气氛，该庄重时庄重，该轻松时轻松，不出现与会议主题不符合、不协调的现象，确保会议达到预期效果。

（2）会议气氛要张弛有度。有的会议庄重严谨，有的会议轻松活泼，有的会议剑拔弩张，有的会议嬉笑怒骂。庄重的会议不能过于压抑，活泼的会议不能过于随意，紧张的会议不能激发矛盾，轻松的会议不能毫无原则。职业经理人要准确把握这个"度"，做到有张有弛、收放自如。

（3）会议气氛要灵活调节。职业经理人主持会议要有较强的临场应变能力，根据实际情况灵活调节会议气氛。播放应景音乐、带头鼓掌、目光交流、会心一笑、点头示意、改变语速、使用手势等都可以达到调节会议气氛的目的。

（四）促成决议形成

如果会议必须形成某种决议，职业经理人可采取权威决定或民主表决的方式形成决议。会议决议的形成，是深入而充分的会前沟通和会议讨论的结果，是决策者和全体表决人员遵守决议形成规则、协商一致的结果。形成会议决议要经过六个步骤。

（1）界定问题。形成决议的目的是解决问题。职业经理人首先要对需要解决的问题进行界定：是什么样的问题、问题有多大、是否需要通过会议解决、问题该由谁来解决、解决问题的方式是什么，等等。没有问题或问题界定不清，这样的会议没有召开的必要，即使开会也是无的放矢、对空放炮。

（2）分析问题。会议是否能够切实解决问题，取决于我们对问题的认识和分析是否到位。我们尤其需要分析导致问题产生的根源是什么，是思想认识不到位还是工作能力有欠缺，是人员队伍不合理还是团队建设不和谐，是机制体制有漏洞还是贯彻落实有偏差，是投入保障不到位还是管理服务不精细。找到问题的根源，才能对症下药，从根源上解决问题。

（3）拟定标准。问题到底要解决到什么样的程度、会议要取得什么样的效果，这需要提前确定评价标准。职业经理人和参会人员进行会议讨论、制订工作方案、形成会议决定都要围绕这个标准而展开，否则就会"公说公有理，婆说婆有理"，各执己见而无法达成一致意见。

（4）可选方案。解决同一个问题，不同的人有不同的方式和途径。职业经理人要充分调动每一个参会人员的积极性，充分听取每一个参会人员的意见和建议，激发团队智慧、形成团队合力，形成多种解决问题的方案。

（5）选择方案。没有最完美的方案，只有最可行的方案。形成会议决议就是在众多方案中选择最可行的方案，这依赖于职业经理人的决策能力，也依赖于参会人员的选择能力。这里所谓的"可行"，必须是建立在整体利益、集体利益、长远利益之上的，而不是建立在局部利益、个人利益、眼前利益之上的。

（6）形成决议。方案不是决议，不具备法定强制性。会议决议必须经过书面确认，或形成会议纪要，或形成相关文件，或形成法律合同，才具有法定强制性。决议形成之前，大家可以发表同意、反对、弃权等不同意见，但决议一经形成就必须无条件执行。经过书面确认的会议决议是执行的前提和依据，职业经理人应当及时跟进，确保会议决议的形成、确认和实施。

四、职业经理人如何跟进会议

召开会议不是目的，解决问题才是目的，落实会议精神、执行会议决定、推进工作开展是关键所在。因此，职业经理人在会议结束后要及时跟进，确保会议各项决议得到落实，推进各项工作顺利开展。职业经理人要明确任务，制定《会议跟进工作表》《任务确认书》等，明确会议跟进的具体负责人是谁、工作完成时限是什么、任务完成标准是什么。职业经理人要加强沟通，对上要及时汇报工作进展情况，对下要准确掌握工作进度和阶段性成果等，对同级部门要加强联络协调并取得他们的支持与帮助。职业经理人要及时激励，进一步提高员工工作的积极性、主动性和创造性，对工作认真负责、工作业绩突出的团队和个人给予表扬奖励，对工作中出现问题的团队或个人及时处理，该批评的批评、该惩罚的惩罚。职业经理人要提供支持，对确实需要追加投入的追加投入，进一步提高员工的工作技能，帮助其解决工作中的实际困难。职业经理人要深刻反思，认真总结会前准备、会议主持、会后跟进等方面的成绩和不足，为下一次会议的组织和管理积累宝贵的经验。

第四节　小结

　　协调能力是职业经理人的核心素质之一。本章从自我管理、沟通管理和会议管理三个方面，对职业经理人如何提高协调能力进行了理论上的探讨和实践上的指导。职业经理人加强自我管理，是提高协调能力的前提和基础。职业经理人可以从时间管理、学习管理、健康管理、情绪管理等方面加强自我管理。加强自我管理，强调的是职业经理人的自我约束、自我协调与自我平衡，强调的是职业经理人从自身出发苦练"内功"、提升"内力"。沟通，是职业经理人企业经营管理的主要职能，是职业经理人需要花70%的时间和精力处理的日常性工作。本章对职业经理人如何进行表达、倾听和反馈提出具体的建议，以及根据职业经理人的工作特点，就职业经理人如何与上司、同级和下属进行沟通提出了建议。会议，是组织沟通的一种特殊形式，也是职业经理人的日常工作之一。本章第三节对职业经理人如何进行会议管理进行了探讨，指出了职业经理人在会议管理中存在的"五个不到位"的问题，就职业经理人如何准备会议、如何主持会议以及如何跟进会议提出了具体建议。

思考题

　　1. 除了时间管理、学习管理、健康管理、情绪管理，职业经理人还应该从哪些方面加强自我管理？

　　2. 个人在沟通上存在哪些问题？如何解决这些问题？

　　3. 请根据会议管理要点，设计一份会议筹备工作方案和会议主持词。

参考文献

［1］郭丹凤．浅谈职业经理人应具备的素质［J］．企业技术开发，2015，34（7）：97-99．

［2］林正大．职业经理人的十二项修炼（上）［J］．中外管理，1999（10）：76-79．

［3］王学文．工程导论［M］．北京：电子工业出版社，2012．

［4］程淑娥，李长云，史国梁，赵淑华，李庆华．项目管理沙盘推演的决策问题研究［J］．北方经贸，2014（3）：150．

［5］洪丹峰．职业经理人新时代的新作为［J］．经济，2020（12）：121-123．

［6］张军红．职业经理人如何与时俱进？［J］．经济，2020（12）：124-125．

［7］刘新明．国有企业职业经理人市场化选聘的误区与对策［J］．经营与管理，2020（12）：82-85．

［8］姜榜路，杨腾，王雨林．基于IPA方法的农业职业经理人职业素养研究——以四川省农业职业经理人为例［J］．农村经济与科技，2020，31（20）：145-148．

［9］刘新明．职业经理人市场化选聘标准化建设研究［J］．标准科学，2020（9）：44-48．

［10］李茹，崔达开．工商管理专业准职业经理人胜任力模型构建［J］．改革与开放，2020（17）：10-15．

［11］孙舰．职业经理人能力的影响因素及推行中的注意事项［J］．企业改革与管理，2020（10）：61-62．

［12］陈颖，谢凤华，祝振华．市场营销专业"职业经理人"教育教学实践体系知识共创改革［J］．高教学刊，2019（22）：117-119．

［13］王双冰．提升地市党报职业经理人素质浅谈——以湖北三峡日报传媒集团为例［J］．中国地市报人，2018（12）：38-39．

［14］孙康．基于能力素质的中级职业经理人队伍建设实践［J］．中国培

训，2018（7）：58-59.

[15] 许婕. 风声家政商学院：用互联网思维打造职业经理人研修班［J］. 家庭服务，2017（5）：20-21.

[16] 景浓. 建立职业经理人学院　培养职业经理人队伍［N］. 中华工商时报，2017-05-03（006）.

[17] 孟倩倩. 国有企业职业经理人队伍建设制度体系研究［J］. 新丝路（下旬），2016（4）：35-36.

[18] 时杰. 五问中海油职业经理人队伍建设［J］. 现代国企研究，2016（11）：38-43.

[19] 钟鸣. 大力推进职业经理人制度建设［J］. 企业管理，2015（2）：1.

[20] 苏晓刚. 我国职业经理人素质测评研究［D］. 青岛：中国海洋大学，2014.

[21] 赵慧莎. 我国民营饭店职业经理人胜任力模型研究［D］. 苏州：苏州大学，2011.

[22] 肖乐义. 管理者最重要的素质［J］. 饲料博览（企业管理版），2007（9）：64-65.

[23] 孙卫敏. 职业经理人综合评价体系研究［D］. 济南：山东大学，2007.

[24] 赵学山. 中国职业经理人［M］. 北京：当代世界出版社，2002.

[25] 金剑锋. 世界500强企业经理人的管理功力［M］. 北京：经济管理出版社，2013.